大家講堂

學術・民國選書

白話中國史

呂思勉／著

五南圖書出版公司 印行

學識之法門・智慧之淵藪

——序五南「大家講堂」

曾永義

五南圖書陸續推出一套叢書叫「大家講堂」。這裡的「大家」，固然不是舊時指稱高門貴族的「大戶人家」，也不是用來尊稱漢代才女班昭「曹大家」的「大家」；但也包含兩層意義：一是指學藝專精，歷久彌著，影響廣遠的人物，如古之「唐宋八大家」，今之文學、史學、藝術、科學、哲學等等之「大家」或「大師」；二是泛指衆人，有如「大夥兒」。而這裡的「講堂」，雖然還是一般「講學廳堂」的意思，只是它已改變了實質的形式，既沒有講席，也沒有聽席；因爲這講席上的大師已經化身在書本之中，只要你打開書本，大師馬上就浮現在你眼前，對你循循善誘；而你自然的也好像坐在聽席上，悠悠然受其教誨一般。於是這樣的講堂，便可以隨著你無遠弗屆，無時不達。只要你有心向學，便可以隨時隨地學習，受益無量。而由於這樣的「講學廳堂」是由諸多各界大師所主持的講席，是大夥兒都可以入坐的聽席，所以是名副其實的「大家講堂」。

長年以來，我對於五南出版公司創辦人兼發行人楊榮川先生甚爲佩服。他行年已及耄耋，猶以學術文化出版界老兵自居，認爲傳播知識、提升文化是他矢志的天職。他憂慮網路資訊，擾亂人心，占據人們學識、智慧、性靈的生活。使往日書香繚繞的社會，呈現一片紛亂擾攘的空虛。於是他親自策畫「經典名著文庫」，聘請三十位學界菁英擔任評議，自民國一〇七年，迄今已出版一一〇種。他卻發現所收錄之經典大多數係屬西方，作爲五千年的文化中國，卻只有孔孟老莊哲學十數種而已，實屬缺憾，爲此他油然又興起淑世之心，要廣設「大家講堂」，再度興起人們「閱讀大師」的脾胃，進而品會大師優異學識的法門，探索大師智慧的無盡藏。潛移默化的，砥礪切磋的，再度鮮活我們國民的品質，弘揚我們文化的光輝。

我也非常了解何以榮川先生要策畫推出「大家講堂」來遂他淑世之心的動機和緣故。我們都知道，被公認的大家或大師，必是文化耆宿、學術碩彥。他們著作中的見解，必是薈萃自己畢生的眞知卓見，或言人所未嘗言，或發人所未嘗發；任何人只要沾溉其餘瀝，便有如醍醐灌頂，頓時了悟；而何況含茹其英華！或謂大師博學深奧，非凡夫俗子所能領略，又如何能夠沾其餘瀝、茹其英華？是又不然，凡稱大家大師者，必先有其艱辛之學術歷程，而爲創發之學說，而爲建構之律則；但大師之學養必能將其象牙塔之成果，融會貫通，轉化爲大衆能了解明白之語言例證，使人如坐春風，趣味橫生。

譬如王國維對於戲曲，先剖析其構成爲九個單元，逐一深入探討，再綜合菁華要義，結撰爲人人能閱讀的《宋元戲曲史》，使戲曲從此跨詩詞之地位而躐之，躋入大學與學術殿堂。魯迅和鄭振鐸也一樣，分別就小說和俗文學作全面的觀照和個別的鑽研，從而條貫其縱剖面、組織其橫剖面，成就其《中國小說史略》、《中國俗文學史》，使古來中國之所謂「文學」，頓開廣度和活色。又如胡適先生《中國古代哲學史大綱》，誠如蔡元培在爲他寫的〈序〉中所言，他能夠先解決先秦諸子材料眞僞的問題。又能依傍西洋人哲學史梳理統緒的形式；因而在他的書裡，才能呈現出「證明的方法」、「扼要的手段」、「平等的眼光」、「系統的研究」等四種特長，要言不繁的導引我們進入中國古代哲學的苑囿，聆賞先秦諸子的大智大慧。

也因此榮川先生的「大家講堂」一方面要彌補其「經典名著文庫」的不足，便以收錄一九四九年以前國學大師之著作爲主。凡其核心之學術代表著作，既爲畢生研究之精粹，固在收錄之列；而其具有普世之意義與價値，經由大師將其精粹轉化爲深入淺出之篇章者，其實更切合「大家講堂」之名實與要義，尤爲本叢書所要訪求。

記得我在上世紀八〇年代，也已經感受到「學術通俗化、反哺社會」的意義和重要，曾以此爲題，在《聯副》著文發表，並且身體力行，將自己在戲曲研究之心得，轉化其形式而爲文建會製作之「民間劇場」，使之再現宋元「瓦舍勾欄」之樣貌，並據此規畫「民俗技藝園」（今之宜蘭傳統藝術中心），作爲維護薪傳民俗技藝之場所，並藉由展演帶動社會及各級學校重視民俗技藝之熱潮，乃又進一步以「民俗技藝」作文化輸出，巡迴演出於歐美亞非中美澳洲列國，可以說是一個很成功的例證。近年我的摯友許進雄教授，他是世界甲骨學名家，其學術根柢之深厚、成就之豐碩無須多言，他同樣體悟到有如「大家講堂」的旨趣；乃以通俗的筆墨，寫出了《字字有來頭》七冊和《漢字與文物的故事》四冊，頓時成爲兩岸極暢銷之書。其《字字有來頭》還要出版韓文翻譯本。

已經逐步推出的「大家講堂」，主編蘇美嬌小姐說，爲了考量叢書在中華學識和文化上的意義和價值，因此其出版範圍先以「國學」，亦即以中國文史哲爲限。而以作者逝世超過三十年以上之著作爲優先。而在這裡我要強調的是：「大家」或「大師」的鑑定務須謹嚴；其著作最好是多方訪求，融會學術菁華再予以通俗化的篇章。如此才能眞正而容易的使「大家」或「大師」在他主持的「大家講堂」上，如「隨風潛入夜，潤物細無聲」的春雨那樣，普遍的使得那熱愛而追求學識的一大夥人，都能領略其要義而津津有味。而那一大夥人也像蜜蜂經歷繁花香蕊一般，細細的成就，釀成自家學識法門的蜜汁；而久而久之，許許多多大家或大師的智慧，也將由於那一大夥人不斷的探索汲取，而使之個個成就爲一己的智慧淵藪。我想這應當更合乎策畫出版「大家講堂」的遠猷鴻圖。

榮川先生同時還策畫出版「古釋今繹系列」和「中華文化素養書」做爲「大家講堂」的姐妹編，爲此使我更加感佩他堅守做爲「出版界老兵」的淑世之心。

二〇二〇年元月二十九日晨

序於臺北森觀寓所

目次

第一編　上古史

第一章　太古之傳說

歷史，是要有了文字，才會有的。沒有文字以前，就只得憑向來的傳說，加以幼稚的思想，把他附會聯貫起來了。然而傳說雖然幼稚，其中總也包含著些思想和事實。中國古代，較確實的傳說，是和火的發現同時的。所謂三皇，第一個是燧人氏，便是發明取火的法子的。第二個是伏羲氏，他製造網罟，教人民打獵、捕魚。第三個是神農氏，就要教人民種田了。

傳說的價值

地球的有人類，已經幾十萬年了；人類的有歷史，卻不過幾千年。因為歷史，是要有了文字，才會有的。沒有文字以前，就只得憑向來的傳說，加以幼稚的思想，把他附會聯貫起來了。然而傳說雖然幼稚，其中總也包含著些思想和事實。現在科學發達了，歷史不完備的地方，可以藉別種科學來補足。如地球如何生成？生成之後，有何變化？可以藉助於地文學和地質學。地球上什麼時代有生物？又什麼時代才有人類？有了人類之後，又是如何進化的？可以藉助於古生物學和人類學。如此，歷史的年代，就漸漸地延長了。根據著這種眼光來看古代的傳說，我們就愈覺得有味。

■歷史年代

歷史之有年代，猶地理之有經緯線也。必有經緯線，然後知其地在何處；必有年月日，然後知其事在何時。舉一事而不知其時，即全不能知其事之關係矣。然歷史年代，有難言者。今設地球之有人類，為五十萬年，而列國史實，早者不越五千年，有確實年代者，又不及其半，是則事之有時可記者，不及二百分之一也。況於開化晚者，所記年代，尚不及此；又況蒙昧民族，有迄今不知紀年之法者邪？以曆法推古年代，本最可信，然昔人從事於此者，其術多未甚精；古曆法亦多疏舛；史籍記載，又有訛誤；故其所推，卒不盡可據也。先史之世，無年可紀，史家乃以時代代紀年。年代愈古，則材料愈乏，而其所分時代愈長。看似粗略，然愈古則演進愈遲，變異亦愈少，據其器物，固亦可想見其大略也。（《先秦史》，開明書店一九四一年版，第三十二、三十九頁）

進化的三時期

人是會使用工具的，研究人類學的人，就把他所用的工具，來分別他進化的時代。最初所使用的，大抵是天然的石塊，雖然略加改造，離天然的形狀，總還是很近的。這個喚作「始石器時代」。後來進步了，便會把天然的石塊，改造成自己所要用的樣子，喚作「舊石器時代」。再後，並能造得很精緻了；這個喚作「新石器時代」。石器時代所用的錘、刀、鏃等物，看似粗劣，卻幫助人類做成了許多東西；而且在對動物的鬥爭上，很是有利。用火，也是人類的最大發明。有了火，人就可以得光明，得溫暖；也可以作防衛和攻擊的手段。而其關係尤大的，則是易於將東西改造，譬如天然露出的金屬，給人類取得的，就可以把他打成器具。就是和土混雜的，亦可藉火的力量，把土燒掉了取出來。如此，就漸漸地先進於用銅，後進於用鐵了。人類進化的步驟，大略如此。

社會演進的等級

社會的演進，可以從多方面觀察，而用種種標準，以分別其演進的等級。但是人類最急切的問題是求食；而其所以能高出於其他動物，則因其能使用器械。所以用人類取得食物的方法，和其所使用的器械的不同，來分別他演進的等級，是最切要的。用取得食物的方法來分別，可以分為：㈠搜採，㈡漁獵，㈢農業、牧畜時代。以其所使用的器械為標準，則可分為：㈠石器，㈡銅器，㈢鐵器時代。大約漁獵時代，還只能使用石器；到農牧時代，漸能使用銅器和鐵器了。

（《中國民族演進史》，亞細亞書局一九三五年版，第三十四頁）

三皇的傳說

中國古代，較確實的傳說，是和火的發現同時的。古代傳說，開天闢地的叫做盤古。（此係秦漢間的傳說，見任昉《述異記》及徐整《三五曆紀》，係據《繹史》卷一〈開闢原始〉篇轉引）其次有所謂三皇（三皇五帝異說甚多，本書三皇之說，係據《尚書大傳》；五帝之說，係據《史記．五帝本紀》。欲知其詳，可參看拙撰《白話本國史》第一編第二章，商務印書館本），三皇第一個是燧人氏，便是發明取火的法子的。第二個是伏羲氏，他製造網罟，教人民打獵、捕魚。第三個是神農氏，就要教人民種田了。

■ 傳說的君王可代表進化中的一個階段

古代的傳說，總把社會自然的事情，歸功於一兩個人，尤其是酋長身上。但是古代的君主，都以德為號。（這是服虔之說）所以所謂某某氏、某某氏，亦可說是並無其人（至少雖有其人，而不關重要），而其名稱，只是代表進化中的一個階段。神話姑不必論。古代傳說的君主，較有事蹟可徵的，是巢、燧、羲、農。巢是有巢氏，教民構木為巢的。燧是燧人氏，教民鑽木取火的。羲是伏羲氏。伏羲，亦作庖犧。從前的人，說他是畜牧時代的酋長，這實在是望文生義。伏羲的正當解釋，見於《尚書大傳》中（《尚書大傳》，是西漢初年伏生所撰。伏生名勝（漢人言生，如今人言先生），還是秦朝的博士，是漢朝傳《尚書》的第一個經師，所以其說較古而可信），是「下伏而化之」之義。至其事業，則《易經．繫辭傳》，說他「作結繩而為網罟，以佃以漁」。其仍在漁獵時代可想。至於神農二字，則古人本多當農業或農學的意義用，神農氏為農業時代的君主，那就不言可知了。（《中國民族演進史》，第三十五—三十六頁）

第二章　中華民族之建國

漢族在太古時代，似乎分爲兩支：一支在河南的，是燧人、伏羲、神農，從漁獵進化到農耕。一支在河北的，則以畜牧爲業，這就是黃帝之族。當神農氏的末年，兩族曾起過一次衝突，就是所謂阪泉、涿鹿之戰。其結果，黃帝之族得利，從此以後做共主的，就都是黃帝的子孫。雖然古代的天子，未必有多大權力，然而共主的統緒，相承不斷，我國建國，就此放下基礎了。

蒐集、漁獵、畜牧、農耕四時代

人所以維持其生命的，最緊要的便是食，而取得食物的方法，亦隨時代而不同。最初只是到處遊行，遇見可吃的東西，就取來吃，這個喚作蒐集時代。進步些，能和動物鬥爭，則入於漁獵時代。一定的地面上，可供漁獵的動物，是有限的，有時候還不能漁獵；所以在這時代的人，常常挨著飢餓。於是在草原之地的，進化而爲畜牧；在山林川澤之地的，就進化而爲農耕。

■ 農耕即孔子所言的大同時代

〈禮運〉所載孔子論大同之言，業已人人耳熟能詳：「老有所終；壯有所用；幼有所長；鰥寡孤獨廢疾者，皆有所養。」更簡而言之，便是「養生送死無憾」六個字。老子說：「郅治之極，鄰國相望，雞犬之聲相聞，民各甘其食，美其服，安其俗，樂其業，至老死不相往來。」老死不相往來，用現在人的眼光看起來，固然不是美事。然而甘其食，美其服，安其俗，樂其業，卻是不易得的。這頗可與孔子論大同之語，互相發明了。從游牧再進到耕農，則人類的生活，益形寬裕；而其性質，亦因之大變。這實緣其所操事業之平和，而其生活程度，亦遠高於舊時之故。孔、老所想望的境界，大抵即在此時。（〈中國社會變遷史〉，見《呂思勉遺文集》下冊，第一五四、一五七、一六〇頁）

國家的起源

國家不是最初就有的，是社會發展到一定的階段，才建立起來的。蒐集時代，不必說了。就漁獵時代，文明程度，也嫌太低；而且因受食物的制限，所團結的人，亦覺得太少。游牧時代，團結的人固然多了；文明程度，也固然較高了；畢竟是逐水草而居，和一定土地的關係不密切。農耕社會，則又內部太覺平和，分不出治者和被治者的階級來（古代的農業公產部落，內部的關係，是很平和的。孔子所謂大同，大概就指的這個時代。可參看拙撰〈大同釋義〉，見《文化建設雜誌》第一卷第九、第十兩期），所以往往不能形成國家。國家最普通的起源，是畜牧和農耕兩種部落的結合。原來畜牧民族，性喜侵略，往往把農耕民族征服。而農耕民族，安土重遷，寧願納貢表示服從，而不願意逃走。游牧民族，就始而徵收其貢品；繼並遷居其部落之內，代操其治理之權，形成治者和被治者的關係，國家就於此成立了。這是政治學家的成說，返觀我國的古史，似乎也是符合的。

由大同入小康

大概農業社會，衣食饒足；其人所從事的事業，又極和平，所以其性質最為善良。對外多能「講信修睦」，內部更其不分彼此。孔子所說的大同時代，大約就是指此等部落而言。假定有兩個部落，互相爭鬥，一勝一敗，敗者的財產，就要為勝者所有，連人也做了他們的奴隸了。如此，便生出征服者和被征服者的階級來。即使沒有征服和被征服的關係，一部落中，治者的權力，也會日漸擴大，至於與被治者分離。古代的國家，大概是如此造成。（《初中標準教本　本國史》第一冊，上海中學生書局一九三五年版，第二十、二十一頁）

部落互相接觸，兵爭漸起，發生征服與被征服之關係。而各部落之內部，執掌政權及富有財產者，權力漸顯，地位亦漸高。社會則漸降而入小康之世矣。（《高中複習叢書　本國史》，商務印書館一九三五年版，第八頁）

中華民族的起源

地球上的人類，其初該是同出一源的。因為環境的不同，影響到容貌上，而分為許多種族；又因文化的不同，而分為許多民族。中國大陸，在古代是有許多民族雜居其間的。而在黃河流域的華族（中華民族的起源地，說者各有不同，但以從中亞細亞遷來逐漸到黃河流域之說，比較近是。自從民國十年以來，北平西南的周口店，發見一種猿人遺骨，稱為北京人，又名中國猿人，推算年代，當在五十萬年至百萬年左右。似乎中華民族的祖先，就發源於中國本土。或者極古時候已由中亞遷來了），就是後來稱為漢族的，文明程度最高。漢族在太古時代，似乎分為兩支：一支在河南的，是燧人、伏羲、神農，從漁獵進化到農耕。（普通以伏羲為游牧時代的酋長，乃因「羲」又作「犧」，「伏」又作「庖」，因而生出「馴伏犧牲」、「取犧牲以充庖廚」等曲說。這是不對的。伏羲二字，乃「下伏而化之」之義，見《尚書大傳》）一支在河北的，則以畜牧為業，這就是黃帝之族。（《史記．五帝本紀》說：「黃帝遷徙往來無常處，以師（人衆）兵（軍械、師兵、猶言武裝的徒衆）為營衛。」所以知其為游牧民族。）當神農氏的末年，兩族曾起過一次衝突，就是所謂阪泉、涿鹿之戰。（據《史記．五帝本紀》說：神農氏這時候衰弱了，諸侯互相攻擊，神農氏不能征討，諸侯之中，蚩尤氏最為暴虐。黃帝和蚩尤戰於涿鹿，把他擒殺。又和炎帝戰於阪泉，三戰然後得勝。諸侯乃共尊黃帝為天子。）其結果，黃帝之族得利，從此以後做共主的，就都是黃帝的子孫。雖然古代的天子，未必有多大權力，然而共主的統緒，相承不斷，我國建國，就此放下基礎了。

■炎、黃之際為世運一大變

《戰國策・趙策》曰：「宓犧、神農，教而不誅，黃帝、堯、舜，誅而不怒。」《春秋繁露・堯舜不擅移湯武不擅殺》曰：「今足下以湯、武為不義，然則足下所謂義者，何世之君也？則答之以神農。」若是乎，自古相傳，咸以炎、黃之際，為世運之一大變也。案《戰國・秦策》：蘇秦言神農伐補遂，《呂覽・用民》謂夙沙之民，自攻其君而歸神農。《說苑・政理篇》同。則神農之時，亦已有征誅之事。蓋神農氏傳世甚久，故其初年與末年，事勢迥不相同也。然此等爭戰，尚不甚劇，至炎、黃之際，而其變益亟。（《先秦史》，第五十七頁）

※全書引書名下的頁碼係指作者撰寫當年該書版本的頁碼。

第三章　唐虞夏商之政教

黃帝還以游牧為業，到唐堯時候，就已經改事農耕了。堯、舜的禪讓，禹的治水，都是給後世的人心以很大的影響的。禹之子啟，即天子位，而唐虞時代的「官天下」（禪讓制度），就一變為「家天下」（世襲制度）。夏、商兩代，可考見的事情，還不很多。論其大略，則古書多說「夏尚忠，商尚質」。可見其時的風俗，很為樸實；而生活程度，也還不高。夏代約四百年，為商所滅；商代約六百多年，為周所滅。商代君主多兄終弟及，和周朝傳子之法不同。

唐虞時代的情形

立國是要有兩種力量的：一種是文化，一種是武力。古代炎、黃二族，論文化，似乎炎族較優；論武力，似乎黃族較強。兩族合併之後，中華民族，就可以發揚其光輝了。炎、黃二族，大約本來是很接近的，所以同化很為容易。黃帝還以游牧為業，到唐堯時候，就已經改事農耕了。何以見得呢？因為《書經》第一篇〈堯典〉，是記載堯時候的事情的。其中載堯命羲、和四子，分駐四方，推步日、月、星辰，製成曆法，以教導農民。可見其時對農業，已經很重視了。所以這時代的政教也很有可觀。

堯舜的禪讓

堯、舜的禪讓，禹的治水，都是給後世的人心以很大的影響的。據《書經》上說：堯在位七十年，因年老，倦於政事，要想傳位給當時管理四方諸侯的官，喚作四岳的，四岳不敢承允。這時候，虞舜尚在民間，因其有德行，眾人共舉他。堯乃舉舜，試之以政事。後來就使他攝政，傳以天子之位。堯死後，舜讓避堯的兒子。諸侯都歸向舜，舜才即天子位。後來用同樣的手續，傳位於夏禹，禹即位之後，也是預定將王位傳給益的。而禹之子啟賢，天下都歸心他，啟遂即天子位，而唐虞時代的「官天下」——禪讓制度，就一變爲「家天下」——世襲制度。

堯舜禪讓之說

堯舜禪讓之說，予昔極疑之，嘗因《史通》作〈廣疑古〉之篇。由今思之，昔時所疑，蓋無甚得當者。惟果謂堯、舜、禹之禪繼，皆雍容揖讓，一出於公天下之心，則又不然。《韓子》所引史記之文，即其明證。古代史事，其詳本不可得聞。諸子百家，各以異說。儒家稱美之，以明天下為公之義；法家詆斥之，以彰奸劫弒臣之危。用意不同，失真則一。昔人偏信儒家之說，以為上世聖人絕跡後世，其說固非；今必一反之視為新莽、司馬宣王之倫，亦為未當。史事愈近愈相類，與其以秦漢後事擬堯舜，自不如以先秦時事擬堯舜也。自周以前，能讓國者，有伯夷、叔齊、吳泰伯、魯隱公、宋宣公、曹公子喜時、吳季札、邾婁叔術、楚公子啟之倫。既非若儒家之所云，亦非若法家之所斥。史事之真，固可據此窺測矣。然儒家所說，雖非史事之真，而禪繼之義，則有可得而言者。《書》說之傳者，今惟《大傳》，而亦闕佚已甚。歐陽、夏侯三家，胥無可考。自當以《孟子》為最完。今觀其說，則先立天子不能以天下與人之議，然後設難以明之。曰孰與之？曰天與之。天與之者，諄諄然命之乎？曰：否。天視自我民視，天聽自我民聽。故舜禹之王，必以朝覲訟獄之歸，啟之繼世亦然也。所謂天與賢則與賢，天與子則與子也。故曰：「唐、虞禪，夏後、殷、周繼，其義一也。」（〈禪讓說平議〉，原刊《古史辨》七，開明書店一九四一年版，第二六八、二六九－二七〇頁）

禹的治水

當堯的時候，天下有洪水之患。舜攝政，舉禹，叫他去治水。禹乃先巡行各處，看定了地勢，然後用疏浚之法，導小水使入大水，大水使入海。當時獨流入海的，是江、淮、河、濟四條水，謂之「四瀆」，爲諸水之宗。

■ 治水的三階段

朱子說：禹的治水，只有《書經・皐陶謨》即今本〈益稷〉中，「予決九川，距四海，浚畎澮距川」幾句話最可信。川是自然的河流，畎澮則人力所開的水道，海乃溟晦之義，距離較遠，而其地的情形，為我們所不知之處，則謂之海，所以夷、蠻、戎、狄，謂之四海。九是多數的意思。「決九川，距四海，浚畎澮距川」，只是把人力所成的溝渠引到大河裡，又把大河通到境外罷了。治水最早的法子，該是堤防，這原是最易見到的，然久之就覺得其不妥，不順著自然力的方向去利用他，而要與之相爭，這總是不行的，於是就從堤防進步到疏浚。古書上說鯀治水的失敗，禹治水的成功，就是代表這一個觀念的，未必是當時的事實。然而疏浚的工程太大，人力實不能勝，奈何？於是有（明）潘季馴束水攻沙之法。束水攻沙者，河行到平地，流勢寬緩，將未顯出堆積作用來時，我們則窄其道而束之，使其再顯出沖刷作用和搬運作用，於是從上流挾帶而來的泥沙都被搬走，不至堆積下來了，不和自然力爭鬥，亦不見他退縮，而即利用他的力量，來達到我們的目的，這確是治水最高的方法了。治水的三階段，恰代表了人類對付自然的三種態度。（〈治水的三階段〉，原刊上海《正言報．學林副刊》一九四五年第二期）

唐虞的政教

當禹治水的時候，益、稷兩人，都是他的輔佐。益把山澤之地，放火焚燒，禽獸都逃匿了。棄乃教民稼穡，契做司徒的官，又繼之以教化。契封於商，便是商朝的祖宗；棄封於邰，便是周朝的祖宗。（商，今陝西商縣；邰，今陝西武功縣）

夏商的興亡

夏啟即王位之後，傳子太康。因淫佚，爲有窮國君羿所篡。後來羿又爲其臣寒浞所殺。並滅夏朝的王相。相的兒子少康，才滅浞，號稱中興。堯、舜、禹三代，本來都是建都在太原的。少康復國之後，則似乎建都在河南，所以到夏桀時，其都城卻在陽城了（今河南登封縣）。夏代共傳十七主，約四百年，而爲商所滅。商湯滅夏後，建都在河南的偃師。其地稱爲殷，所以又稱殷朝。後來屢次遷都，亦都在黃河兩岸，共傳三十一世，約六百四十多年，至紂，爲周武王所滅。

■桀、紂惡政多附會

夏曾佑《古代史》曰：「中國言暴君，必數桀紂，猶之言聖君，必數堯、舜、湯、武也。今案各書引桀、紂事多同，可知其必多附會。」案謂言桀、紂之惡者多附會，是也。然謂附會之由，由於興者極言前王之惡，則誤以後世事度古人。古本無信史，古人又不知求實，凡事皆以意言之，正如希臘荷馬之《史詩》，宋、元以來之平話耳。或侈陳而過其實，或臆說而失其真，皆意中事。然附會之辭，雖或失實，亦必有由，不能全無根據也。就桀、紂言之，則紂之世近，而事之傳者較詳，桀之世遠，而事之傳者較略，故以紂之惡附諸桀者必多，以桀之惡附諸紂者必少。（《先秦史》，第一二七—一二八頁）

夏商的政教

夏、商兩代，可考見的事情，還不很多。論其大略，則古書多說「夏尚忠，商尙質」。可見其時的風俗，很爲樸實；而生活程度，也還不高。又孔子說：「禹盡力於溝洫。」可見其時，對於農田水利，頗爲講究。然而夏朝的稅法喚作「貢」，是取幾年收穫的平均數，以定每年應納的稅額，豐年不能多，凶年不能少。這個卻遠不如商朝的「助」法了。助法是把田分爲公、私。只藉人民的氣力，助耕公田，而不再稅其私田的，這個就是所謂井田之制。從前論稅法的人，都說他最好。又商湯死後，他的孫子太甲在位，因其不守成法，宰相伊尹曾把他放逐在桐的地方三年。太甲悔過，才把他迎接回來。而據孔子說：則商代新君即位，三年之內，是不管事的，百官都聽命於宰相。可見商代相權頗重；又商代的君主，多是兄終弟及的，亦和周朝傳子之法不同。

第四章　上古之文化與社會

人類最初的團結，是靠著血統的。論血統，也是以女子為主。中國的姓，最初就是代表女系的；到牧畜時代，生產漸漸以男子為中心。於是女子漸處於從屬的地位，姓也改而代表男系。文化漸次進步，住居相近的人，就漸漸地聯合起來了，這就是所謂部落。一部落之中，語言、風俗、信仰等，自然都相同。此等文化相同的人，就成為一個民族。民族以文化為標準，我國人從古就深知此義。所以《春秋》之義：諸侯用夷禮，就當他是夷狄；用中國之禮，就當他是中國。這個並不是孔子一人的私見，大概當時的風氣是如此。

食的進化

中國的進化，大約自三皇以來。其初所吃的東西，是草木之實，鳥獸之肉（見《禮記．禮運》）；和水中的蚌蛤等類（見《韓非子．五蠹》）。後來進化了，漸漸地知道吃各種植物，這個喚作「疏食」。（疏食二字古有兩義：㈠其初因菜類較穀類為粗疏，所以對於穀食，而稱穀以外的植物為疏食；㈡後來亦稱粗的穀類為疏食，更後乃以疏食專指粗的穀類，而別造蔬字，以為菜食之名。此處的疏食二字，是依第一義指穀以外的植物的，穀以外的植物，後世的人，不用為主食品，古人則不然。《管子．八觀篇》說：「萬家以下，則就山澤；萬家以上，則去山澤。」可見當時，靠疏食還能養活許多人口）從疏食再進一步，就會穀食了，古書上說神農嘗百草，因而發明了醫學，這正是疏食時代的事。

衣的進化

衣服：最初所著的，是鳥獸的羽皮；或者把植物的葉子編起來，著在身上；這個喚作皮服和卉服（皮服、卉服的名詞都見《書經．禹貢》）。後來發明了利用植物的纖維，才會用麻。相傳黃帝的元妃嫘祖，是發明養蠶的（見徐光啟《農政全書》引《淮南蠶經》）。從此以後，又會用絲做衣料了。裁製的方法：最初只是用一塊皮，遮蔽下體的前面，這個就是所謂韍。連後面也遮蔽起來，就是所謂裳了。著在上身的喚作衣。有一種，把衣裳連在一塊的，喚作「深衣」。有褲管的：短的喚作褌，長的喚作褲。除童子外，沒有以短衣和褲爲外服的。天子、諸侯、大夫、士等，朝服、祭服，都是衣裳分開的，平時則著深衣；庶人則徑以深衣爲禮服。深衣是用白布做成的，不染色（古代服，是講布的精粗的，不講顏色，平民穿的衣裳，都是本色，所以稱平民爲白衣；就是貴族，在平時著的，也是白衣）。戴在頭上的，最尊重的喚作冕，次之是弁，通常所戴的是冠。這冠和帶，是古人看得最重要的，所以中國人總自稱爲冠帶之國。庶人亦用一塊巾裹著頭髮。腳上穿的喚作襪，襪以外又有履。冬天是皮的，夏天是葛的。又有綁腿，喚作「行縢」，亦喚作「邪幅」。

住的進化

居住，最初有兩種：一種住在樹上，喚作巢居；一種在地上掘一個窟窿，人住在裡頭，喚作穴居。進步些，能在地面做起一個土堆來，像現在的墳一般，則喚作「復」（見《詩經．綿》疏）。從巢居進化到會把樹木砍伐下來，照自己的意思，搭成架子；從穴居進化到會版築（先在兩面立了木版，牆要築到多少厚，木版的距離就是多少寬，把土填在版中間，然後築堅它），在這架子的四面，築起牆來；上面蓋著茅或瓦，就成功所謂宮室了。宮室的發明，據《易經．繫辭傳》上說，是在黃帝、堯、舜的時候。這時候，還發明了棺槨，而且會「重門擊柝，以禦暴客」。

■古以卑宮室為美談

古築城郭宮室，皆役人民為之，故以卑宮室為美談，事土木為大戒。崇宏壯麗之建築，歷代未嘗無之。然以中國之大言之，則其數甚微耳。又地處平原，多用土木而少石材。即用磚亦甚晚，故大建築之留詒者甚少。《日知錄》曰：「予見天下州之為唐舊治者，其城郭必皆寬廣，街道必皆正直，廨舍之為唐舊創者，其基址必皆宏敞。宋以下所置，時彌近者制彌陋。」致慨於「人情之苟且，十百於前代」。此等足覘生計之舒蹙，治化之進退，誠為可憂。（〈中國文化史六講〉，寫於一九二九至一九三〇年間，見《呂思勉遺文集》下冊，第一三八頁）

行的進化

當人住在山林中的時候，是只有人走出來的小路的，這個古人喚作蹊徑。這時候，遇見小的水，就徑在水裡走過去，喚作「徒涉」；大的水，就沒有法子了。後來住到平地上，路寬廣了，也平坦了，就可以利用牛馬，於是又發明了車，而且也發明了船。這等進化，據說也在黃帝、堯、舜時候。

工具的進化

和黃帝打仗的蚩尤，古書上都說他是「造兵的人」。「兵」，就是現在所謂兵器，古人是用銅做的。大約是炎、黃之間所發明。從周朝到漢朝，大概兵器是用銅，農器是用鐵。《易經．繫辭傳》上說：神農作耒耜，黃帝作弓矢，都是用木的（這時候的箭，大約是用石鏃的）。大約金屬雖然發明，還沒有能夠廣為利用。到了商代，才為金石並用時期，已有精巧的銅器，如鐘鼎之類留傳後世。相傳紂王曾作玉杯象箸，亦足徵那時進化之程度了。

宗教和哲學思想

以上所說的，是物質方面的進化。至於精神文明，則古人所篤信的為宗教，而哲學思想，亦就伏羲畫八卦，該是古代所崇拜的八個神。大禹時代，又有五行之說。五行，大約是古人所認為萬物的原質的；借其相生相剋，來說明萬物的變化。

古人的五行說

古人說五行生成的次序是：一曰水，二曰火，三曰木，四曰金，五曰土。他的原理是：「以微著為漸。五行之體：水最微，為一。火漸著，為二。木形實，為三。金體固，為四。土質大，為五。」從輕微不可見的氣，變成極博大的土，只是由於一種動力。一方面，固然由微而至著；一方面，也由著而仍至於微。氣固可以成形質，形質亦可以復返於氣。大概古人的意思，以為物質凝集的最緊密，就有質可觸；次之就有形可見；再次之，就並形而不可見，而但成為一種氣了。這種凝而復散，散而復凝的作用，是無時而或息的。所以說：「易不可見，則乾坤或幾乎息矣。」用現在的話解釋起來，「易」就是「動」，「乾坤」就是「現象」，就是咱們所能認識的，只是動的現象。總而言之，他徹始徹終，只是把一個「動」字，說明世界的現象。（〈中國古代哲學與宗教的關係〉，原刊《沈陽高師週刊》第三十一、三十二期，一九二一年五月二十一、二十八日出版）

文字的發明

古書上多數說倉頡是造字的人，也有說他是古代帝王的，也有說是黃帝史官的。這都不確，因爲文字本是迫於需要，衆人合力，慢慢創造出來的，古代人民，結繩記事，後來才有書契，爲文字之始。最初多屬象形文字，如日字象日，月字象月，魚字象魚，鳥字象鳥。文化漸近，文字也漸多。遂有指事、會意、諧聲、假借、轉注五項以次出現，和象形稱爲「六書」。（六書，除象形外，指事是直指其事，如上、下二字，人在一上爲上，人在一下爲下。會意是體會字的意義，如武、信二字，止戈爲武，人言爲信。諧聲是半形半聲，如江、河二字，水旁爲形，工可爲聲。轉注是可以輾轉互注的字，如考可訓老，老亦可訓考。假借是一字兩用，如令爲命令，又爲司令，又訓賢良。長爲長短，又爲長官，又訓優長。）

古代的氏族

人類最初的團結，是靠著血統的。當夫婦之倫未立時，人本來只知道母親，不知道父親是誰。後來夫婦之倫，雖然漸漸確立了，然而這時候，男子都是在外面，從事於戰爭打獵等事情。在後方看守器物、撫育兒童等事，都是婦女擔任的。所以這時候的家，完全是女子所有。論血統，也是以女子爲主。這就是社會學家所謂女系氏族。中國的姓，最初就是代表女系的。馴伏動物，大概從來就是男子的事情。所以到牧畜時代，生產漸漸以男子爲中心。農業雖說是女子發明的（農業爲女子所發明，是現在社會學家之說，求之古書，也是有證據的，如古人祭祀時，男子所進的祭品是動物，女子所進的是菜果之類。初次相見所送的贄，男子是羔、雉等類，女子卻是榛、栗之類），到要開闢山林的時代，也就轉入男子手中了。於是女子漸處於從屬的地位，姓也改而代表男系。

■古代姓氏之別

姓之始為女系，故於文「女生為姓」，如「姬」、「姜」等字是也。其後女系易為男系，則姓亦用以表示男子之血統。而同出一始祖者，又有氏以表其支派，乃稱姓為正姓，氏為庶姓。古人姓氏各別，如齊太公姜姓，呂氏是也。姓百世而不更，氏數傳而可改。三代以前，大抵男子稱氏，女子稱姓。封建制度破壞，貴族譜牒淪亡，莫能審其得姓受氏之由，亦無新創之姓氏，而二者之別遂亡。（《高中複習叢書 本國史》，第二十四頁）

部落和民族

人是生來會合群的，所以其團結，並不以血統爲限。文化漸次進步，住居相近的人，就漸漸地聯合起來了，這就是所謂部落。一部落之中，語言、風俗、信仰等，自然都相同。就是接近的部落，也會漸漸同化的。此等文化相同的人，就成爲一個民族。

■民族以文化為標準

所謂民族，本是以文化為標準的，並非有什麼種族的成見。我國人從古就深知此義。所以《春秋》之義，諸侯用夷禮，就當他是夷狄；用中國之禮，就當他是中國。這個並不是孔子一人的私見，大概當時的風氣是如此。所以同是一個國，當其未進化時，可以夷狄自居，及其已進化後，就以中國自居，而且以攘夷狄自任了。尊王攘夷，是當時霸主很重要的責任。因為㈠有一個共主，列國間的秩序，到底要容易維持些；㈡而野蠻之國的侵擾，又是文明之國的公敵。（《初中標準教本　本國史》第一冊，第四十六、四十七頁）

工商業的興起

使人分裂爭逐的是政治，把人連結起來的，是文化和經濟。在古代，各個部落，大概都是自給自足的，後來交通漸漸便利了，人的慾望，也漸漸增加了，就發生交易的事情。最初的交易，只是以物易物；沒有定期定地的。交易漸漸繁盛了，就會約定時間和地方，像現在的市集一般。《易經》上說，神農氏日中為市，就是這個道理。這時候，貨幣也漸漸發生了，用作貨幣之物：大約漁獵民族是貝，游牧民族是皮，農耕民族是粟、帛。金屬，因其便於收藏，易於分割，漸漸地爲各種人民所愛用，就發生古代的錢刀。最初所交換的，大概都是天產品。因爲這時候，用具粗劣，人人都會自造的。抑或一民族中，因原料的出產，或技藝的精良，所製造的東西，是別一個部落所沒有，或雖有而不及他好，這種製造品也會出現於市場之上。商業的刺激，是可以促進產業分化的；如此，各部落中，亦就慢慢地發生所謂工業家了。

■工商的緣起及變遷

工業之緣起及變遷，若以大勢言之，則古代工業，率由官營，而後世漸變為民業，即其一大進化。蓋官營則能者少，民業則能者多；官營則惟守成規，民業則競矜智巧也。古代部落，率皆共產，力之出不為己，貨之藏不於己，取公有之物而用之，以己所有之物資人，皆無所謂交易也。惟共產限於部落之內，與他部落固不然，有求於他，勢不能無以為易，而交易之事起矣。往來日數，交易日多，則敦樸日漓，嗜欲日起，而私產之習漸萌。私產行，則人與人之相資亦必以為易，此則商業之所由廣也。（《中國社會史》，寫於一九二〇年代，上海古籍出版社二〇〇七年版，第二十三、二十七—二十八頁）

第五章　周之建國及其政教

周公平定東方之後，制禮作樂，歸政於成王。周朝文明的進步，大約就在這時候。西周是封建制度的全盛時代。古代的部落漸相往來，就有互相攻擊的事。戰敗的國，對於戰勝的國，就要表示服從，盡朝貢等禮節。這是封建政體的第一步。再進一步，就要把他的舊君廢掉，改封自己的同姓、親戚、功臣等。封建時代，有貴族、平民的等級。從大夫以上，都是貴族做的；士以下才用選舉。教化，則在封建時代，大概是守舊的。一切舉動，都要謹守相沿的軌範。禮是生活的軌範。生活變了，軌範就不得不變。然而當時的所謂禮，卻未必能如此。人就有貌爲敷衍，而心實不然的，這個就是所謂「文勝」。古書上多說「周尚文」，又說「周末文勝」，我們看這兩句話，就知道封建時代的風俗要不能保持了。

周朝的建國

夏、商以前，史事可考的較少，周朝就不然了。這一則因爲年代較近，所傳的書籍較多；二則因爲周朝的文化，更爲進步之故。周朝從后稷、棄受封以來，似乎頗受外族的壓迫，但他始終能夠保持農業社會的文明。到周太王（古公亶父）以後，就強大起來了。文王時，三分天下有其二，但還「以服事殷」。到武王，才合諸侯於孟津（黃河的渡口，在今河南孟津縣），把紂滅掉。這時候，周朝對東方權力，還不甚充足。所以仍把紂的地方，封其子武庚；而武王派三個兄弟去監視他（管叔、蔡叔、霍叔，分處紂的畿內，合稱「三監」）。武王死後，子成王年幼，武王兄弟周公旦攝政，武庚和三監都造反。淮夷、徐戎，亦都響應（淮夷，在淮水流域。徐國，在今安徽泗縣）。周公東征，把武庚和三監滅掉。又使他的兒子魯公伯禽（周公封於魯，沒有就國，叫兒子伯禽去的），打破淮夷、徐戎。經營洛邑爲東都。周朝的王業，到此就大定了。

■「國」之古義

古所謂國，是指諸侯的私產言之。包括㈠其住居之所，㈡及其有收益的土地。大夫之所謂家者亦然。古書上所謂國，多指諸侯的都城言。都城的起源，即為諸侯的住所。諸侯的封域以內，以財產意義言，並非全屬諸侯所私有。其一部分，還是要用以分封的。對於此等地方，諸侯僅能收其貢而不能收其稅賦。其能直接收其稅賦，以為財產上的收入的，亦限於諸侯的采地。《尚書大傳》說：「古者諸侯始受封，必有采地。其後子孫雖有罪黜，其采地不黜，使子孫賢者守之，世世以祠其始受封之人，此之謂興滅國，繼絕世。」即指此。采地從財產上論，是應該包括於國字之內的。《禮記・禮運》說：「天子有田以處其子孫，諸侯有國以處其子孫。」乃所謂互言以相備。說天子有田，即見得諸侯亦有田；說諸侯有國，即見得天子亦有國；在此等用法之下，田字的意義，亦包括國，國字的意義，亦包括田。乃古人語法如此。今之所謂國家，古無此語。必欲求其相近的，則為「社稷」二字或「邦」字。社是土神，稷是穀神，是住居於同一地方

的人，所共同崇奉的。故說社稷淪亡，即有整個團體覆滅之意。（《呂著中國通史》上冊，第四十九頁）

西周的興亡

周公平定東方之後，制禮作樂，歸政於成王。周朝文明的進步，大約就在這時候。成王和他的兒子康王兩代，算是西周的盛世。康王的兒子昭王，南征不返，這一次，似乎是伐楚而敗的。（這一次實在伐楚而敗，以致淹死在漢水裡的；這時候的楚國，在今河南丹、淅二水的會口。可參看拙撰《白話本國史》第一編第四章第五節。）王室就開始衰微了。昭王子穆王，喜歡遊玩。（現在有一部書，喚作《穆天子傳》，是記周穆王西遊的事情的。據這一部書，當時穆王的遊蹤，要到亞洲的中部和西部，這是絕不可信的。這部書是南北朝時代出現的，一定是漢朝既通西域以後的僞品。穆王西遊的事，見於《史記·秦本紀》、〈趙世家〉，都沒有說出所遊的地方來，以理度之，一定不能甚遠；不過在今陝、甘境上罷了。）徐偃王乘機作亂。這一次，卻靠楚國幫忙打定。五傳至厲王，因暴虐，爲國人所驅逐。卿士周公、召公當國行政，謂之共和。（周初，周公旦、召公奭的後人，世爲周朝的卿士）厲王死在外邊，才立其子宣王。宣王號稱中興。然其子幽王，又因寵愛褒姒之故，把申后和太子都廢掉（申國，在今河南南陽縣），申侯就和犬戎伐周，把幽王在驪山下殺死（驪山，在今陝西臨潼縣）。太子宜臼即位，東遷洛邑，是爲周平王。從此以後，史家就改稱他爲東周了。西周共十二主，二百六十多年。

■論共和

古代政體之奇異者，莫如共和。《史記．周本紀》云：「召公、周公二相行政，號曰『共和』。共和十四年，厲王死於彘。太子靜長於召公家，二相乃共立之為王，是為宣王。」是周之無君者，十有四年也。案：國本非君所獨治，特後世君權重，人臣之位，皆守之於君，無君，則臣莫能自安其位。又視君位嚴，君之職，莫敢輕於攝代，故不可一日無君。若古代，則君臣共治其國之義尚明，臣之位亦多有所受之，非人君所能任意予奪。君權既小，則一國之政，必待人君措置者較少。人臣攝代其君，亦視為當然，而其顧慮，不如後世之甚，則無君自屬無妨。《左》襄十四年，衛獻公出奔，衛人立公孫剽。孫林父、寗殖相之，以聽命於諸侯。此雖立君，實權皆在二相，亦猶周召之共和行政也。然究猶立一公孫剽。若魯昭公之出奔，則魯亦並不立君也。然則此等事，古代必尚不乏，特書闕有間，不盡傳於後耳。韋昭釋共和曰：「公卿相與和而修政事。」可見無君而不亂，實由百官之克舉其職也。（《中國社會史》，第三二七—三二八頁）

■平王東遷之失策

因不能還都而蒙受極大的損失的，歷史上最早可考的，便要推東周。東周平王元年，為公元前七七〇年，下距秦始皇盡滅六國的前二二一年，凡五百四十九年，其時間不可謂不長。西周之世，西畿應為聲明文物之地，然直至戰國時，論秦者尚稱其雜戎狄之俗，在秦孝公變法自強以前，因此為東方諸侯所排擯，不得與於會盟之列，可見西周之亡，西畿之地，遭受破壞的殘酷。

當西畿未失之時，周朝合東西兩畿之地，猶足以當春秋時之齊、晉、秦、楚，此其所以在西周時，大體上，能夠維持其為共主的資格。到西畿既失之後，形勢就大不相同了。昔人論東周之東遷，恆以為莫大之失策，誠非無所見而云然。（〈還都征故〉，原刊《啟示》一九四六年第一卷第一期）

周朝的封建制度

西周是封建制度的全盛時代。古代的部落，彼此的關係，是很少的。後來漸相往來，就有互相攻擊的事。戰敗的國，對於戰勝的國，就要表示服從，盡朝貢等禮節。這是封建政體的第一步。再進一步，就要把他的舊君廢掉，改封自己的同姓、親戚、功臣等了。西周時所封的國，這三種人很多。可見當時的王室，權力頗爲強大。當時不但國外，就天子、諸侯、國內的卿、大夫，也是各有封地的。國和家，雖有大小尊卑之異，性質並無不同。內諸侯雖說不世襲，事實上也有世襲的。

■先部族，後封建

分立之世，謂之封建，統一之時，號稱郡縣，為治史者習用之名。然以封建二字，該括郡縣以前之世，於義實有未安。何則？封者裂土之謂，建者樹立之義，必能替彼舊酋，改樹我之同姓、外戚、功臣、故舊，然後封建二字，可謂名稱其實，否即難免名實不符之誚矣。故封建以前，實當更立一部族之世之名，然後於義為允也。蓋古之民，或氏族而居，或部落而處，彼此之間，皆不能無關係。有關係，則必就其才德者而聽命焉。又或一部族人口獨多，財力獨裕，兵力獨強，他部族或當空無之時，資其救恤；或有大役之際，聽其指揮；又或為其所懾；於是諸部族相率聽命於一部族，而此一部族者，遂得遣其同姓、外戚、功臣、故舊，居於諸部族之上而監督之，抑或替其舊酋而為之代。又或開拓新地，使其同姓、外戚、功臣、故舊分處之。此等新建之部族，與其所自出之部族，其關係自仍不絕。如此，即自部族之世，漸入於封建之世矣。（《先秦史》，第三七四、三七五頁）

周朝的官制

周朝的內官，據漢時講經學的今文家說（今文、古文是漢朝人講經學的兩個大派別。今文家先出，因爲他們的經書，都是用當時通行的文字寫的，所以稱爲今文；古文家晚出，他們自己說，曾得到古本的書籍，都是用古字寫的，所以謂之古文、今文家。對於經的解釋，有許多不同的地方。又有種書，是古文家有，而今文家不相信的（如《周禮》和《左傳》便是）。有種書，是今文家有，而古文家不相信的（如《春秋公羊傳》便是）。其問題很爲麻煩，我們現在不講經學，對於他們兩派的說法，無所偏主，只用史學上的眼光，分別去取，或者並存其說罷了。可參看本書第二十章）：有三公、九卿、二十七大夫，八十一元士。三公之職：爲司馬、司徒、司空。據古文家說：則三公、三孤，都是坐而論道的。政事均六卿所管。前者是漢朝相制所本。後者是隋以後六部之制所本。地方制度，也有兩種：一種是今文家說，和井田制度相合；一種則和軍制相應。大概古代的人民有兩種：一種是要當兵的；一種雖亦會當兵，卻不用作正式的軍隊；所以有這兩種區別（這是源於古代的人民，有征服和被征服兩階級，拙撰《白話本國史》第一編第八章第五節、第九章第一節，可以參看）。

周朝的學校選舉制度

封建時代，有貴族、平民的等級。從大夫以上，都是貴族做的；士以下才用選舉。（這是清朝時候俞正燮先生的說法，可參看《白話本國史》第一編第八章第四節）選舉的法子，據《周禮》說：從卿大夫以下的官，都有考察人民「德」、「行」、「藝」的責任。每三年，舉行「大比」一次，調查戶口和馬牛車輦等數目。就在這時候，舉出賢者、能者來。這就是所謂「鄉舉里選」。據〈王制〉、《孟子》說：則古代城鄉，都有學校。在城裡的，三代都名為學；在鄉間的，則或喚作校，或喚作序，或喚作庠。各鄉舉出好人來，把他升送到司徒，司徒把他送到學裡。在學優秀的，管理學校的大樂正，再把他進之於王。歸司馬量才任用。在學的時候，鄉間舉上來的人，和王太子、王子、公卿、大夫、士的嫡子，都是同學的，只論年歲長幼，不分身分尊卑。

■周代的「鄉舉里選」

（周代）地方的組織，有兩種說法：一種見於《周禮》，又一種見於《尚書大傳》。這兩種制度，似乎都是有的。在當兵的區域裡，就用前一種制度。不用他做正式軍隊的區域裡，就用後一種制度。管理公務的人，照《周禮》說：有比長、閭胥、族師、黨正、州長、鄉大夫。從鄉大夫以下，都要考察人民的德行、才能、技藝。每三年，要舉行一次「大比」。比就是查軋的意思。是所以清查人口、馬牛、車輦等的數目的。賢能的人，也於此時舉出，把其名氏送之於王。王就任用他去做比長、閭胥之類。《周禮》說：這叫做「使民興賢，入使治之；使民興能，出使長之」。就是所謂「鄉舉里選」。（《初中標準教本　本國史》第一冊，第五十五—五十六頁）

周朝的賦稅

賦稅兩字，在現代意義相同。在古代，則稅是指現在的田賦，賦是出兵車和馬牛等軍用品，及當兵的人。周朝的稅法名爲「徹」，就是使八家共耕其中的公田，按其收穫量，取其十分之一，就是田賦之征。此外尚有力役之征，如令人民築城，修道路是。還有布縷之征，即令人民納絹布若干。據《禮記．王制》說：人民服力役，每年該以三日爲限。商業是只收他的地租錢而不收稅。關亦只是盤查而不收稅。所謂「市廛而不稅，關譏而不征」（這句話見在《禮記．王制》和《孟子．公孫丑上篇》。廛是居住的區域，就是後世所謂宅地）。

上古無商稅關稅

取民之法，最早者有三：一曰稅，二曰賦，三曰役。而此三者，實仍是一事。蓋邃古職業少，人皆務農，按其田之所穫而取之，是為租。馬牛車輦等供軍用者，自亦為其所出，是為賦。有事則共赴焉，是曰役。至於山林藪澤等，其初本屬公有，自無所謂賦稅。關之設，所以譏察非常，不為收稅。商則行於部族與部族間，不為牟利之舉。當部族分立之時，物產既少，製造之技亦尚未精。則或必需之品，偶爾缺乏，不得不求之於外。又或其物為本部族所無，不得不求之於外。此時奢侈之風未開，所求者大抵有用之品，於民生利病，關係甚巨。有能挾之而來者，方且慶幸之不暇，安有徵稅之理？《金史·世紀》：「生女直舊無鐵，鄰國有以甲冑來易者，景祖傾貲厚賈，以與貿易，亦令昆弟族人皆售之。得鐵既多，因之以修弓矢，備器械，兵勢稍振。」古厚待商人，多以此等故也。故山、海、池、澤徵商之稅，無一非後起之法也。（《先秦史》，第四二二—四二三頁）

周朝的兵制

軍隊的編制，以五人爲單位。今文家說：師就是軍：天子六師，方伯二師，諸侯一師（見《公羊傳·隱公五年》何休注）。古文家說：五師爲軍：王六軍，大國三軍，次國二軍，小國一軍（見《周禮·夏官》）。大約今文家所說，是較古的制度；古文家所說，是較晚的制度。當時的軍隊，是用車兵和徒兵組成的，還沒有用馬隊（中國交通和軍事上，都是到戰國時代，才漸用騎的；以前多是用車，這是因爲這時候，漢族專居平地，山地都爲夷狄所據，尚未開拓之故，可參看顧炎武《日知錄》「騎」、「驛」兩條）。

■ 車戰、騎戰之興替

車戰之廢，與騎戰之興，實非一事。蓋騎便馳騁，利原野，吾國內地，古多溝洫阻固，騎戰固非所利，即戎狄居山林，騎亦無所用之也。《左氏》隱公九年，北戎侵鄭，鄭伯禦之，患戎師，曰：彼徒我車，懼其侵軼我也。昭公元年，中行穆子敗狄於大原，亦不過毀車崇卒而已。僖公二十八年，晉作三行以禦敵。《周官》有輿司馬、行司馬。孫詒讓《正義》，謂即《詩·唐風》之公路、公行，行指步卒，其說是也。〈大司馬職〉云：「險野人為主，易野車為主。」蘇秦、張儀言七國之兵，雖皆有騎，然其數初不多。世皆謂趙武靈王胡服騎射，以取中山，其實乃欲臨胡貉。攻中山凡五軍，趙希將胡、代之兵為其一（《史記·趙世家》），初不言為騎兵。蓋中山亦小國，不利馳驟也。李牧居代、雁門備匈奴，乃有選騎萬三千匹（《史記》本傳），逾於儀、秦所言秦、楚舉國之數矣，以所臨者為騎寇也。故車戰在春秋時稍替，騎戰至戰國時始興。

（《先秦史》，第四二〇頁）

周朝的刑法

古代的五刑，據說是始於三苗的（三苗國君姜姓，為蚩尤之後）。周穆王時候，還是用這五刑。又制定一種贖罪之法，見於《書經》的〈呂刑〉篇。但實際出於五刑以外的酷刑，亦在所不免。（《左傳》昭公六年，鄭國鑄刑書，晉國的大夫叔向寫信給鄭國的宰相子產，反對他。信中說：「夏有亂政，而作《禹刑》。商有亂政，而作《湯刑》。周有亂政，而作《九刑》。」可見夏朝時候，就有成文法了。鑄刑書，就是公布刑法，叔向還加以反對，可見春秋時代，公布刑法的還不多。）成文法大概很早的時代就有了。但在西周以前是不公布的。

俗、禮、法

邃古之時，人與人之利害，不甚相違，眾所共由之事，自能率循而不越。若此者，就眾所共由言之，則曰俗。就一人之踐履言之，則曰禮。古有禮而已矣，無法也。迨群治演進，人人之利害，稍不相同，始有悍然違眾者。自其人言之，則曰違禮。違禮者，眾不能不加以裁制，然其裁制也，亦不過誹議指摘而已。利害之相違日甚，悍然犯禮者非復誹議指摘所能止，乃不得不制之以力。於是有所謂法。法強人以必行之力強於禮，然其所強者，不能如禮之廣。於其所必不容已者則強之，可出可入者則聽之，此法之所以異於禮也。（《先秦史》，第四二二—四二三頁）

周朝的教化

以上所說，是周朝政治的大略。至於教化，則在封建時代，大概是守舊的。一切舉動，都要謹守相沿的軌範。這個就是所謂禮。雖說「禮不下庶人」（見《禮記．曲禮上篇》），不過行起禮來，不能像貴族的完備，如其違反相沿的習慣，還是要受制裁的，所以說「出於禮者入於刑」。禮是生活的軌範。生活變了，軌範就不得不變。然而當時的所謂禮，卻未必能如此。人就有貌爲敷衍，而心實不然的，這個就是所謂「文勝」。古書上多說「周尚文」，又說「周末文勝」，我們看這兩句話，就知道封建時代的風俗要不能保持了。

■ 尚文之弊

昔人謂周末文勝；文勝者，過於形式之美，而情實不足相副之謂也。吾國自周以後，未能改文勝之習。凡事但求表面，而不講實在；如建築不曰以資居處，而曰以壯觀瞻；練兵不曰以求克敵，而曰以壯軍容，皆是此等思想之流露。彼此以浮文相欺，明知其實非如此，而恬不為怪（不但公事如此；即私人交際之間，亦復如此），皆是此弊，崇尚文辭，特其一端耳。（〈文史通義評〉，寫於一九二〇至一九三〇年代，見《史學四種》，上海人民出版社一九八一年版，第二〇六頁）

第六章　春秋與戰國

西周以前，小國多，有一個強國出來，列國都會服從他，如此，便是三代以前的「王」。東周以後，大國多了，雖有強國，不容易達到這個地位，就不能想做「王」，而只爭做霸主了。戰國時代，情形又不同了。前此較小的國，這時候多已滅亡，否亦衰微已甚，不能在大國間做個緩衝，而諸大國則地益廣，兵益多，遂成爲互相吞併之局。秦因地勢險固，易守難攻；且秦國民風，最爲樸實勇敢；秦孝公又用商鞅，定變法之令，強迫全國的人民都盡力於農，遂成爲最富的國家。

春秋時列國的爭霸

東周以後，王室衰微，不能號令天下，而諸侯爭霸之局起。霸主是源於古代的「方伯」。（伯字是長的意思，霸字是同音假借字）在古代，天子本可命令一個諸侯，做某一方面的若干諸侯之長（如周文王在紂時做西伯，就是西方諸侯之長；齊太公在周朝初年，管理東方的五侯九伯），這個就是所謂「方伯」，春秋時代，則純用兵力爭奪。強的國，諸侯都服從他，天子亦就命令他做霸主。大抵西周以前，小國多，有一個強國出來，列國都會服從他，如此，便是三代以前的「王」。東周以後，大國多了，雖有強國，不容易達到這個地位，就不能想做「王」，而只爭做霸主了。春秋時代，晉、楚、齊、秦號稱四大國。吳、越是到末期才強盛的。四大國中，晉、楚兩國，爭霸的時期最久。

中國歷史的有確實紀年，是起於共和元年的，就是公元前八四一年。至前七七一年而西周亡，從前七七〇年起為東周，至前二二一年而秦併天下。又歷五百四十九年，其中從前七二二年起，至前四八一年止，共二百四十二年，稱為春秋時代。自此以後，為戰國時代。表中的前四七三年，實在已是戰國的初期了。因其距春秋還不甚遠，而吳、越相爭，大部分係春秋時代的事，所以破例列入表內。春秋之義，因孔子采魯國史作《春秋》一書，每年係時以記事，故以為名。戰國乃因其時七國戰爭不止而為名。

■東周列國形勢

《管子・霸言》曰：「強國眾，合強攻弱以圖霸；強國少，合小攻大以圖王。」此言實能道出東周以後，與西周以前形勢之異。蓋強國少，則服一強，即可號令當時之所謂天下，此為古人之所謂王。強國多，則地醜德齊，莫能相尚，即稱雄一時者，亦僅能使彼不與我爭，而不能使之臣服於我，此為古人之所謂霸。春秋之世，所謂五霸迭興者，只是就中原之局言之。至於各霸一方，如秦長西垂，楚雄南服，則雖當他國稱霸之時，情勢亦迄未嘗變，即由是也。觀此，知王降為霸，實乃事勢使然，初非由於德力之優劣。而事勢之轉變，則社會之演進實為之。蓋文化之發舒，恆自小而漸擴於大。其初只中心之地，有一強國者，其後則各區域中，各自有其強國，遂成此地醜德齊之局也。西周以前，史事幾惟所謂天子之國為可知，東周以後，則諸大國所傳皆詳，

天子之國，或反不逮，即由於此。（《先秦史》，第一五〇頁）

戰國的互相吞併

戰國時代，情形又不同了。前此較小的國，這時候多已滅亡，否亦衰微已甚，不能在大國間做個緩衝，而諸大國則地益廣，兵益多，遂成爲互相吞併之局。這時候，晉分趙、韓、魏，而河北的燕漸強，合齊、秦、楚爲七大國。七國之中，又以秦爲最強。因爲：㈠由地勢險固，易守難攻。㈡且秦國民風，最爲樸實勇敢。㈢而秦孝公又用商鞅，定變法之令，強迫全國的人民都盡力於農，秦遂成爲最富的國家。諸侯之勢，本已不能敵秦，還要互相攻戰，「合縱」、「連橫」之局，都不能持久，遂次第爲秦所滅。（秦滅六國用兵的經過，可參看《白話本國史》第一編第五章第二節）

春秋戰國一大變

春秋之世，諸侯只想爭霸，即爭得二、三等國的服從，一等國之間，直接的兵爭較少，有之亦不過疆埸細故，不甚劇烈。至戰國時，則㈠北方諸侯，亦不復將周天子放在眼裡，而先後稱王。㈡二、三等國，已全然無足重輕，日益削弱，而終至於夷滅，諸一等國間，遂無復緩衝之國。㈢而其土地又日廣，人民又日多，兵甲亦益盛，戰爭遂更烈。始而要凌駕於諸王之上而稱帝，再進一步，就要徑圖併吞，實現統一的慾望了。春秋時的一等國，有發展過速，而其內部的組織，還不甚完密的；至戰國時，則臣強於君的，如齊國的田氏，竟廢其君而代之；勢成分裂的，如晉之趙、韓、魏三家，則索性分晉而獨立。看似力分而弱，實則其力量反更充實了。邊方諸國，發展的趨勢，依舊進行不已，其成功較晚的為北燕。天下遂分為燕、齊、趙、韓、魏、秦、楚七國。六國都為秦所併，讀史的人，往往以為一入戰國，而秦即最強，這是錯誤了的。秦國之強，起於獻公而成於孝公，獻公之立，在公元前三八五年，是入戰國後的九十六年，孝公之立，在公元前三六一年，是入戰國後的一百二十年了。（《呂著中國通史》下冊，第三七四—三七五頁）

異民族的同化

東周時代，大國都在沿邊，這是什麼道理呢？原來當時的二等國，如魯、衛、宋、鄭、陳、蔡等，所居的都是古代中原之地，習於苟安，所以其民漸流於弱；晉、楚、齊、秦、吳、越等國，都居於邊地，卻以競爭磨礪而強。而且邊陲之地，都是曠廢的，易於開拓，所以幅員也廣大了。然則當時的異族，又是怎樣呢？古代和漢族雜居在黃河流域的是獫狁，春秋時，分爲赤狄、白狄。赤狄在河南、河北、山西，都滅於晉；白狄在河北的滅於晉，陝西的滅於秦。羌人在陝、甘境上的滅於秦。嘉陵江流域的巴，岷江流域的蜀，戰國時亦爲秦所滅。長江中流的民族，古稱九黎，屬於三苗之國。周以後，其他爲楚國所開拓淮水流域的淮夷、徐戎，亦服楚。山東半島的萊夷，則滅於齊。閩粵斷髮文身的民族，古稱爲越、吳，越先世，都是和此族人雜居的，越滅後，其王族還散布沿海一帶，做他們的君長。而楚王族莊，又溯牂牁江而上，直打到現在的雲南省城，就是當時所謂滇國。趙武靈王胡服騎射，開闢了現在的大同，燕國則排斥東胡，開闢了現在的遼熱。

總而言之：到秦滅六國時，黃河、長江兩流域和遼、熱兩省，都已入中國的版圖了。

第七章 周代之社會概況

封建的全盛時代，無甚貧富之差。只有有土的封君，可以徵收租稅，還可以使人民服勞役，是比較富裕的。到商業興起後，社會的組織，就要逐漸變遷了。工業也變作私人營利的事業了。人民的貧富，就漸漸不均。富者的勢力，逐漸增大，雖封君也無如之何了。何況這時候的貴族，還在互相兼併。這是商業資本抬頭，封建勢力逐漸沒落的時代。商業資本既興，此種等級，就不能維持了。封建制度，既然日漸破壞，宗法也就逐漸沒落，都變作五口、八口的小家庭了。

封建時代的社會組織

周朝是一個社會組織劇烈變遷的時候。爲什麼呢？古代的社會，大抵是自給自足的。其時經濟的基礎是農業，農人所種的田都是公家的，用公平的方法分配工人所做的器具，是供給衆人用的，由公衆養活他。（古代公產社會裡，本有這一種人，到封建時代，就成爲工官）商人是代表本部落，到別部落去交換的，盈虧和他本身無關。所以這時候的人，無甚貧富之差。只有有土的封君，可以徵收租稅，還可以使人民服勞役，是比較富裕的。這是封建的全盛時代。

商業資本的興起

到商業興起後，社會的組織，就要逐漸變遷了。此時各部落的生活，實已互相倚賴，從前要多造的東西，這時候可以不造，而向人家換得，該少造的東西，卻可以多造，去和人家交換。從前職業的分配，就不再合理，就要逐漸破壞了。向來平均分配的田，因人口增加，感覺不足，於是用為經界的阡陌、溝洫，逐漸被人開墾（田間的陸地，總稱為阡陌，亦就是往來的道路。水路總稱為溝洫。把這些地方，開墾做田，總稱為「開阡陌」。世人誤以為開阡陌是商鞅所做的事，這是錯的。開阡陌是人口增多，土地不足時自然的趨勢，商鞅不過承認他罷了。可參看《白話本國史》第一編第九章第三節）。田的分配，就不能公平，沒田種的，願意出報酬，借人家的田種；只有壞田的人，也願意出報酬，種人家的好田，就發生所謂田租（國家對於農田所徵收的，古代謂之「稅」，漢時謂之「田租」，宋以後謂之「賦」。有領土權的私人，徵收佃農的，歷代亦稱為田租，又稱地租。土地不曾私有時，只有國家所收的為田稅，所以稅額減輕，農民就受實惠；私家所收的地租發生後就不然了）。田以外的土地總稱為山澤。從前本來公有，遵守一定的規則，大家可以使用（如《孟子．梁惠王上篇》所說的「數罟不入洿池，斧斤以時入山林」）。至此，亦落入私人手中（如《史記．貨殖列傳》所載，因種樹畜牧、開礦、煮鹽致富的人，就是占據山澤之地的）。工業也變作私人營利的事業了。商人則買賤賣貴，更可以得大利。人民的貧富，就漸漸不均。富者的勢力，逐漸增大，雖封君也無如之何了。何況這時候的貴族，還在互相兼併，「破國亡家者相隨屬」呢？這是商業資本抬頭，封建勢力逐漸沒落的時代。東周之世，這種趨勢，正在加速度地演變中。

社會進化之畸形

社會的進化是畸形的，有許多事情固然今勝於古；有許多事情卻是古勝於今。大抵在物質方面，今勝於古的多；至於社會組織，則確有古勝於今之處。這並非我們的聰明才力或道德不及古人，實因古代的社會小，容易受理性支配，後世的社會卻不然，如龐然大物，莫之能舉，所以只得聽其自然。（〈來皖後兩點感想〉，原刊《安大週刊》一九三二年第八十七期）社會的組織而要求其合理，是必須隨時改變的。但這是件極難的事。往往其組織已和其所處的地位，利害衝突，不能相容了，而人還沒有覺得。即使覺得，抑或因種種方面的障礙，憚於改革；或雖欲改革而不能；又或勉強為之而致敗。於是因事實的遷流，舊制度逐漸破壞，新制度逐漸發生；而此所謂新制度，全是一任事勢遷流之所至，無復加以人為修整的餘地，各方面自不免互相衝突。乃亦聽其遷流之所至，互相爭鬥，互相調和。所求者，不過含有矛盾性的苟安，和前此無一物不得其所的大順世界，全然背道而馳了。（〈中國社會變遷史〉，見《呂思勉遺文集》下冊，第二〇〇頁）

等級的破壞

封建時代，人是要講究身分的。飲食、衣服、宮室、車馬，各有等級，絲毫不能僭越。商業資本既興，此種等級，就不能維持了。前此貴族對於平民，是有很大的勢力的；至此亦逐漸喪失，而代之以富人對於窮人的權力。甚至貴族的本身，也不能不俯首乞憐於他們。總而言之：從前的富和貴，貧和賤，是合一的；這時候，富的人，實際上就受社會尊貴，窮的人就被賤視。雖然在法律上的地位，富與貴，貧與賤，都得一樣受法律的制裁，確只是具文而已。

貴賤等級平，貧富階級起

東周以後，為封建制度破壞，商業資本興起之時，故貴賤之等級漸平，而貧富之階級隨起。其現象之重要者為：㈠諸侯大夫，互相兼併，亡國破家者，皆降為平民；㈡而平民社會中人，亦多漸躋高位，如游士是也；㈢井田制度破壞；㈣山澤之地，亦為私人所占；㈤工業亦入私人之手；㈥商業日益興盛。於是貧富不均，而社會之風氣，亦大變矣。（《高中複習叢書　本國史》，第二十八頁）

宗法的破壞

古代平民的家庭，本止五口、八口，貴族則多係聚族而居。在父權伸張的情勢下，就發達而成宗法。宗法是崇奉一個男子做始祖，他的繼承條件，第一個是嫡，第二個是長，嫡長子代表始祖，是爲大宗宗子。以後代代如此繼承。嫡長子之外，其餘的兒子，都別爲小宗。小宗宗子，可以管轄五世以內的親族，就是從自己高祖分支下來的人。大宗宗子，則凡同出於始祖的人，都要受他管轄。所以古代的貴族，團結的力量極厚，然而此等制度，做宗子的，必須爲有土之君才行。因爲如此，才能養活其族人；否則各自謀生，就要散而之四方了。所以宗法是要和封建並行的。封建制度，既然日漸破壞，宗法也就逐漸沒落，都變作五口、八口的小家庭了。（五口、八口之家，是「一夫上父母，下妻子」。這是財產私有之世，相生相養，天然的一個團結。至於合數百口而成一大家族，則是交易未盛，每一個大家族，即爲自給自足的生產團體，有以致之。交易盛行之後，此等家庭團體，自然不能存在了。普通的議論，都說中國人是大家族，這是錯的。中國此等大家族，除非內地經濟極落後的地方，還有存在；以中國之大論起來，實在不算得什麼，較之歐洲人，只多上父母一代。宗法制度，可參看《白話本國史》第一編第八章第一節。）

第八章　春秋戰國之學術思想

春秋戰國時代，社會組織，雖然日益變壞，學術思想則確是大有進步。在官之學，變爲私家自由研究的學問。其時世變日亟，想藉學術以救世的人甚多。合這幾種原因，學術思想，就大爲興盛了。孔子學術的特色，在能就人倫日用之間，示人以不可須臾離的道理。老子以爲後世的社會太壞了，想返到古代的淳樸。墨翟是主張節儉的，又反對當時用兵的人攻擊人家。主張用整齊嚴肅的法律，去訓練人民的是法家。先秦諸子之學，是各守專門，各有特色的。後世著書自成一家言，被收入子部的也不少，縱有獨見，仍不如先秦諸子。

學術思想發達的原因

春秋戰國時代，社會組織，雖然日益變壞，學術思想則確是大有進步。第一，在封建時代，學術爲貴族所專有。到社會組織變遷，人民有餘力能夠研究學術的人就多了。第二，貴族既多失其地位，一變而爲平民，於是在官之學，變爲私家自由研究的學問。私人的教育，大爲興盛。第三，其時世變日亟，想藉學術以救世的人甚多。而貴族腐敗，賢君往往要登庸有才能的人，士人就有以立談而致卿相的，因此想藉學術以弋取富貴的人，亦就不少。合這幾種原因，學術思想，就大爲興盛了。

■評春秋戰國的學術思想

近來的人，都說春秋戰國，是我國學術思想，最為發達的時代，後世都比不上他，這話也未必然。春秋戰國時代的學術，固然有各專一門，各極高深的長處；也有偏執己見，不了解他人的立場的毛病。譬如墨子的主張節儉，自因為當時貴族奢侈，人民窮困之故。社會窮困之時，應得節儉，是從古以來如此的，看下文便可知道。莊子卻說他的道理太苦了，人不能堪，然則坐視著凍餓的人凍餓，你還是奢侈你的，撫心自問，能堪不能堪呢？荀子又說有好政治，窮是不足為患的。墨子何嘗說窮是最後的憂患？天然的憂患？不過在當時困窮的情形之下，節儉就是最好的政治罷了。這不過舉其一端，其餘這一類的地方還很多。總而言之：當時學術的能夠分爭角立，互相辯論，固然有其好處；然亦因其在初興之時，彼此的立場，未能互相了解之故。到後世，沒有這種激烈的辯爭了；固然由於思想的停滯；然亦因其在社會上通行得久了，各種學問的所長所短，大家都已了然，所以用不著什麼激烈的辯論。我們試看：《史記》的末一篇〈自序〉載他父親司馬談論陰陽、名、法、儒、墨、道六家的話，以及《漢書．藝文志》論各家的話，大都有褒有貶。其所褒貶，大致可說是得當的，就可以明白這個道理。所以，我只說春秋戰國是中國學術發達，有光采的時代，不說他是最好的時代。（《初中標準教本　本國史》第一冊，第六十八－六十九頁）

孔子

春秋、戰國的學術派別是很複雜的。我們現在揀幾家最重要的來講講。在當時的人物中，最受後世崇拜的是孔子。孔子的學術，就是所謂儒家之學。他的特色，在能就人倫日用之間，示人以不可須臾離的道理。他的哲學思想，最高的是「易」和「中庸」。易是發明宇宙萬有，無時不在變動之中；所以我們做事該時時觀察環境，定一個最適當的應付方法，那就是所謂「中庸」了。他對於政治和社會的理想，也是很高遠的。他所想望的境界是「大同」，而其終極的目的，在於治國平天下。至於修身齊家，是達這目的的基本工夫。

儒家的理想與價值

儒家的理想，頗為高遠。《春秋》三世之義，據亂而作，進於昇平，更進於太平，明是要將亂世逆挽到小康，再逆挽到大同。儒家所傳的，多是小康之義。大同世之規模，從昇平世進至太平世的方法，其詳已不可得聞。幾千年來，崇信儒家之學的，只認封建完整時代，即小康之世的治法，為最高之境，實堪惋惜。但儒家學術的規模，是大體尚可考見的。他有一種最高的理想，企圖見之於人事。這種理想，是有其哲學上的立足點的。如何次第實行，亦定有一大體的方案。儒家之道，具於六經。六經之中……此等高義，既已隱晦。其盛行於世，而大有裨益於中國社會的，乃在個人修養部分。㈠在理智方面，其說最高的是中庸。其要，在審察環境的情形，隨時隨地，定一至當不易的辦法。此項至當不易的辦法，是隨時隨地，必有其一，而亦只能有一的，所以貴擇之精而守之堅。㈡人之感情，與理智不能無衝突。放縱感情，固然要撞出大禍，抑壓感情，也終於要潰決的，所以又有禮樂，以陶冶其感情。㈢無可如何之事，則勸人以安命。在這一點，儒家亦頗有宗教家的精神。㈣其待人之道，則為絜矩（二字見《大學》）。消極的「己所不欲，勿施於人」。積極的則「所求乎子以事父，所求乎臣以事君，所求乎弟以事兄，所求乎朋友先施之」。我們該怎樣待人，只要想一想，我們想他怎樣待我即得，這是何等簡而該。怎樣糊塗的人，對這話也可以懂得，而聖人行之，亦終身有所不能盡，這真是一個妙諦。至於㈤性善之說，㈥義利之辨，㈦知言養氣之功，則孟子發揮，最為透徹，亦於修養之功，有極大關係。

（《呂著中國通史》上冊，第三〇三—三〇四頁）

先秦諸子

孔子被後世的人尊為聖人，他所作的書，和後人記他的言行，或記錄闡發他的道理的書，亦被尊為經。（《詩》、《書》、《禮》（《儀禮》）、《樂》、《易》、《春秋》，據儒家說：都是孔子所刪定的，謂之六經，其中《樂》是沒有書本的，所以又稱五經。解釋經的書，漢人謂之「傳」，記載故事的，漢人謂之「記」；如《禮記》、《春秋公羊傳》、《左氏傳》、《穀梁傳》就是。《孝經》、《論語》漢人亦稱為傳。《孟子》本是儒家的子書。《爾雅》是儒家的辭典。《周禮》，漢朝的今文家是不信他的，但是這許多，後世也總稱為經。《大學》、《中庸》，本是《禮記》裡的兩篇。宋朝的朱子，把他摘出來，合《論語》、《孟子》，稱爲四書）其餘諸家則都稱爲子。諸子中重要的有老子。他的見解，是以爲後世的社會太壞了，想返到古代的淳樸。他又主張天道是循環的；剛強的人，終必摧折；所以主張守柔。又有莊子，鑒於宇宙的廣大和變化無窮，主張齊萬物、一生死。老子和莊子的學術，都稱爲道家。墨家之學，是墨翟所創。他是主張節儉的，又反對當時用兵的人攻擊人家，他卻極善於守禦。主張用整齊嚴肅的法律，去訓練人民的是法家，最著名的人物是商鞅和韓非。當時列國，用這一派人物的，多能收富國強兵之效（還有申不害，做過韓國的宰相；李克，亦作李悝，做過魏國的宰相；吳起雖然是兵家，他的治國，也很近於法家的，曾做過楚國的宰相；一時都收富強之效）。此外，講用兵的法子的有兵家。講外交的法子的有縱橫家。講農學的有農家。講醫學的有醫經、經方兩家（見《漢書．藝文志》。前者是針灸一派，後者是方劑一派）。以古代宗教上的迷信作根據，而研求哲理的，則有陰陽家等。先秦諸子之學，是各守專門，各有特色的。後世著書自成一家言，被收入子部的也不少，縱有獨見，仍不如先秦諸子了。

先秦諸子各有所本

先秦諸子，關於政治社會方面的意見，是各有所本的，而其所本亦分新舊。依我看來：㈠農家之所本最舊，這是隆古時代農業部族的思想。㈡道家次之，是游牧好侵略的社會的反動。㈢墨家次之，所取法的是夏朝。㈣儒家及陰陽家又次之，這是綜合自上古至西周的政治經驗所發生的思想。㈤法家最新，是按切東周時的政治形勢所發生的思想。以上五家，代表整個的時代變化，其關係最大。其餘如名家，專講高深玄遠的理論；縱橫家、兵家等，只效一節之用，其關係較

輕。（《呂著中國通史》上冊，第三一〇頁）

■先秦諸子可分家不可分人

先秦諸子，大抵不自著書。今其書之存者，大抵治其學者所為，而其纂輯，則更出於後之人。亡佚既多，輯其書者，又未必通其學。不過見講此類學術之書，共有若干，即合而編之，而取此種學派中最有名之人，題之曰某子云耳。然則某子之標題，本不過表明學派之詞，不謂書即其人所著。與集部書之標題為某某集者，大不相同。

治先秦之學者，可分家而不可分人。何則？先秦諸子，大抵不自著書；凡所纂輯，率皆出於後之人（張孟劬嘗以佛家之結集譬之）。欲從其書中，搜尋某一人所獨有之說，幾於無從措手；而一家之學，則其言大抵從同。故欲分別其說屬於某人甚難，而欲分別其說屬於某家則甚易。此在漢世，經師之謹守家法者尚然。清代諸儒，搜輯已佚之經說，大抵恃此也。故治先秦之學者，無從分人，而亦不必分人。（《先秦學術概論》，世界書局一九三三年版，第十七、二十頁）

第九章　本期結論

從上古到戰國，是我國從部落進於封建，從封建進於統一的時代。上古期中，最當注意的，是異民族的同化，和疆域的開拓。民族是以文化爲特徵的。住居中國的民族，大的也有許多，然都先後同化於我。社會的組織，也是隨時代而有變遷的。大抵人當生活艱難的時候，總是合力去對付自然的。到生活略爲寬裕些，就不免有人要剝削他人了。這都是人類在進化的途中，發生出來的病態。中國古代的哲人，對於社會的病態，都是很注意，想要設法糾正他的。這一點，也是我國文化的光輝。

上古史的性質

從上古到戰國，是我國從部落進於封建，從封建進於統一的時代。自此以前，我國還分立爲許多國；自此以後，就合爲一大國了。這是講中國史的人天然的一個段落。

■ 中國歷史演進三階段

中國歷史可劃分三大時期。羲、農、巢、燧利物前民，文化由來，遐哉尚矣，雖書闕有間，傳說要非盡虛誣，此為自草昧入文明之世，一也。孔子刪《書》，斷自唐虞，史公作《記》，始於黃帝，惇史留詒，蓋自茲始。斯時部落林立，異族錯居，以累代之盡力經營，而林立者始漸合併，錯居者始漸同化，至於嬴秦，遂胥宇內而為郡縣，此自分裂入統一之世，二也。自秦迄今二千餘年，就大體言之，疆域實無甚變更，政治亦無甚根本變動，四方異族程度皆較我為低，雖亦有時憑恃武力，薦居上國，至於聲明文物，終不得不捨其故有者而從我。一再傳後，其族且與我同化，泯然無跡焉。文化足以裨益者，唯一印度，亦僅及神教哲學而止耳，此為閉關獨立之世，三也。自歐人東來，而局面乃一變，其文化既與我大異，政治兵力亦迥非前此異族之比，我國受其影響，遂至凡事皆起變化，此為現在所處之時期，就此時期之事而講述之，此則所謂近世史者也。其中又可分為二期：一自歐人東來，至清末各國競劃勢力範圍止，此為中國受外力壓迫之時代；一自戊戌變政起，訖於現在，此則中國受外力壓迫而起反應之時代也。（〈中國近代史講義〉，寫於一九三〇年代，見《中國近代史八種》，上海古籍出版社二〇〇八年版，第三—四頁）

上古史的年代

上古史年代，雖然大部分都不確實。然依普通記算：夏朝大約四百年，商朝六百年，周朝八百年，已經有二千年了（此項計算之法，見於《漢書．律曆志》，係根據古書中所載的干支及日食等天象，用曆法推算的，雖不能密合，卻不致如傳說等的年代，相差很遠）。再上推至黃帝元年甲子，則在民國紀元前四千六百零八年了（如依齊召南《歷代帝王年表》黃帝元年甲寅，則當在民國紀元前四千六百十八年）。秦朝統一天下，在民國紀元前二千一百三十二年，那麼，我國開化的時代，就該在民國紀元前五千年左右，在公元前三千年左右了。

民族的同化和疆域的開拓

上古期中，最當注意的，是異民族的同化，和疆域的開拓。中國現在，所以能做世界上有數的大國；而人口的衆多，且爲世界各國之冠；實在是這個時代，建立下來的根基。而這兩者，實在還是一件事。

■ 周秦之間的文化擴張

文化是從一個中心點，逐漸向各方面發展的。西周以前所傳的，只有後世認為共主之國一個國家的歷史，其餘各方面的情形，都很茫昧。固然，書闕有間，不能因我們之無所見而斷言其無有，然果有文化十分發達的地方，其事實也絕不會全然失傳的，於此，就可見得當時的文明，還是限於一個小區域之內了。東周以後則不然，斯時所傳者，以各強國和文化較發達的地方的事蹟為多，所謂天子之國，轉若在無足重輕之列。原來古代所謂中原之地，不過自泰岱以西，華嶽以東，太行以南，淮、漢以北，為今河南、山東的大部分，河北、山西的小部分。渭水流域的開發，怕還是西周興起以來數百年間之事。到春秋時代，情形就大不然了。當時號稱大國的，有晉、楚、齊、秦，其興起較晚的，則有吳、越，乃在今山西的西南境，山東的東北境，陝西的中部，甘肅的東部，及江蘇、浙江、安徽之境。在向來所稱為中原之地的魯、衛、宋、鄭、陳、蔡、曹、許等，反夷為二、三等國了。這實在是一個驚人的文化擴張。其原因何在呢？居於邊地之國，因為和異族接近，以競爭磨礪而強，而其疆域亦易於拓展，該是其中最主要的。（《呂著中國通史》下冊，第三七二頁）

文化的進步

民族是以文化為特徵的。住居中國的民族，照第六章所述，大的也有許多，然都先後同化於我，就可見得我族文化的獨優了。什麼叫文化呢？依廣義的解釋，除天然現象之外，一切都該包括於文化之中。合以前各章所述的社會組織，政治制度，學術思想，以及衣、食、住、行等的進化而觀之，就可見得我族文化的大略了。

社會組織的變遷

社會的組織，也是隨時代而有變遷的。大抵人當生活艱難的時候，總是合力去對付自然的。到生活略為寬裕些，就不免有人要剝削他人了。人的剝削人，有兩種法子：一種是靠武力，一種是靠財力。靠武力，就釀成各民族各部落間的鬥爭，戰勝的役使戰敗的人，而成立封建制度。靠財力，則人和人，當交易之時，總想損人利己，本是大家互相剝削的行爲了。這都是人類在進化的途中，發生出來的病態。中國古代的哲人，對於社會的病態，都是很注意，想要設法糾正他的。只這一點，也是我國文化的光輝。

■治天下與安天下

先秦諸子之思想，有與後世異者。後世政治問題與社會問題分，先秦之世，則政治問題與社會問題合。蓋在後世，疆域廣大，人民眾多，一切問題，皆極複雜。國家設治之機關，既已疏闊；人民愚智之程度，又甚不齊。所謂治天下者，則與天下安而已。欲懸一至善之鵠，而悉力以赴之，必求造乎其極，而後可為無憾，雖極宏毅之政治家，不敢作是想也。先秦諸子則不然。去小國寡民之世未遠，即大國地兼數圻，亦不過今一兩省，而其精華之地，猶不及此。夫國小民寡，則情形易於周知，而定改革之方較易。風氣淳樸，則民皆聽從其上，國是既定，舉而措之不難。但患無臨朝願治之主，相助為理之臣。苟其有之，而目的終不得達，且因此轉滋他弊，如後世王安石之所遭者，古人不患此也。職是故，先秦諸子之言治，大抵欲舉社會而澈底改造之，使如吾意之所期。「治天下不如安天下，安天下不如與天下安」等思想，乃古人所無有也。（《先秦學術概論》，第九—十頁）

第二編　中古史

第十章　秦代之統一與疆土之拓展

秦始皇的治國內，規模是頗為闊大的。可惜他嚴刑峻法，又極其奢侈。他的政治實在是抱有一種偉大的理想的。這亦非他一人所能為，大約是法家所定的政策，而他據以實行的。政策雖好，行之卻似過於急進。法家之學，不知道國家和社會的區別。國家和社會不是一物，所以國家的權力，只該擴張到一定的程度，過此以往，便無功而有罪。法家不知此義，誤以為國家的利益，始終和社會是一致的，就有將國權擴張得過大之弊。秦始皇既併天下之後，還不改變政策，這是秦朝所以滅亡的大原因。這種錯誤，不是秦始皇個人的過失，也不是偶然的事實；而是法家之學必至的結果。

秦始皇的政策

公元前二二一年，秦王政盡滅六國，統一全國。他自稱為始皇帝。有人勸他封建子弟，他不聽。而把全國分作三十六郡（秦王政二十六年，自稱始皇帝，後世則稱二世、三世。是年，分全國為三十六郡，郡名詳見《史記·秦始皇本紀》、裴駰《集解》。但近人王國維曾加以考訂，糾正錯誤。始皇後因增置燕齊地六郡為四十二郡，後又取百越增置六郡為四十八郡，蓋皆用六為數。並見王著《觀堂集林·三十六郡考》），每郡各置「守」、「尉」、「監」三個官（守，漢時稱爲太守；尉，稱爲都尉；監，在秦朝是派御史去做的，謂之監御史，漢朝則由丞相派史去做。分全國爲十二州，謂之州刺史）。又把全國的兵器，都聚到他的都城咸陽（今陝西咸陽縣），鑄了十二個銅人和別種器具。又要統一全國的思想，除醫藥、卜筮、種樹的書外，只許博士官有書（博士是太常屬官。太常是管禮儀的，博士在秦漢時，都是用學者做的，當時說「官」，譬如現在說「公署」）。民間的書籍，一概燒掉。史官也只許存留秦國的歷史。

■ 秦統一的原因

秦朝的統一，絕不全是兵力的關係。我們須注意：此時交通的便利，列國內部的發達，小國的被夷滅，郡縣的漸次設立，在政治上、經濟上、文化上，本有趨於統一之勢，而秦人特收其成功。秦人所以能收成功之利：則㈠他地處西垂，開化較晚，風氣較為誠樸。㈡三晉地狹人稠，秦地廣人稀，秦人因招致三晉之民，使之任耕，而使自己之民任戰。㈢又能奉行法家的政策，裁抑貴族的勢力，使能盡力於農戰的人民，有一個邀賞的機會。該是其最重要的原因。（《呂著中國通史》下冊，第三七六—三七七頁）

■ 郡縣的由來

縣之起源有三：㈠滅國而為之。古書多記滅國為縣者；其不記其與滅建置者，縣名亦率多舊國名，可推想其滅國而為縣也。㈡卿大夫之采邑，發達而成為縣。《左氏》昭公二年，晉分祁氏之田以為七縣，羊舌氏之田為三縣。五年，薳啟強言：「韓賦七邑皆成縣。」此卿大夫采地，浸盛而成縣者也。㈢併小鄉聚為之。《史記．商君列傳》，言商君治秦，集小都鄉邑聚為縣，此則國家新設之縣，君之者不復世襲者也。凡一縣，大抵自成一行政區域。大國之吞滅小國，非改若干小行政區為一大行政區，乃以一國而包若干個行政區域也。故被滅之國，仍為政治上之一單位，不過改世襲之君為任命之官吏而已。邊荒之地，則稱為郡，本與縣不相統屬。但㈠郡之地必廣大，至其漸次發達，民政加詳，則可分設為縣。㈡又郡率有兵力，以之保護縣；而以縣之物力支持郡，亦相甚宜。如此者，縣皆易受郡之統屬。戰國以前，郡皆設於邊地；至秦始皇滅六國，覺到處有用兵力控制之必要，乃舉天下而分為三十六郡矣。然秦之舊地，固仍屬內史也。（〈中國文化史〉，原為一九四二年在常州青雲中學教授高二中國文化史的講義，見《呂思勉文史四講》，第一二五頁）

秦時疆土的拓展

他又發兵，把今兩廣、安南、福建地方打平，置爲南海、桂林、象郡、閩中四郡。派趙佗率兵五十萬戍守五嶺（大庾、騎田、都龐、萌渚、越城，皆在兩廣，與江西、湖南交界之地），這時候，北方的游牧民族，以匈奴爲最強，據著現在的河套（河套在秦漢時稱河南，唐以後謂之河曲，明以來才稱河套）。秦始皇派蒙恬去把他趕掉，將戰國時秦、趙、燕三國的長城連接起來，以爲北邊的防線。（秦朝的長城，大略沿陰山東行，經過熱、遼兩省的北部，東端要到現在的朝鮮境內；和現在的長城，路線幾全然不同。現在的長城，大概是明朝所造，關於長城的始末，可參看王國良《中國長城沿革考》，商務印書館本。）

■秦始皇築長城

秦始皇帝築長城，譽之者以為立萬古夷夏之防，毀之者以為不足禦侵略，皆不察情實之談也。頭曼以前之匈奴，此等小部落，大興師征之，則遁逃伏匿，不可得而誅也；師還則寇鈔又起；留卒戍守，則勞費不資；故唯有築長城以防之。長城非起始皇，戰國時，秦、趙、燕三國，即皆有之。皆所以防此等小部落之寇鈔者也。若所鄰者為習於戰陳之國，則有雲梯隧道之攻，雖小而堅如偪陽，猶懼不守，況延袤至千百里乎？然則長城之築，所以省戍役，防寇鈔，休兵而息民也。本不以禦大敵。若戰國秦時之匈奴，亦如冒頓，控弦數十萬，入塞者輒千萬騎，所以禦之者，自別有策矣。謂足立萬古夷夏之防，幾全不察漢後匈奴、鮮卑、突厥之事，瞽孰甚焉。責其勞民而不足立夷夏之防，其論異，其不察史事同也。（〈秦始皇築長城〉，見《呂思勉讀史札記》中冊，第六七五—六七六頁）

秦朝的滅亡

秦始皇的治國內，規模是頗為闊大的。可惜他嚴刑峻法，又極其奢侈。打破六國之後，都把他們的宮室，在關中仿造一所，後來又自造一所阿房宮，又在驪山（見第五章）自營葬地，都窮極壯麗。還要相信方士的話，派他們到蓬萊去求神仙。他自己又要到處遊行，藉此鎮壓全國。前二一〇年，秦始皇出遊，死在現在的河北省裡。他的長子扶蘇，因諫止他坑儒，被他謫罰出去，到蒙恬處做監軍（古代的太子，照習慣是不帶兵的。派他去監軍，就是表示不立他做太子的意思）。小兒子胡亥，這時候跟隨著他。宦者趙高，替胡亥遊說丞相李斯，假造始皇的詔書，把扶蘇、蒙恬都殺掉。胡亥即位，是為二世皇帝。信趙高的話，把李斯殺掉，政治更亂。

秦政與法家的短處

秦始皇，向來都說他是暴君，把他的好處一筆抹殺了。他的政治實在是抱有一種偉大的理想的。這亦非他一人所能為，大約是法家所定的政策，而他據以實行的。政治是不能專憑理想，而要顧及實際的情形的，即不論實際的情形能行與否，亦還要顧到行之之手腕。秦始皇的政策雖好，行之卻似過於急進。（《呂著中國通史》下冊，第三九一頁）

法家之學，不知道國家和社會的區別。國家和社會，不是一物，國家和社會的利益，只是在一定的限度內是一致的，過此以往，便相衝突。國家是手段，不是目的。所以國家的權力，只該擴張到一定的程度，過此以往，便無功而有罪。法家不知此義，誤以為國家的利益，始終和社會是一致的。社會的利益，徹頭徹尾，都可用國家作工具去達到，就有將國權擴張得過大之弊。秦始皇既併天下之後，還不改變政策，這是秦朝所以滅亡的大原因。這種錯誤，不是秦始皇個人的過失，也不是偶然的事實；而是法家之學必至的結果。（〈中國政治思想史十講（二續）〉，原刊《光華大學半月刊》一九三六年第四卷第七期）

■二世篡位必非史實

古太子皆不將兵。使將兵，即為有意廢立，晉獻公之於申生是也。扶蘇之不立，蓋決於監軍上郡之時。二十餘子，而胡亥獨幸從，則蒙毅謂先王之舉用太子，乃數年之積，其說不誣。始皇在位，不為不久，而迄未建儲，蓋正因欲立少子之故。扶蘇與蒙氏，非有深交，而李斯為秦相，積功勞日久，安知扶蘇立必廢斯而任蒙恬？斯能豫燭蒙恬用，己必不懷通侯印歸鄉里，豈不能逆料趙高用而已將被禍乎？故知史所傳李斯、趙高廢立之事，必非其實也。（《秦漢史》上冊，第二十二頁）

秦始皇死的明年，戍卒陳勝，在今安徽地方起兵。於是反者紛紛而起。六國後人，一時俱立。秦朝派兵出去征討，初時頗獲勝利，後來楚懷王（戰國時，楚國有個懷王，和齊國聯盟。上了秦國人的當，和齊國絕交。秦人趁勢把他打敗，後來秦國人又誘他去會盟，要求他割地，懷王不聽，秦國人就把他扣留起來，死在秦國，楚國人很哀憐他。此時楚國世家項氏，在吳國的舊地起兵，有人勸他立楚懷王的後人，以收拾楚國的民心。項氏聽了他，即以懷王的謚法，爲其生時的稱號）派項籍北救趙（新興的趙國被圍在巨鹿，現在河北的平鄉縣），劉邦西入關。項籍大破秦兵於巨鹿。劉邦也乘秦朝內亂，二世爲趙高所弒，趙高又被新立的子嬰所殺，從武關入秦（在今陝西商縣之東。這是從河南南陽進陝西的路），子嬰只得投降。秦朝就此滅亡，時在前二〇九年。

楚漢的分爭

秦朝的滅亡，也可以說是封建政體的一個反動。於是六國之後，和亡秦有功的人，都自立為王。當時兵力最強的是項籍，所以封地的支配，實際是由他決定。他自立為西楚霸王（銅山一帶，戰國時也是楚國的地方，當時稱為西楚。霸王的霸，就是霸諸侯的霸。當時所封的人都稱王，項籍是諸王之長，所以稱為霸王），建都在現在的銅山縣。劉邦則封於漢中，稱為漢王。分封才定，山東、河北方面，已有不滿現狀起來反抗的人，項籍出兵征討。漢王乘機，打定關中。合好幾國的兵，直打進楚國的都城。被項籍還兵打破。漢王乃堅守滎陽、成皋一帶（滎陽，今河南滎澤縣，這是黃河的一個渡口，守此，楚兵就不能渡河而北。成皋，今河南汜水縣，其西境就是虎牢關，守此，楚兵就不能向西）。有蕭何留守關中，替他補充軍隊和糧餉。而派韓信打定山西、河北，繞出山東，彭越又在楚國後方搗亂。於是楚國兵少食盡，乃和漢約以鴻溝中分全國（當時的一條運河，從今河南省城附近東南流，和淮、泗兩水通連）。約定，項籍東歸，漢王背約追擊他。項籍走到烏江（大江的渡口，在今安徽和縣南），自刎而死。漢王遂即皇帝位，是為漢高祖。時在前二〇二年。秦亡後，全國紛爭了五年，又統一了。

■漢初史事多傳說

（漢初史事多）此等性質的傳說，至漢初實尚不乏，斷不容輕信為事實。試舉俗所謂鴻門宴之事為例。范增說：與項王爭天下者必沛公，豈是事實？且軍門警衛，何等森嚴，安有樊噲能撞倒衛士，直達筵前，指責項王之理？古人筵宴，中間誠有離席休息之時，且或歷時頗久，然亦必有一個限度；乃漢高祖可召張良、樊噲等同出，與噲等脫身回向本軍，張良度其已至，然後入謝。筵宴間的特客，離席至於如此之久而無人查問；帶有敵意的賓客，與數人間行出軍，亦無人盤詰，項羽的軍紀，有如此之廢弛者乎？張良獻玉斗於范增，范增受而碎之，罵項王「豎子不足與謀」，且當場言「奪項王天下者，必沛公也，吾屬今為之虜矣」。增年已七十，素好奇計，有如此之魯莽者乎？種種事蹟，無一在情理之中。然則漢高祖與項羽此一會見，真相殆全然不傳；今所傳者，亦一則想像編造的故事也。此等傳說，在秦漢間實未易枚舉。且如指鹿為馬之說，又豈可以欺孩稚邪？（〈中國史籍讀法〉，見《史學四種》，第二〇六頁）

第十一章　兩漢之政治概況

漢初，承全國大亂之後，專務休養生息。到開國後約七十年的時候，國內頗爲富庶。漢武帝是個雄才大略的人，他對外國用兵，替中國開拓了不少疆土。可惜他性好奢侈，既要開疆拓土，又要營宮室，求神仙，還要出去巡遊。財政不足，就用了許多言利之臣，以致民愁盜起，國內幾致大亂。漢去封建之世近，士大夫皆慷慨喜功名。以當時中國之國力，如得嚴明任法之主而用之，所立之功，雖十倍於漢武可也。（漢武）雖能摧匈奴，通西域，縣朝鮮，平兩越，開西南夷，實當時中國國力與四夷相去懸絕，有以致之。

漢初的政治

漢高祖即帝位後，把功臣中功勞大的，都封作王，小的封作侯，然異姓封王的，不久都滅亡，都大封子弟和同姓爲王。高祖死後，兒子惠帝懦弱，高祖的皇后呂氏專權。惠帝死後，呂后就臨朝稱制，又封諸呂爲王。呂后死後，大臣共討諸呂，迎立高祖的庶子文帝。漢初，承全國大亂之後，專務休養生息。文帝在位，尤其恭敬節儉。他的兒子景帝，也能謹守他的政策。所以當武帝初年，就是漢朝開國後約七十年的時候，國內頗爲富庶。

■ 漢時民生仍窘迫

《史記・平準書》說武帝初年的情形道：「非遇水旱之災，民則人給家足。都鄙廩庾皆滿，而府庫餘貨財。京師之錢，累巨萬，貫朽而不可校。大倉之粟，陳陳相因，充溢露積於外，至腐敗不可食。眾庶街巷有馬，阡陌之間成群；而乘字牝者，擯而不得聚會。守閭閻者食粱肉，為吏者長子孫；居官者以為姓號。故人人自愛而重犯法，先行義而後絀恥辱焉。」這真可謂國富民安了。然而又說：「當是之時，網疏而民富，役財驕溢，或至兼併。豪黨之徒，以武斷於鄉曲。」兼併是該行之於窮困之時的。富庶之日，如何反行起兼併來呢？可見其所謂富者，不過總計全國的富量，有所增加，而並不是均攤在眾人頭上。所以這時候的富人，固然遠較天下初平時為富，窮人則還是一樣；而貧富相形之間，其懸殊或者反較大亂初平時為甚。（《中國社會變遷史》，見《呂思勉遺文集》下冊，第二四四—二四五頁）財富總量有所增加，而其分配的不平均如故。所以漢代的人，提起當時的民生來，都是疾首蹙額。（《復興高級中學教科書　本國史》上冊，第一二七頁）

漢初的大封同姓，原是為防制異姓的，但是到後來，同姓諸王，倒成為政治上的一個問題了。景帝時，吳楚七國，到底起兵造反，給漢朝打平，於是把諸侯治理百姓和補用官吏的權柄一齊剝奪。這時，列國規模，與他郡縣相差不遠。武帝時從主父偃的弱藩之策，又命諸侯將自己的地方，分封子弟，於是諸侯都變作小國。諸侯只得衣食租稅，不許就國。漢初的封建，就名存實亡，而郡縣制度就逐漸推到全國了。

秦漢時之新局勢

秦漢時之新局勢：一、內戰乍息，民生獲蘇。尤其交通上之限制廢除，得以完成廣大之分工，國富總量之增加，殆非前此所能想像。二、統一則國力強盛，便於對外；然中國在此時，開始與騎寇相遇。三、封建制度告終。秦盡廢封建，經楚漢之爭、漢初之翦滅異姓、吳楚七國之亂，而封建之實，遂蕩然無存焉。此時之政情：一、民主政治之廢墜。此由㈠民意無表現之方法，如古之大詢於眾庶等。㈡民意之表現為習慣，習慣愈不適於時勢，則拘束之力愈弱。故君主之地位，日益神聖。最後，遂謂其權係受之於神，而非受之於民，兩漢、新莽之言符瑞是也。（此節與西方頗相似）二、地方自治之廢墜。古之國，等於後世之縣。國君等於縣令，縣令實不能躬親辦事，而地方公務悉廢矣。三、放任政治之形成。貴族既倒，處於治者之地位者，為官僚階級，同時亦即成為榨取階級。而此時於官僚階級，非剷除之時也，於是取監督之方式矣。政治上之首領，理宜加以監督。但監督者少，被監督者太多，勢不能給，則唯有將所辦之事，減至最小限度，使其無所藉以虐民。中國之良吏，每勸人民早完國課，少打官司，免得與吏役接觸，此正與政府之取放任主義同。顧亭林譏後世大官多，小官少。而不知其在昔時之政治上，只重監督官僚階級，不使虐民，興利治國，固在其次也。自漢以來，中國之政治向如此。（〈中國文化史〉，見《呂思勉文史四講》，第一三七、一三八、一三九頁）

武帝的文治武功

漢武帝是個雄材大略的人，他對外國用兵，替中國開拓了不少疆土，其事都見下章。他在內治上，也有幾件著名的事情。第一，他置五經博士，是國家設立太學之始（當時僅就固有的官吏中，揀其有學問的，替他招致弟子；既未嘗建校舍，亦未設立教官。博士本非學校教師，但後來設立太學後，教師未曾別立名目，即以博士為名）。第二，他命郡國選舉孝廉，是科舉制度的先聲（此時未有考試之法，但唐以後的科舉制度，是從此制變化而成的，參看本書第十八章）。第三，他又聽董仲舒的話，重用治儒家之學的人。於是春秋、戰國時各學派之中，儒家之學，就歸於一尊了。可惜他性好奢侈，既要開疆拓土，又要營宮室，求神仙，還要出去巡遊。財政不足，就用了許多言利之臣，以致民愁盜起，國內幾致大亂。幸而晚年悔過，能夠與民休息。昭、宣兩代，政治也都算清明，才算危而復安。

■ 評漢武帝

漢去封建之世近，士大夫皆慷慨喜功名。以當時中國之國力，如得嚴明任法之主而用之，所立之功，雖十倍於漢武可也。漢武嚴而不明，任喜怒而不任法。置宿將而任椒房之親；又任嚴酷之吏，以深文隨其後；雖能摧匈奴，通西域，縣朝鮮，平兩越，開西南夷，實當時中國國力，與四夷相去懸絕，有以致之。計其所失亡，中國轉遠過於夷狄，蓋國力之浪費者多矣。（《古史家傳記文選》中冊，商務印書館一九三八年版，第一一九頁）

前漢的滅亡

漢朝離宗法社會近，很看重宗室和外戚。元帝以後，政權入於外戚王氏之手，王氏中又出了一個大人物，漢遂為其所篡。這個人就是王莽。王莽以公元九年篡漢，改國號為新，他是鑒於漢時社會貧富的不均，要想實行社會政策的，他的魄力，可以算是很偉大。惜乎行之不得其法，弄得舉國騷然，新莽亦終至滅亡。

■兩漢間社會文化一大變

中國之文化，有一大轉變，在乎兩漢之間。自西漢以前，言治者多對社會政治，竭力攻擊。東漢以後，此等議論，漸不復聞。漢、魏之間，玄學起，繼以佛學，乃專求所以適合社會者，而不復思改革社會矣。東漢以後，志士仁人，欲輔翼其世，躋世運於隆平，畀斯民以樂利者甚多，其用思不可謂不深，策劃不可謂不密，終於不能行，行之亦無其效者，實由於此。故以社會演進之道言之，自東漢至今二千年，可謂誤入歧途，亦可謂停滯不進也。（《秦漢史》上冊，第一九七頁）

後漢的興起

後漢光武皇帝，是前漢的宗室，他以新莽之末起兵，和湖北地方的群盜聯合，當時軍中先有漢朝的宗室劉玄，號為更始將軍，大家立他做皇帝。大破莽兵於昆陽（今河南葉縣），漢兵分路入關，關中群盜亦起，王莽爲亂兵所殺。更始移都長安，爲群盜所制，政治紊亂。關東流寇赤眉入關，更始遂敗亡。光武先別爲一軍，出定河北。後來把赤眉打破；割據或擾亂一方的人，亦都打平。建都在洛陽，所以史家亦稱爲東漢。

■後漢國力遠不如前漢

後漢自公元二十五年光武帝即位起，至公元二二〇年為魏所篡止，共計一百九十二年；若算到公元一八九年董卓行廢立，東方起兵討卓，實際分裂之時為止，則共得一百七十五年；其運祚略與前漢相等，然其國力的充實，則遠不如前漢了。這是因為後漢移都洛陽，對於西、北兩面的控制，不如前漢之便；又承大亂之後，海內凋敝已極，休養未幾，而羌亂即起，其富力亦不如前漢之盛之故。兩漢四百年，同稱中國的盛世，實際上，後漢已漸露中衰之機了。（《呂著中國通史》下冊，第四一五頁）

後漢的亂亡

光武、明、章三帝算是後漢的治世。和帝以後君主每多幼稚，母后臨朝，外戚專權。皇帝長大了，因滿朝都是他的黨羽，只得和宦官謀誅滅他，結果宦官又因之專權。在這兩種惡勢力互相消長之下，國政日趨不振。到桓、靈二帝的時代而達於極點。靈帝死後，子少帝年幼，太后的哥哥何進當國，要想誅滅宦官，而太后不肯。何進乃召外兵進京，以脅迫太后，宦官大懼，把何進殺掉。何進的官屬，遂舉兵大殺宦官。正在紛亂之際，涼州將董卓帶兵入京，政權遂盡入其手。董卓把少帝廢掉，立其弟獻帝。行爲又極暴虐。東方州郡，起兵攻擊他。董卓乃脅迫獻帝，遷都長安。東方的兵，都紛紛自占地盤，不能追擊。旋漢朝的宰相王允，和董卓的部將呂布合謀，把董卓殺掉。而卓將李傕、郭汜，又起兵爲卓報仇，攻陷長安。獻帝爲其所制，久之，乃得逃到洛陽。因地方殘破已甚，召曹操的兵入衛。從此大權歸於曹操，漢帝只剩得一個空名了。

漢朝政治制度的劣點

漢朝的政治制度，有兩個劣點，是引起三國以後的分裂和戰亂的：

㈠秦漢時代，外官本分郡縣兩級，郡就直接隸轄中央。一郡的地方只有後世一府這麼大（邊郡也有很大的，然地廣人稀，文化經濟都落後，依舊沒有實力），其勢不足以反抗中央，所以柳宗元說：「漢朝有叛國而無叛郡。」（見其所著〈封建論〉）後漢靈帝時，黃巾賊張角造反，雖然旋即打定，然而餘黨擾亂的很多，乃將向來專司監察的州刺史，改爲州牧，變成了地方行政官吏，一州地方，有現在一兩省大；又值紀綱廢弛之際，州牧遂多據地自專；郡太守和有兵權的人，亦都紛紛割據，遂成爲分裂之局。（漢武帝置十三州部，每州置一刺史以督察郡國，司隸校尉爲中央官吏，督察京畿，不在十三州部之列。後漢併朔方於并州，改交趾爲交州，合司隸校尉部仍爲十三州，漢末又改刺史爲州牧，威權愈重。）

秦漢官制特色

秦漢官制的特色：㈠這時候的中央政府，宰相是個副貳天子，治理天下的；九卿等官，也各有獨立的職權，都是分治天下眾務的；不是天子的私人。到後來，紛紛任用什麼尚書、中書、侍中做宰相；把九卿的職權，也奪歸六部；於是所任用的，全是天子玩弄之人，君權愈張無限。㈡是外官階級少而威權重，和後世大不相同。這個有好處，亦有壞處。㈢則這時候去古還近，地方自治的意思，還有存留。《漢書．高帝紀》：「二年二月癸未令，舉民年五十以上，有修行，能帥眾為善，置以為三老，鄉一人。擇鄉三老一人為縣三老，與縣令、丞、尉，以事相教。」可見得這時候，對於三老等官視之甚重，和後世名存實亡的，大不相同。（《白話本國史》第二冊，商務印書館一九二三年版，第七十一頁）

㈡秦漢承戰國之後，其兵制尚有徵兵制度的意味。百姓到二十三歲，都隸名兵籍，歸各郡的都尉。講肄課試，到五十六歲，才得免除，漢初用兵，還都由郡國調發的。武帝以後，因用兵多了，免得騷擾平民，乃多派「罪人」（亦有並不是罪人的，如賈人、贅婿都是，不過取其不是普通農民而已；贅婿大抵是沒有田產的人。本章末節所論，可參看拙撰《白話本國史》第二編第八章第一、第四兩節）出兵打仗謂之「謫發」。雖然於人民有益，卻是人民因此和當兵漸漸地生疏了。後漢光武因圖減省起見，把都尉裁掉，民兵亦因之而廢，此時被中國征服的異族多入居塞內，漸漸用他當兵（如當武帝時，外族內附而用以爲騎者，就置有越騎校尉等。宣帝時調羌騎衛金城。這都是藉外族內附而用以當兵的例子），遂至異族強而本族弱，造成五胡亂華之禍。

秦漢間兵制一大變

秦漢之世，為中國兵制之一大變。古代兵農合一之説雖誣，然至戰國，業已成為舉國皆兵之局。一統之後，疆理既恢，征戍之途彌遠。夫地大人眾，則不必舉國皆兵，而後足以禦侮；征戍遠則民勞，不得不加以體恤；於是罪人、奴隸與異族之降者雜用。蓋自秦已啟其端，至漢武之世而大盛。更經新室之亂，光武崛起，急欲與民休息，而民兵之制遂廢。國之強弱，誠不盡繫乎兵；兵之強弱，亦不盡繫乎制度；然使民兵之制猶存，終必略加以訓練，不致盜賊攻之而不能禦，戎狄略之而不能抗矣。然則典午以降，異族之憑陵，武夫之跋扈，其原雖不一端，要不得謂與民兵之廢無關係也。（《秦漢史》下冊，第六七五頁）

第十二章　兩漢疆域之開拓與對外交通

秦漢是我國疆域開拓的時代。秦始皇開其端，而漢武帝成其功。當張騫使月氏時，今甘肅西北境，尚屬匈奴。卻好匈奴的王，守今甘肅西北境的來降，漢朝以其地爲郡縣。西域的路，自此開通。漢朝曾出兵遠征大宛。又把公主嫁給烏孫，和他共攻匈奴。宣帝時，在今新疆的中部，設立西域都護，保護天山南北兩條通路。西域都是些小國，漢攻匈奴，並不能得他的助力，而因此勞費殊甚，所以當時人的議論，大都是反對的。但是史事複雜，利害很難就一時一地之事論斷。西域是西洋文明傳布之地，與中國陸地相接，自近代西力東漸以前，中西的文明，實在是恃此而交流的。且西域之地，設或爲游牧民族所據，亦將成爲中國之患。漢通西域之後，對於天山南北路，就有相當的防備，後來匈奴敗亡後，未能侵入，這也未始非中國之福。

漢初域外的形勢

秦漢是我國疆域開拓的時代。秦始皇開其端，而漢武帝成其功。漢初，匈奴以陰山爲根據地，東擊破東胡，西擊破月氏，後又征服漠北諸小民族，和西域三十六國（歷史上所謂西域，有廣狹兩義，此處是初時狹義的西域，專指天山南路，後來自此以西的地方，亦都稱爲西域）。月氏先逃到伊犂河流域，又爲烏孫所攻。逃到阿姆河流域，征服大夏，就是西史的巴克特利亞（Bactria，即今之阿富汗國境）。其西安息，則是西史的帕提亞（Parthia，即今之伊朗國境）。更西條支，乃敘利亞之地〔當公元前四世紀之末，中國戰國時候，馬其頓亞歷山大王，征服亞洲西部，死後其部將據敘利亞（Syria）自立，是爲條支，後其東方，又分裂爲帕提亞、巴克特利亞兩國，即中國所謂安息及大夏〕。再向西，就是羅馬帝國，當時所謂大秦了〔大秦一名犂軒，見《後漢書．西域傳》。當時或係專指敘利亞。近人張星烺謂係指羅馬帝國在東方的領土爲大秦。參看《東西交通史料彙篇》卷一頁八〈古代中國與歐洲之交通〉一文〕。從安息向東南則到印度，從前謂之天竺，亦謂之身毒。從遼東向東，半島的北部爲朝鮮，南部爲三韓（馬韓、弁韓、辰韓）。再渡海而東，就是現在的日本，當時稱爲倭人。

以上是域外的形勢。而秦時已隸版圖的閩、廣、安南，此時亦自立爲南越、閩越兩國（南越是秦朝的尉，據兩廣安南之地自立的。閩越是春秋時越國的子孫，滅秦有功的。漢朝封爲閩越王，在今福建閩侯縣，還有一個，封於浙江的永嘉縣的，爲東甌王，因爲閩越所攻擊，自請舉國內徙江、淮間）。雲貴兩省秦時略有交通，漢時復絕。自此往西北，在四川和陝甘兩境上的異族，當時總稱爲西南夷。再向西，便是青海境內的羌人了（在大通河流域，當時謂之湟水）。

漢平匈奴

秦末，中國大亂，匈奴又入據河套。漢高祖自將去打他，被圍於平城（今山西大同縣）。後來用劉敬的計策，把宗室女嫁給他的單于，和他講和。是爲中國以公主下嫁，與外國結和親之始。武帝初想約月氏共攻匈奴，派張騫往使，因月氏無意報仇，不得要領；後來才決意自行出兵攻擊。先把他逐出漠南，又屢次派兵到漠北去打他，匈奴自此衰弱，到宣帝時又有內亂，其呼韓邪單于，遂入朝於漢。郅支單于逃到西域，爲漢人發西域兵攻殺。

■論武帝征匈奴

漢武帝東征西討，所開拓者頗廣，後世盛時之疆域，於此時已略具規模，讀史者或稱道之。然漢人之議論，則於武帝多致譏評。（宣帝初即位，欲褒先帝，令列侯、二千石、博士議，夏侯勝即言武帝無功德於民，不宜為立廟樂，見《漢書》本傳。《史記．大宛列傳》之敘事，《漢書．西域傳贊》之議論，於武帝皆深致譏焉。而《漢書．武五子傳贊》，言之尤痛。）何哉？予謂是時之開拓，乃中國之國力為之，即微武帝，亦必有起而收其功者，而武帝輕舉寡慮，喜怒任情，用人以私，使中國之國力，為之大耗，實功不掩其罪也。漢世大敵，莫如匈奴。匈奴之眾，不過漢一大縣。又是時匈奴，殊無民族意識。試觀軍臣單于以嗜漢物，幾墮馬邑之權，然仍樂關市可知。賈生五餌之策，欲以車服壞其目，飲食壞其口，音聲壞其耳，宮室壞其腹，榮寵壞其心（見《新書》），非處士之大言，其效誠有可期者也。使武帝而有深謀遠慮，當時之匈奴，實可不大煩兵力而服。即謂不然，而征伐之際，能多用信臣宿將，其所耗費，必可大減，而所成就，反將遠勝，此無可疑者也。《史記》言衛青僅以和柔自媚於上。霍去病則少而侍中，貴不省士，其從軍，天子為遣大官齎數十乘，既還，重車餘棄粱肉，而士有飢者；其在塞外，卒乏糧，或不能自振，而去病尚穿域蹋鞠，事多類此。此等人可以為將乎？較之李廣將兵，乏絕之處，見水，士卒不盡飲，廣不近水，士卒不盡食，廣不嘗食者何如？李廣利之再征大宛也，出敦煌六萬人，負私從者不與，馬三萬匹，軍還，入玉門萬餘人，馬千餘匹而已。史言後行非乏食，戰死不甚多，而將吏貪，不愛卒，侵牟之，以此物故者眾，其不恤士卒，亦去病之類也。天子嘗欲教去病孫吳兵法，對曰：「顧方略何如耳，不至學古兵法。」此去病不學無術之明徵，亦漢武以三軍之眾，輕授諸不知兵法之將之鐵證。世顧或以是為美談，此真勢利小人之見。世多以成敗論人，其弊遂中於讀史，皆由勢利之見，先有以累其心也。漢去封建之世近，士好冒險以立功名；不知義理，徒為愚忠；皆與後世絕異。即以李廣之事論之。廣與程不識，俱為邊郡名將，匈奴畏之久矣。又嘗俱為衛尉，天子知其能亦久矣。征胡而擇大將，非廣、不識輩而誰？乃漢武之所任者，始則衛、霍，後則李廣利也。以椒房之親，加諸功臣宿將之上，不亦令戰士短氣矣乎？（《秦漢史》上冊，第一二九—一三一頁）

漢通西域

當張騫使月氏時，今甘肅西北境，尙屬匈奴。張騫在大夏，見今四川臨邛縣的竹枝，問他們：「從哪裡來的？」他們說：「從身毒買來。」張騫因此想到從四川西南出，一定可通西域。漢朝就因此通西南夷。然通西域的路，依舊沒有走通。卻好匈奴的王，守今甘肅西北境的來降，漢朝以其地爲郡縣。西域的路，自此開通。漢朝曾出兵遠征大宛。又把公主嫁給烏孫，和他共攻匈奴。宣帝時，在今新疆省的中部，設立西域都護，保護天山南北兩條通路。西域三十六國都屬都護管理。

■史事「禍福」難豫燭

西域都是些小國，漢攻匈奴，並不能得他的助力，而因此勞費殊甚，所以當時人的議論，大都是反對的。但是史事複雜，利害很難就一時一地之事論斷。㈠西域是西洋文明傳布之地。西洋文明的中心希臘、羅馬等，距離中國很遠，在古代只有海道的交通，交流不甚密切，西域則與中國陸地相接，自近代西力東漸以前，中西的文明，實在是恃此而交流的。㈡而且西域之地，設或為游牧民族所據，亦將成為中國之患，漢通西域之後，對於天山南北路，就有相當的防備，後來匈奴敗亡後，未能侵入，這也未始非中國之福。所以漢通西域，不是沒有益處的。但這只是史事自然的推遷，並非當時所能豫燭。（《呂著中國通史》下冊，第四〇四頁）

漢平朝鮮

朝鮮在戰國時，屬於燕國。秦末，燕人衛滿率衆避難，逃到朝鮮，自立爲王。漢朝興起，約爲外臣，傳子及孫，引誘漢朝逃人，南方辰國（即三韓之辰韓）要入朝，又被阻住。武帝因命將征討，平定朝鮮，置爲郡縣。

漢平兩越及西南夷

秦立閩中郡，不久便廢。漢興，封越君（百越酋長）爲閩越王。到武帝時，閩越和東甌（今浙江永嘉）常相攻，東甌自請遷居內地，武帝依從。並派兵滅閩越，也遷其民於內地。南越是趙佗所立的國，漢封爲王，傳子及孫，其相呂嘉殺王，發兵造反，武帝遣將平定，盡有今兩廣、安南之地，置爲郡縣。武帝又平定滇國（今雲南昆明）、夜郎（今貴州遵義）、邛、筰、冉（今四川西境）諸西南夷，也置爲郡縣。

後漢的武功

王莽時，中國大亂，匈奴和西域都背叛。後漢光武時，匈奴又因內亂，分爲南北。南單于降漢，入居中國塞內。公元八九、九一兩年，和帝命竇憲大出兵以攻北匈奴，北匈奴逃到西域，後來轉輾入於歐洲。當東胡爲匈奴所破時，其餘衆分爲烏桓、鮮卑兩族。漢武帝時，招致烏桓，居今遼、熱境上，助中國捍禦匈奴；鮮卑在其北方，北匈奴亡後，其地遂爲鮮卑所據。明帝末年，班超帶著三十六個人，出使西域，攻殺匈奴的使者，說降諸國。明帝死後，漢朝無意經營西域，召他回來。而西域諸國，多有留著他不肯放的。班超亦願意立功，遂留居西域。即發服從諸國的兵，把不服諸國攻下。這眞是古今罕有的奇功了。

■歷代的治邊方略

中國歷代，對於屬地，係取羈縻政策的。政府或設官以管理其通路，如漢朝的西域都護是；又或駐紮於幾個要點，如唐朝的都督府是。此等官吏對於服屬的部族，加以管理，有違命或互相攻擊或內亂之事，則加以制止。防患於未然，使其事不至擴大而成為邊陲之患，此即所謂守在四夷。但中國的政情，是以安靜為主的。不但向外開拓，即對於邊疆的維持，亦不能費多大的國力。所以到服屬的部族真個強盛時，中國所設的管理機關，就只得撤退。再進一步，就患仍中於邊陲了。歷代的武功，除西漢一朝，去封建時代近，其君主及人民，都略有侵略的性質外，其餘如唐朝及清朝，實都不過如此。看似武功煊赫，拓土萬里，實則都是被征服者的衰亂，並不是中國的兵怎樣的強。總而言之，開疆拓土，甚至於防守邊陲，在中國政治上，實向不視為要務。

（〈中國近世史前編〉，見《中國近代史八種》，第一八八—一八九頁）

漢時的海上交通

漢時，海路交通，亦已極發達，從廣東的合浦入海，能通行到印度洋沿岸（《漢書·地理志》說：中國當時的航路，到黃支爲止。黃支，據近來人考據，說是印度的建志補羅（Kancipura）〕。西域商船，也有聚集於安南的東京灣的。中國的絲，在歐洲最爲著名，與黃金同重同價。羅馬人久想和中國人通商，但終爲條支人所隔。班超平定西域後，派部將甘英到羅馬去，亦爲條支人所阻。直到一六六年，大秦王安敦（以年代考之，該是Marcus Aurelius Antoninus，生於一二一年，沒於一八〇年），才遣使從日南徼外（漢郡名，在今安南之境），獻象牙、犀角、玳瑁，這是歷史上記載中歐有國交之始。至於民間的交往，那自然久在其前了。倭人在前漢時，有百餘國到樂浪郡來獻見。公元五七年，乃有直達中央的。光武帝賜以「漢委奴國王」之印。這顆印，現在已在日本的筑前發現了。

第十三章 兩漢之學術與宗教

春秋戰國之世，諸子百家之學，本是立於平等地位的，漢初還是如此。從武帝以後，儒家在學校、選舉兩方面，都占了優勢，別一家就不能和他競爭了。漢時儒家之學，就是所謂經學。經學有今古文之分。從大體上說，則漢人去古近，對於古代的事情，知道得總要多些；所以漢人的經說，無論今古文，都爲後人所寶貴。史學在漢朝，亦頗發達。司馬遷之《史記》，班固之《漢書》，所謂正史，都是沿用這一種體例的。文學的發達，韻文較散文爲早。散文至西漢而達於極點。東漢以後，漸漸地開出駢文的風氣了。秦漢之世，懂得「祠灶」，講究神仙的，都稱爲方士。當時的社會，迷信的空氣很濃厚，遂成爲後來道教的根源。後漢時，佛教在社會上，漸漸地流行了。但只是宗教上的迷信，還不大講到他的哲理。

漢代的崇儒

春秋戰國之世，諸子百家之學，本是立於平等地位的，漢初還是如此。從武帝以後，儒家在學校、選舉兩方面，都占了優勢（見本書第十一章），別一家就不能和他競爭了。這也有個原由：學術的趨向，是要適應環境的。戰國時，列國競爭劇烈，整飭政治，訓練人民，最爲緊要，所以法家之學見用。漢初需要休養生息，所以從高、惠時蕭何、曹參做宰相，以至文、景時代，都謹守著道家清靜無爲的政策。到武帝時，海內業已富庶了；武帝又是好大喜功的人；要講改正制度，興起教化，那自然儒家之學，就會應運抬頭了。

■中國學術之分期

吾國學術，大略可分七期：先秦之世，諸子百家之學，一也。兩漢之儒學，二也。魏晉以後之玄學，三也。南北朝、隋唐之佛學，四也。宋明之理學，五也。清代之漢學，六也。現今所謂新學，七也。七者之中，兩漢、魏晉，不過承襲古人；佛學受諸印度；理學家雖闢佛，實於佛學入之甚深；清代漢學，考證之法甚精，而於主義無所創闢；最近新說，則又受諸歐美者也。歷代學術，純為我所自創者，實止先秦之學耳。（《先秦學術概論》，第一頁）

文字的變遷

漢時儒家之學，就是所謂經學。經學有今古文之分。講到這個問題，又要先曉得文字的變遷。中國的文字，從發明以後，一直到春秋戰國時代，遞有演變，今已不盡可考，但所用的總是圓筆，這種字，後世稱爲篆書（篆者傳也，傳其物理，施之無窮。見《法書考》）。秦時，行政上使用文字較多，向來的寫手不夠用，乃叫徒隸幫著寫，徒隸是不會寫字的，畫在上面就算，於是圓筆變爲方筆，這種字人家稱爲隸書，雖然寫得不好，因其簡便，反而通行了。以上所說是筆劃形狀的改變，字體的構造，隨時代而不同，自然也是有的。一時不覺得，積久之後，就大相懸殊了。

■秦漢時文字變遷最烈

秦漢之世，為我國文字變遷最烈之時。綜其事：則字形變遷之多，一也。字數一面增加，一面逃汰，二也。文字之學，成於是時，三也。行文漸以古為準，浸成文言分離之局，四也。書法漸成藝事，五也。蓋文字之用，遠較先秦時為宏，故其變遷之烈如此。自經此大變後，其勢遂漸趨於安定矣。（《秦漢史》下冊，第七三四頁）

漢代的經學

古人的讀書，多數是用口輾轉傳授的，不必都有本子，但是傳之久了，總有人把他寫出來，所用的，自然是當時通行的文字。漢初講經的人，雖然亦有派別，大體無甚出入。到前漢末年，劉歆（劉歆，字子駿，前二三年被王莽所殺）等人，才說魯共王曾破壞孔子的舊宅，得到許多古書。此外，自然還有從別一方面來的，都藏在漢朝的祕府裡。他們以此為據，說前此傳經的人，經文有缺誤之處，久而久之，相信這一派說法的人，對於經文的解釋，也就和前此的人，有不同的地方了。人家因稱這一派為「古文」，而稱前一派為「今文」。漢時，國家所立的五經博士，都是今文之學（前漢末年，曾立過幾家古文，後漢時復廢）。但在後漢時代，私家教授，古文之學，頗爲盛行。古文家雖說比今文家多得了些古書，然都無傳於後。文字異同之處，只多無關緊要。重要的，倒是經說的異同，今古文的短長，我們不講經學，無須去評論他。從大體上說，則漢人去古近，對於古代的事情，知道得總要多些；所以漢人的經說，無論今古文，都爲後人所寶貴。

漢代的史學

史學在漢朝，亦頗發達。前代的歷史材料，都是零零碎碎的。漢武帝時，司馬遷才把他採集起來，作成一部《史記》。後漢時班固又用其體例，專述前漢一朝的事情，謂之《漢書》，後世所謂正史，都是沿用這一種體例的。

《史記》體例多沿襲而非新創

《史記》為正史中第一部，後來的史書，都係沿襲他的體例。蓋當太史公時，前代所留詒的史材，除述制度的典禮以外，其述人事的，可分為㈠《春秋》，㈡《繫世》，㈢《語》，三者。《史記》的年表、世表，係據《春秋》、《繫世》製成；本紀、世家，有兼據《春秋》及《繫世》的，亦有更益之以《語》的；而列傳則大致係根據於《語》。知此，則知後世之正史，以人為綱，以致將事實寸寸割裂，要看一件大事，必須兼閱本紀及許多篇傳，殊覺不便，其咎實不在於史公。因為史公所據的材料，是各有來源，本不相干的。照古人「信以傳信，疑以傳疑」的例子，異來源的材料，本不以之互相訂補，並不使之錯居一簡。譬如〈齊世家〉和〈管晏列傳〉，〈魯世家〉和〈孔子世家〉，便是各有來源，不能攙雜的。《史記》的多複重、矛盾，即由於此。而《史記》的列傳，所以忽詳忽略，或分或合，莫名其妙的，亦由於此。譬如管仲、樂毅，是何等大人物？然而〈管晏列傳〉中，所詳敘的，只有管仲和鮑叔的關係，述其相桓公霸諸侯的事反甚略。樂毅亦然，於其外交及軍事，並沒有詳敘，而只備載其和燕惠王往返的書函。老子為什麼要和韓非同傳？〈孟子荀卿列傳〉中，為什麼要兼載這許多人？而又語焉不詳？後世史學家、文學家想出許多說法來，總不能使人滿意。如其不用私知穿鑿，而但就古書義例求之，則可以一語斷盡葛藤，曰：其所據的材料，本來如是而已。普通列傳，傳者以人為主，則史公亦以人為主而傳之。類傳的傳者，以事為主，則史公亦以事為主而傳之。這種體例，如其說是好的，史公不應盡冒其功；如其說是壞的，史公不能盡尸其咎，正和後來的史家，襲用《史記》的體例，只負模仿的責任，不負創作的責任一樣。（《古史家傳記文選》上冊，導言第十一—十二頁）

漢代的文學

文學的發達，韻文較散文為早，春秋戰國是散文發達的時代，至西漢而達於極點。東漢以後，句調求其整齊，字面求其美麗，漸漸地開出駢文的風氣了。詩在古代，都是可以合樂的，五經中的《詩經》，就是如此。《詩經》大體是四言，漢時變為五言，漸漸地不能合樂了。漢武帝曾採集各地方的民歌，立了一個機關，謂之「樂府」，叫精於音律的人，替他定了譜，會作文章的人，按譜填詞，詩中就又開出樂府一體。

■ 韻文、散文與駢文

文學的發達，韻文是先於散文的。韻文之先於散文，乃因其時文字寡少，亦且文具缺乏，書寫艱難，所以把要記的話，作成簡短的句子，更加之以協韻，以便諷誦而廣流傳。然雖如此，這種精簡的句子，到底不與口語相合，不與口語相合，即不能達意而無遺憾，所以到文字增多，足以代表口中的每一個音，因而能代表口中的每一句話，而文具亦較完備，書寫覺得便利時，我們便照著口中的言語寫下來了。這便是散文時代。到西漢末年，所謂駢文者，漸漸興起。駢文的特徵，是語句的整齊。㈠無甚長甚短之句；㈡句多對偶，相對偶之句，長短相等。此其出之於口，即為音調的嘽緩。嘽緩的音調，和散文變化繁多、忽緩忽急的音調，究竟哪一種美呢？這是隨著各人的好尚，和時代的風氣而有不同的。在西漢末年，則群以嘽緩為美，此為駢文興起的主要原因。同時，駢文還有兩個較次要的條件：即對於詞彙加以選擇，務求其可以引起美感；喜引用故事，並不正式敘述，而只以一兩語包括之，此即所謂用典。其目的，在於使人從簡單的語句中，得到豐富的想像，所以駢文在原則上忌用生事，因為既不敘述，而用生事，則為人所不能解，不但無從想像，抑且轉生扞格矣。然則用字亦當以熟為貴，而漢人辭賦，每多喜用生字者，則以其字在當時實並不生，雖罕見，然與語言相合，正如今人用形聲之法的造新字，亦為人人所能解也。（〈論大學國文系散文教學之法〉，寫於一九五一年，見《呂思勉遺文集》上冊，第四八九—四九一頁）

道教的起源

中國古代宗教上崇拜的對象很多，用理論把他分起類來，則爲天神、地祇、人鬼、物魅四種（名見

《周禮．春官》）。列國分立時代，交通不甚發達，所以其勢力都只限於一地方。秦漢之世，此等懂得「祠灶」的，以及燕、齊之間，講究神仙的，都稱爲方士。（講祠灶的，抑或稱爲巫）當時的社會，迷信的空氣很濃厚。所以像秦皇、漢武等雄主，也很相信他。後漢末年，有張角創太平道，藉著符水治病，聚集徒黨造反。又有張陵，自稱在四川山中學道，創五斗米道（學道的人，都出五斗米，所以謂之五斗米道。本篇文字變遷和古文經發現的始末，可參看拙撰《中國文字變遷考》第三章）。張角、張魯等，雖然不久滅亡，然而此等迷信的流傳，迄不能絕，遂成爲後來道教的根源。

佛教的輸入

佛教的輸入，舊說以爲在公元六七年，是漢明帝派人到西域去請來的，其實不然（佛教輸入問題，可參看梁啟超《飲冰室文集．佛教之初輸入》），因爲明帝的哥哥楚王英，已經相信佛教了。佛（釋迦）在世的時代，大略和孔子相差不遠（孔子生於公元前五五一年，當周靈王二十一年；釋迦生於公元前五五七年，當周靈王十五年。又孔子沒於公元前四七九年，當周敬王四十一年；釋迦沒於公元前四七八年，當周敬王四十二年。故二人完全同時）。佛沒後，其教北行至大月氏，南行至錫蘭。中國同西域和南洋交通後，這兩條路上，都有輸入的可能。到底是什麼年代，從什麼地方輸入的？則現在還難確答。後漢時，佛教在社會上，漸漸地流行了。但只是宗教上的迷信，還不大講到他的哲理。

第十四章　兩漢之社會概況

漢代是一個封建勢力崩潰未盡，商業資本愈益抬頭的時代。漢朝救濟政策：一是法律上重農抑商，二是減輕田租。但是法律上的抑制，並不能減削他們經濟上的勢力。當時學者的議論，法家注重節制資本，儒家注重於平均地權。王莽的變法，綜合儒、法兩家的議論，規模可謂很闊大，計畫也可以說很周詳。然而行之不得其法，於是天下大亂。從此以後，就再沒有敢說根本改革的人了。漢朝的風氣，接近於封建時代，戰國以來的任俠心理，仍然在民衆間憧憬著。所以中流社會中人，慷慨激發的很多。如張騫、班超等人物，在後世是很少的。東漢儒生尊尚氣節，光武、明、章諸帝，表章節義，敦厲名實，其影響委實不小。

漢代社會情形

漢代是一個封建勢力崩潰未盡，商業資本愈益抬頭的時代。當時的富豪，可分兩種：其一是大地主，包括㈠田連阡陌，㈡和擅山澤之利的人；其二是實業家，包括㈠大工，㈡和大商（當時的工業家，大概自營販賣，所以混稱爲商人；但照理論分析起來，實在包括工業家在內，如煮鹽和製造鐵器便是）。貧民則「常衣牛馬之衣，食犬彘之食」（董仲舒的話，見《漢書．食貨志》），很爲可憐。

■漢之刻剝其民為史所不詳者多

八年，高祖東擊韓王信餘寇於東垣（今河北正定縣），還，見宮闕壯甚，怒，謂蕭何曰：「天下匈匈，苦戰數歲，成敗未可知，是何治宮室過度也？」何曰：「天下方未定，故可因遂就宮室。且夫天子以四海為家，非壯麗無以重威，且亡令後世有以加也。」高祖乃說（悅）。何之言，實文過免罪之辭。聞安民可與行義，勞民易與為非矣，未聞天下匈匈，可因之以興勞役。昧旦丕顯，後世猶怠，豈有先為過度之事，而冀後世之無所加者乎？論史者多稱何能鎮撫關中，實則其為繭絲殊甚。彭城之敗，何發關中老弱未傅者悉詣軍，是時楚、漢戰爭方始，則其後此所發，皆本無役籍者可知也。是歲，關中大饑，米斛萬錢，人相食，令民就食蜀、漢。〈食貨志〉言秦錢文曰半兩，重如其文，漢興，以為秦錢重難用，更令民鑄莢錢，不軌逐利之民，畜積餘贏，以稽市物，痛騰躍，米至石萬錢，馬至匹百金，即此時事也。廢重作輕，而又放民私鑄，物之騰踴宜矣。顧歸咎於民之逐利，可乎？然則漢之刻剝其民，而為史所不詳者多矣。（《秦漢史》上冊，第五十五頁）

漢朝救濟政策

漢朝救濟政策：㈠是法律上重農抑商。如不許賈人衣絲、乘車，和市井的子孫不得學習爲吏之類。㈡是減輕田租。漢初十五而稅一；文帝曾將田租全行豁免；景帝以後，復收半額，計三十而稅一，可謂輕極了。

這兩種辦法，是受晁錯貴農重粟之論的影響很大的。但是法律上的抑制，並不能減削他們經濟上的勢力，而當時私家收租，要十取其五；公家的田稅無論如何減輕，也總無補於事了。

■ 漢時錢價貴，人民負擔仍重

漢朝的賦稅，可分為三種：一是田租，就是古時的稅，是取得很輕的。漢初十五而稅一。文帝時，因行晁錯入粟拜爵之令，到處都有積蓄，於是全免百姓的田租。到景帝二年，才令百姓出定額的一半。於是變為三十而稅一了。後漢初，因天下未定，曾行什一之稅，後來仍回復到老樣子。一是算賦，亦稱口賦，又稱口錢。這是古時的賦。人民從十五歲到五十六歲，每人每年，出錢一百二十個，以治庫兵車馬。從七歲到十四歲，每人出錢二十個，以食天子。武帝又加三個錢，以補車騎馬。這一筆稅，在現在看起來似乎很輕，然而漢代錢價貴，人民的負擔實在很重。

（《復興高級中學教科書　本國史》上冊，第一〇三頁）

當時學者的議論

學者的議論，分爲兩派：㈠法家，是注重節制資本的。武帝時，桑弘羊曾行其策，把鹽、鐵和酒，都收歸官營；又想出「均輸」、「平準」兩法，官自販賣物品。然官營事業，都極腐敗，徒然破壞富豪，貧民仍未見其實惠，而且反受其害（當時官辦事業，腐敗的情形，可參看《鹽鐵論．水旱篇》）。㈡儒家，注重於平均地權，激烈的要恢復井田制度，緩和的，也想替有田的人立一個最大的期限，謂之「限民名田」。二者都成為空論，沒有能實行。

漢世言社會改革之主張

社會始於公產，自公產之制破壞後，人心便覺其不安。先秦諸子無不欲舉社會澈底加以改組者，而其改組社會，必藉政治之力。此固近世工業革命以前，欲改革社會之通蔽也。漢世學術，皆沿自先秦，其中最有主張者為儒、法二家。今表示前漢、新室之世重要之議論及制度如下：

學派	主張	漢世	新世
儒家	平均地權	急激者主恢復井田，緩和者主限民名田，皆未實行	王田之制，係行急激派主張
	節制消費	法令頗多，不宜實行	同上
法家	節制工商	漢世重農抑商法令，桑弘羊鹽鐵官賣，耿壽昌之常平倉	五均、六筦
	干涉借貸	官貸糧食，貸者或勿收	司市、泉府

先秦諸子之主張至新莽而澈底實行，實行之而失敗，自此無復敢言澈底改革者，視社會之病態，為無可如何之缺陷矣。（〈本國史複習大略〉，寫於一九四四年，見《呂思勉遺文集》上冊，第六四四—六四五頁）

王莽的變法

到王莽出來，才綜合儒、法兩家的議論。㈠把天下的田，改名王田，不許賣買。一人有田超出百畝的，責令分給九族、鄉黨。㈡重要的實業，收歸官營。㈢揀幾處大都市，立司市之官，令其求得各物的平價；有用而滯銷的東西，照本錢買進，到物價昂貴時，則照平價賣出。㈣經營各種事業的人，都要按其所得收稅，由當時新設的泉府，將來借給貧民。王莽的變法，規模可謂很闊大，計畫也可以說很周詳。然而行之不得其法，不但不能建設起一種新秩序來，反把舊秩序破壞了。於是天下大亂，王莽亦隨之滅亡。從此以後，就再沒有敢說根本改革的人了。

■ 王莽之敗是先秦以來言社會改革者的共同失敗

王莽的變法，成功的希望是不會有的，其理由已述於前。固然，王莽的行政手段很拙劣，但這只是枝節。即使手段很高強，亦不會有成功的希望。因為根本上註定要失敗的事，絕不是靠手段補救得來的。但是王莽的失敗，不是王莽一個人的失敗，乃是先秦以來言社會改革者公共的失敗。因為王莽所行，並不是王莽一個人的意見，乃是先秦以來言社會改革者公共的意見。王莽只是集此等意見的大成。經過這一次改革失敗之後，人遂群認根本改革為不可能，想把亂世逆挽之而至於小康的思想，從此告終了。中國的社會改革運動，至此遂告長期的停頓。（《呂著中國通史》上冊，第九十五—九十六頁）

漢朝的士氣和武風

漢朝的風氣，是接近於封建時代的，而戰國以來的任俠心理，仍然在民衆間憧憬著。所以中流社會中人，慷慨激發的很多。如張騫、班超等人物，在後世是很少的。不過兩漢比較起來，東漢似較西漢為厚，一般儒生尊尚氣節，雖導源於王莽的僭漢，而光武、明、章諸帝，表章節義，敦厲名實，其影響委實不小。後漢桓、靈二帝時，宦官專權，親黨遍布州郡。諸名士列官內外的，或直言指斥，或盡法懲治，宦官乃誣為黨人，加以禁錮，後來又加以逮治。諸名士很多慷慨就戮的，其有逃亡的，所至之處無不「破家相容」，這就是黨錮之禍。這種風氣，在社會上竟釀成一種清議的特殊勢力，而以後魏晉的清談之風，則又是這種勢力的反響。

■士大夫階級之變遷

封建時代士大夫階級之特質：㈠自視與平民不同。㈡勇於戰鬥。㈢不好利。觀西漢之世，賈誼、董仲舒之議論最可見之。其時文臣如公孫弘、蓋寬饒；武臣如張騫、傅介子、常惠、陳湯、李廣、李陵、班超等，均尚屬此風氣中人。但社會之組織既已變遷，風氣終必隨環境而改變，遂至奢侈嗜利頹廢。晉初之石崇、王戎、王衍等是其代表。以一時論，無中等階級為國之楨幹，是其弊；以永久論，特殊階級消泯，是其利。（〈本國史複習大略〉，見《呂思勉遺文集》上冊，第六四八—六四九頁）

第十五章　三國之分裂與晉之統一

後漢從黃巾之禍起，再加以董卓的擾亂，各處州郡，紛紛割據，就成爲不可收拾的局面了。三國的分裂，可以說是兩種心理造成的。其一是封建的餘習。人心是不能驟變的。在封建時代，本有各忠其君的心理，秦漢以後，雖然統一了，然此等見解，還未能全行破除。試看漢代的士大夫，仕於州郡的，都奉其長官爲君，稱其機關爲本朝，有事爲之盡忠，死則爲之持服，便可知道。又其一則爲南方風氣的強悍。魏晉之際，中國盛衰強弱之大界也。自三國以前，異族恆爲我所服，至五胡亂起，而我轉爲異族所服矣。

後漢的分裂

後漢從黃巾之禍起，再加以董卓的擾亂，各處州郡，紛紛割據，就成爲不可收拾的局面了。當時地最廣，兵最強的袁紹，割據幽、并、青、冀四州。而呂布在徐州，袁術在揚州，亦有相當的兵力。曹操是割據兗州的，後來漢獻帝召他入衛，他因洛陽殘破，把獻帝遷都到許昌，成爲「挾天子以令諸侯」之勢。劉備在徐州，和呂布競爭失敗了，投奔曹操。曹操表薦他做豫州牧。和他合力，把呂布、袁術打平。劉備和獻帝的近臣合謀，要想裡應外合，推翻曹操，曹操把他打敗，劉備逃到荊州，投奔劉表。曹操南征荊州，劉表恰巧死了，他的兒子，把襄陽投降曹操。劉備逃到夏口（漢水的下流，古時亦稱夏水，所以漢水入江的口子，稱爲夏口），和在江東的孫權合力（當時袁術只占揚州的北部，揚州的南部，都是孫權的哥哥孫策打定的），把曹操在赤壁打敗（山名，在湖北嘉魚縣）。劉備就將荊州全行恢復，又西取益州，國內就成爲三分之局了。

三國分裂的心理因素

三國的分裂，可以說是兩種心理造成的。其一是封建的餘習。人心是不能驟變的。在封建時代，本有各忠其君的心理，秦漢以後，雖然統一了，然此等見解，還未能全行破除。試看漢代的士大夫，仕於州郡的，都奉其長官為君，稱其機關為本朝，有事為之盡忠，死則為之持服，便可知道。又其一則為南方風氣的強悍。赤壁戰時，孫權實在沒有聯合劉備抵抗曹操的必要。所以當時文人持重而顧大局的，如張昭等，都主張迎降。只有周瑜和魯肅，主張抵抗，和孫權的意見相合。《三國志》載周瑜的話，説曹操名為漢相，實係漢賊，這是劫持眾人的門面話，甚或竟是事後附會之談。東吳的君臣，自始至終，所作所為，何曾有一件事有漢朝在心目之中？説這話要想欺誰？在當時東吳朝廷的空氣中，這話何能發生效力？孫權一生，最賞識的是周瑜，次之則是魯肅。孫權當稱帝時，説魯子敬早有此議，魯肅如此，周瑜可知。為什麼要擁戴孫權做皇帝？這個絕無理由，不過是一種崛強之氣，不甘為人下，孫權的自始便要想做皇帝，則更不過是一種不知分量的野心而已。赤壁之戰，是天下三分的關鍵，其事在公元二〇八年，至二八〇年晉滅吳，

天下才見統一，因這一種蠻悍的心理，使戰禍延長了七十二年。（《呂著中國通史》下冊，第四二三頁）

三國的鼎立

當劉備西取益州時，孫權想奪荊州，劉備乃將荊州和他平分。後來曹操平定漢中，劉備又把他奪取。因命守荊州的關羽，出兵北伐，孫權乘機襲取荊州，關羽敗死。曹操死後，兒子曹丕，於二二〇年，篡漢自立，國號魏。劉備和孫權於次年亦相繼稱帝，劉備國號漢，史稱蜀漢，孫權國號吳。劉備出兵攻吳，為陸遜所敗，慚忿而死，託孤於諸葛亮。諸葛亮是個絕世奇才，把區區的益州，治理得很好，國富兵強，屢次出兵伐魏，惜乎天不假年，大功未成，死在軍中，蜀漢自此就漸漸地不振了。吳則本來是自守的時候居多。

凡事少用機謀

關羽的敗，是劉備方面的一個致命傷。因為失去荊州，就只剩得從益州攻關中的一路，而沒有從荊州向南陽攻洛陽的一路了。從漢中向關中，道路是艱難的；魏國防守之力，亦得以專於一面；後來諸葛亮的屢出而無成，未必不由於此。

這件事情，如其就事論事，關羽的剛愎而貪功，似應負其全責；如其通觀前後，則劉備的急於併吞劉璋，實在是失敗的遠因。倘使劉備老實一些，竟替劉璋出一把力，北攻張魯，這是易如反掌可以攻下的。張魯既下，而馬超、韓遂等還未全敗，彼此聯合，以擾關中，曹操倒難於對付了。劉備心計太工，不肯北攻張魯，而要反噬劉璋，以致替曹操騰出了平定關中和涼州的時間，而且仍給以削平張魯的機會。後來雖因曹操方面實力亦不充足，仍能進取漢中，然本可聯合涼州諸將共擾關中的，卻變作獨當大敵。於是不得不令關羽出兵以為牽制，而荊州喪失的禍根，就潛伏於此了。

不但如此，劉備猇亭之敗，其禍機實亦潛伏於此時。伐吳之役，讀史的人說他是忿兵，也未必是真相的。劉備到底為什麼要去征吳呢？大約自揣兵力，取中原不足，而取荊州則自以為有餘。殊不知吳、蜀的兵力，本在伯仲之間，荊州既失，斷無如此容易恢復之理。曠日持久，就轉招致猇亭的大敗了。然其禍根，亦因急於要取益州，以致對於荊州不能兼顧之故。所以心計過工，有時也會成為失敗的原因的，真個閱歷多的人，倒覺得凡事還是少用機謀，依著正義而行的好了。（《三國史話》，開明書店一九四三年版，第八十七—八十八頁）

晉朝的統一

魏文帝曹丕篡漢後，傳子明帝，性極奢侈，魏朝的政治，就此紊亂了。明帝死後，嗣主年幼，大權落入武官司馬懿之手。司馬懿和他的兒子司馬師、司馬昭，前後相繼執掌魏國的政柄。司馬昭時，乘蜀漢衰弱把他滅掉。他的兒子司馬炎，就篡魏自立，是為晉武帝。於二八〇年滅吳，全國就又統一了。從董卓入洛陽至此，共計九十二年。

■魏晉為中國盛衰強弱之大界

魏晉之際，中國盛衰強弱之大界也。自三國以前，異族恆為我所服，至五胡亂起，而我轉為異族所服矣。五胡之亂，起於晉惠帝永興元年劉淵之自立。越十三年，愍帝被虜，而中國在北方之政府遂亡。自是南北分立。自元帝建武元年，至陳後主禎明三年，凡二百七十三年，而南卒併於北。隋文帝雖云漢人，然民族之異同，固非以其種姓而以其文化，此則不獨隋室，即唐室之先，亦未嘗非武川族類也。唐室武功，超軼漢代，然實用蕃兵、蕃將為多，與漢之征匈奴，純恃本族之師武臣力者異矣。自唐衰而沙陀入據中原，雖不久覆滅，然契丹、党項、女真、蒙古、滿洲，又紛紛竊據，甚且舉中國之政權而盜之。蓋自五胡之亂至清之亡，凡歷千六百有八年焉。

（《兩晉南北朝史》上冊，開明書店一九四八年版，第一—二頁）

第十六章　中華民族之新融合

晉朝統一後，不久而五胡亂華，東晉立國南方，北方自立的，共有十六國。後來北方再併於後魏，南方則傳宋、齊、梁、陳四代，是為南北朝。從西晉到南北朝，統一只有三十七年，分裂倒有二百七十二年。這個長期的分裂，其大原因，是兩漢時代，所接觸的異族太多，一時不及同化，政治上又措置不善之故。從東晉到南北朝，北方始終為異族所占據。當時異族割據的，多用其本族人或其他異族為兵，所以漢人在政治上很難翻身。直到南北朝的末年，才靠民族文化的力量，把他們全行同化。所以在這個時代，我們的政治，是衰敗的；民族的潛勢力，卻是優越的。

兩晉南北朝總說

晉朝統一後，不久而五胡亂華，東晉立國南方，北方自立的，共有十六國。後來北方再併於後魏，南方則傳宋、齊、梁、陳四代，是為南北朝。從西晉到南北朝，統一只有三十七年（晉武帝雖於公元二六五年篡魏即位，而於公元二八〇年始滅吳，統一全國，故從二八〇年，推算至三一六年，只有三十七年），分裂倒有二百七十二年。這個長期的分裂，其大原因，是兩漢時代，所接觸的異族太多，一時不及同化，政治上又措置不善之故。經這一次擾亂之後，中華民族卻又融合了許多新分子了。

兩晉南北朝非黑暗時代

兩晉、南北朝之世，是向來被看作黑暗時代的，其實亦不盡然。這一時代，只政治上稍形黑暗，社會的文化，還是依然如故。而且正因時局的動盪，而文化乃得為更大的發展。其中關係最大的，便是黃河流域文明程度最高的地方的民族，分向各方面遷移。（《呂著中國通史》下冊，第四四四—四四五頁）其大成就有四焉，而皆與民族之動盪移徙有關，故民族之移徙，實此時代中最大之事也。四者惟何？一曰士庶等級之平夷。二曰地方畛域之破除。三曰山間異族之同化。四曰長江流域之開闢。（《兩晉南北朝史》上冊，第五頁）

晉初五胡分布的形勢是：匈奴、羯在山西（羯是匈奴的別種，因其居於羯室得名。羯室，在今山西遼縣）；氐、羌在陝、甘；鮮卑在今遼熱、察、綏，以至寧夏、甘肅之境。匈奴劉淵乘晉朝內亂，自立為帝，滅西晉，史稱前趙，為後趙石勒所滅。石勒是羯族，據中原大部分，後併於前燕。前燕慕容氏是鮮卑族，據有遼東、遼西、河北地方（遼東為太守公孫度所據，其子淵，為魏所滅），後為氐苻堅所滅，是為前秦。苻堅吞併北方，又想滅晉，晉兵抵抗，苻堅大敗於淝水（在今安徽壽縣），遂為羌姚萇所滅，史稱後秦。東晉劉裕北伐，滅後秦。

五胡之亂的遠因

晉時五胡之亂的先聲，實在是後漢時的羌亂。羌亂的原因，據班彪說：是「數為黠吏小人，所見侵奪，窮恚無聊」，以致於此。（見《後漢書．羌傳》）而既叛之後，郡縣之吏，都無心於守土。強迫人民，遷徙至內地。以致死亡流離，不可勝計。朝廷命將征討，也擁兵自守，全不以寇賊為意。中央政府的大臣，又像清平世界，沒有亂事一般。以致當時有個有志之士，喚作王符的，恨極了，在他所著的《潛夫論》中說：應該叫這班大臣子弟去當兵，免得他們看著百姓的流離死亡，不以為意。然而小吏黠人，侵奪降羌，政治家固然有不加管束之罪，社會上為什麼會有這種人？又為什麼要聽其橫行呢？這個，社會與政治，也應分負其責的。譬如石勒，是個羯酋。在其未起事之前，曾被晉朝的并州刺史掠賣到山東，做人家的奴隸。當時的掠賣，並非偶然的事情，是大規模的，是有意的。掠了許多人，兩個人合戴一面枷。（見《魏書．石勒傳》）這還成什麼話？然而官掠人賣，也要有人買。我們再看《南史》、《北史》，知道當時四川地方，有一種人喚作僚。僚人程度甚低，往往自賣或相賣。於是梁、益二州（梁州今漢中，益州今成都），就歲歲伐僚以自利。把他賣給人家做奴婢。於是「公卿氓庶之家，多有僚口」。就知道當時貪利之徒，待異族的酷虐了。種瓜得瓜，種豆得豆，果然全社會人，個個都不造業，哪得會有惡報呢？所以我說：五胡之亂，政治和社會，是要分負責任的。（《中國民族演進史》，第九十五—九十七頁）

淝水戰後，鮮卑慕容氏復起，一據山東為南燕，一據河北為後燕，一據關中為西燕。又有鮮卑拓跋氏起於綏遠，據平城（今山西大同），史稱後魏，滅後燕，和在熱河的北燕。南燕，為東晉所滅。在甘肅的有前涼、後涼、南涼、北涼、西涼、西秦，先後興起，最後僅餘西秦、北涼二國，又有在陝北的夏國，夏滅西秦。夏和北涼，都為後魏所滅。還有據四川的成國，為東晉所滅。東晉為劉裕所篡，國號宋，和後魏對峙，為南北朝。

南北朝的大略

南北朝初年，南朝的疆域還不小，然宋文帝北伐不勝，魏太武帝反自將南下，直抵江邊，遂成北強南弱之勢。歷宋、齊兩朝，迄不能振作。到梁武帝時，南朝頗為太平，而北朝從孝文帝南遷以來，風俗漸趨奢侈，留守北邊的將士，因待遇不及南遷的人，也心懷不平。這時候，魏明帝在位，太后胡氏專權，政治大亂，北邊和中原，亂事蜂起。秀容川的爾朱氏（秀容川，在平城之北。爾朱氏是北方部落的酋長，受封於此的），起兵定亂，又因暴虐，為高歡所滅。魏主靠著關中的宇文泰以抵禦高歡，高歡亦別立一君，魏遂分東、西。高歡死後，其將侯景來降。梁武帝想乘機恢復河南，然亦未成功，侯景反在境內造反，都城被陷，梁武帝憂憤而死。元帝立國江陵，遣陳霸先等打平侯景。而江陵為西魏所陷，元帝被害，陳霸先立其幼子於江東，旋篡位，是為陳武帝。北方，東、西魏為高氏、宇文氏所篡，是為齊、周。後來齊滅於周，周又為外戚楊堅所篡，是為隋文帝，南下滅陳，統一南北。

異民族的新融合

從東晉到南北朝，北方始終爲異族所占據。（北齊說是渤海高氏，渤海是漢郡名，爲今河北東南境，然高歡久居北方，早和鮮卑同化了。宇文氏亦是鮮卑。）異族的酋長也有驕淫暴虐，十足現出野蠻人的性質的；也有平平穩穩，頗能接受漢人的文化的。其中最熱心摹仿漢人的要算魏孝文帝。他因爲要求漢化之故，不顧阻力，從平城遷都到洛陽。遷都之後，禁胡服，禁胡語，易姓名，還強迫鮮卑人和漢人結婚。從大體上論起來，五胡的文化，都較漢人爲低。其同化於漢人，自是當然的結果。惟當時異族割據的，多用其本族人或其他異族爲兵，用漢人的很少，所以漢人在政治上很難翻身。直到南北朝的末年，才靠民族文化的力量，把他們全行同化。所以在這個時代，我們的政治，是衰敗的；民族的潛勢力，卻是優越的。

■漢以「柔和」的方式同化異民族

當時的龍爭虎鬥如此，後來卻如何終於同化了呢？這個可說：全是由於民族文化的優劣。文化便是生活，生活劣者總不得不改而從優。我們試看《晉書．北狄傳》說：當時的匈奴部落，「隨所居郡縣，使宰牧之，與編户大同，而不輸貢賦」。則可知其時匈奴的生活，實已很接近於漢人。所以〈王恂傳〉說：太原諸郡，以匈奴、胡人為田客的，動有百數。又如《後漢書．冉夷傳》說：他們「冬則避寒入蜀為傭，夏則避暑反其邑」。可知當時漢族和異族，人民之間，關係亦已極其密切。設非有五胡之亂，政治上的逆轉，同化得總還要快些。這是說普通人民。若說五胡中的貴人，和中國的文化，亦已很為接近。如劉淵，《晉書．載記》上說他文武兼資。嘗恥「隨、陸無文，絳、灌無武」。這些話，或者不免增飾。然而總不全是子虛的。此外五胡中的酋長，除極無道的外，亦沒有不讀中國書的。齊文襄執政，延師以課諸弟，即其一例。（《北齊書．孝昭紀》）文化之為物，是最能使人愛慕，而忘掉人我的界限的。兩種文化相形之下，亦是最易使文化劣等的民族，自慚形穢，而願意捨己從人的。如此，積之久，自然有像北魏孝文帝這種人，自願革除胡化，同於華夏了。我們只要看：胡、羯的運命短，鮮卑的運命長；爾朱氏終敗，而高歡卒成；愈到後來，愈是接近於漢族的得勝，便見得漢族同化的力量，在無形中逐漸進行。只有一次（冉閔大殺胡、羯），漢人露出很鮮明的民族色彩。其餘則大概都是忍辱負重，在平和中，靠著文化的優越，潛移默化地，慢慢地把胡人同化於我的。基督說：「哀慟者福矣；飢渴而慕義者福矣；矜恤者福矣；施和平者福矣；為義而遭迫害者福矣。」漢民族真足當之而無愧了。然而為人當剛柔得中，民族亦然。一味柔和，雖勝於強暴之徒，亦不是民族的全德。（《中國民族演進史》，第一〇〇—一〇三頁）

第十七章　兩晉南北朝之文化與社會

兩晉南北朝，以學術思想論，倒也很有特色的。漢儒都喜歡注古，就不免有「泥古」之弊，因此激起思想上的反響，有喜歡講哲學的風氣，又和佛教的哲學相接近。五世紀初年，大乘經典，漸漸流行，士大夫相信他的也不少。因爲和異族接觸的多了，本族的文化，就因之而起變遷。世家大族在政治上既占優勢，生活自然要寬裕些，養成一種優游暇豫，不肯做事情的習慣。起自中下階層中較有活氣的人，參與政治的機會較少。三國時代，南方士大夫的風氣，還是頗爲剽悍的。晉初的周處，還很有武烈之風。倘使元帝東渡以後，晉朝能多引用這一班人，則除爲國家戡亂以外，更加以民族的敵愾心，必有功效可見。然而大權始終爲自北南遷的貴族所把持，使宋武帝一類的人物，直到晉末，才得出現於政治舞臺之上，這也是一筆很大的損失。

玄學和佛學

兩晉南北朝，以政治論，雖然衰敗；以學術思想論，倒也很有特色的。漢時儒學盛行，儒學都喜歡注古，就不免有「泥古」之弊，因此激起思想上的反響。三國中葉（魏廢帝正始年間，正始，自二四〇到二四九），北方就有喜歡講哲學的風氣，他們在儒家的書中，注重《易經》；在道家的書中，則取《老子》、《莊子》，很熱心地互相講論。他們這種講論，謂之「清談」，所講論的學問，謂之「玄學」，很有許多高妙的見解。因此又和佛教的哲學相接近。佛教有大、小乘之分，大乘的哲學，比小乘更爲高妙。初期盛行的，都是小乘，到五世紀初年，大乘經典，才漸漸流行，士大夫相信他的也不少。

■ 清談者未必不事事

晉代為玄學時代，其風起於正始時。玄學之興起，實為漢世儒家泥古之反動。故其重要之觀念，為重「道」而遺「跡」。道者今所謂原理，跡則事實也。談玄者謂之清談，世皆訾其誤國。然清談者未必不事事，不事事者亦不必皆能清談。謂不事事誤國可，謂因清談而不事事者誤國可，清談而勤於事，固不能謂其誤國也。正始諸賢，皆有志當世之士，則其明證。其後或為司馬氏所戕賊，或則隱晦以求自全，此乃軍閥之罪惡，豈可釋之而罪學者邪？玄學之蔽，乃在承新莽改革失敗之後，不復敢言社會革命，而徒欲移易人心，遂至陷入惟心論。觀鮑敬言之無君論，徒能斥現行政治之惡，而絕無辦法可知。次則其人雖有學問，而不勝其物質之欲，不能自振，且冒於財利。此已為學者之失，而非其學之咎矣。（〈中國通史晉朝部分綱要〉，寫於一九五二年，見《呂思勉遺文集》上冊，第六三一—六三二頁）

中外文化的和合

因為和異族接觸的多了，本族的文化，就因之而起變遷。這時候，論建築則有寺、塔；論圖畫則有佛畫；論雕刻則有佛像（現在河南洛陽伊闕，山西大同武州山的佛像，都是後魏時所刻），都是從印度來的。而音樂從西域輸入的亦不少。衣服的式樣，本有南北兩派，南派是寬博的，北派是窄小的（可參看林惠祥《文化人類學》第三篇第六章九十九頁，商務印書館本）。中國的衣服，本近南派，到這時代，衣裳和深衣漸漸地沒有人著了，徑用從前襯在裡面的袍衫作外服，而便服則多著裙襦；靴也漸漸通行。再進一步，就要以褲褶為外服了。（參看本書第四章。古人穿在外面的短衣，襯在裡面的反有長衣。單夾的叫衫，裝綿的叫袍。靴是北族之物，中國所沒有的。褶是一種較短的外服。褲褶服既不著裙，亦不著袍衫，徑以褲為外服，隋唐時，天子親征，中外戒嚴就著他，其源也是起於南北朝。）古人都是席地而坐，就坐在床上，也是跪坐的。這時代則漸用「胡床」，垂腳而坐。這些，都可以說是受北族的影響。

道教的成立

因為佛教輸入，而道教也隨之而形成。道教的根源，是古代的方士和神巫，已見第十三章。玄學盛行以後，他襲取老、莊的哲理；佛教盛行以後，他又摹仿他，造作經典，裝塑神像；宗教的條件，漸漸完具。五世紀初年，嵩山道士寇謙之，自稱遇見老子，叫他改正張陵的偽法，後來又說老子的玄孫李譜文，命他統治嵩山周圍百萬方里的土地。北魏太武帝相信他，把他迎進京城，築壇傳教。從此以後，道教就算作一種大宗教，和儒、釋並稱了。

儒釋道三教並立

中國向以儒、釋、道三教並稱。三教並立之原理：(一)孔教專行於政治社會方面，放棄靈魂界之地盤，以讓釋、道；(二)釋、道皆專於靈魂界，而放棄政治社會方面，故不與俗界生衝突；(三)此為中國之宗教與歐洲大異之處，故中國無教爭之禍。至釋、道二教，在教旨上，實無根本之區別，所以能並立者，則因舊日迷信之對象，不易剷除。佛教雖並不排斥中國之舊信仰，且企圖將中國之舊信仰編入彼教之中。然究為來自國外之宗教，不能悉數網羅。道教則在教理上遠非佛教之敵。故二者亦不得不並立。此為政治所承認者，其流行於民間者，仍時與政治革命、社會革命為緣，而為其鼓動之工具。異族入據之時，則又含有民族主義，如元、清時白蓮教及太平天國是也。（〈本國史複習大略〉，見《呂思勉遺文集》上冊，第六五一頁）

文學與美術

這一期的文學，就是所謂駢文。雖然不切實用，卻也很爲美麗。中國的字，因其構造的繁複，亦成爲美術之一。隸書源起，本是爲求應用的，後來也變成美術品，當時的人別稱爲八分書。其專供應用的，則成爲現在的正書。（八分書筆劃之末，有向上之勢，謂之「挑法」。隸書的筆劃，都是禿的，現在的正書，乃對於行、草之名，實在就是隸書。所以從前人善寫正書的，歷史上往往說他善隸書。現在多以八分書為隸書，正書另是一種，實在錯了。本章文字的變遷，可參看拙撰《中國文字變遷考》第四、第五章。）然正書和求快捷的行草，亦都成為美術。這時期中，最工於書法的，為晉朝的王羲之，後人推為「古今之冠」。（見《晉書》本傳）

門閥的興起

文化的發達如此，為什麼政治上會弄得這樣糟呢？這個不能不歸咎於社會的不好。從秦朝以後，古代的封建制度，在政治上雖已消滅，貴族在法律上，雖已失其地位；然其在社會上的地位，是不容易一時消滅的。漢朝用人，不論門第，所以他們在政治上不占勢力。三國時，魏因其尚書陳群的建請，採行九品中正的制度，於各州置大中正，各郡置中正，令其品評當地的人物分為九等，而尚書憑以選用，中正的評論，只講門第，不論好壞，有所謂「上品無寒門，下品無世族」的說話。世家大族在政治上就占了便宜。加以五胡亂華，中原人物，流離遷徙，他們到了一處新地方，還要標明舊時的郡望，以表示尊貴（如王氏標明為琅邪的王，崔氏標明為博陵的崔之類，因為別地方的王姓、崔姓，門第未必都是好的。本問題可參看拙撰《白話本國史》第二編下第三章第七節）；流俗也就尊重著他。他們在政治上既占優勢，生活自然要寬裕些，養成一種優游暇豫，不肯做事情的習慣，反自以為高尚。讀書人不必說了，就做官的也是如此，所以後來的人，稱此為「清談誤國」。然而當時，這一班人，倒是處於重要的地位的，這就是當時的政治，所以腐敗的一個大原因。

門閥政治之危害

魏晉以降，門閥制度漸次形成，影響及於選舉，高位多為貴族所蟠據，起自中下階層中較有活氣的人，參與政治的機會較少，政治自然不免腐敗。三國時代，南方士大夫的風氣，還是頗為剽悍的。自東晉之初，追溯後漢之末，不過百餘年，周瑜、魯肅、呂蒙、陸遜等人物，未必無有。晉初的周處，即係南人，還很有武烈之風。倘使元帝東渡以後，晉朝能多引用這一班人，則除為國家戡亂以外，更加以民族的敵愾心，必有功效可見。然而大權始終為自北南遷的貴族所把持，使宋武帝一類的人物，直到晉末，才得出現於政治舞臺之上，這也是一筆很大的損失。

（《呂著中國通史》下冊，第四二六頁）

第十八章 隋之統一與唐之繼起

公元五八九年，隋滅陳，統一全國，從此到七五四年，即安祿山造反的前一年；從大體上說來，總算是治平盛強之世。論史者率以漢、唐並稱，其實非也，隋唐五代，與後漢至南北朝極相似，其於先漢，則了無似處。漢、唐並稱中國盛世，貞觀、永徽之治，論者以比漢之文、景。然非其時之君臣，實有過人之才智也。唐太宗不過中材。論其恭儉之德，及憂深思遠之資，實尚不如宋文帝，更無論梁武帝。武后以一女主，而易姓革命，開曠古未有之局，論者多以為奇，其實無足異也。若謂皇帝之名，本無足歆，居之，徒足招人譏議，且授人以攻擊之柄而自蹈危機，何必為是？則試問至二十世紀，袁世凱何以猶冒不韙而為之，以致身敗名裂乎？從來居權勢之地者，多無學識，亦罕能深思遠慮，不能以讀史者之見衡之，求之深而反失之也。

隋唐的概說

公元五八九年，隋滅陳，統一全國，從此到七五四年，即安祿山造反的前一年，共一百七十二年；雖然有盛有衰，有治有亂，然從大體上說來，總算是治平盛強之世。安祿山反後，唐朝就入於衰亡時期了。

■漢唐並稱，了無似處

論史者率以漢、唐並稱，其實非也。隋唐、五代，與後漢至南北朝極相似，其於先漢，則了無似處。何以言之？

先漢雖威加四夷，然夷狄之入居中國者絕鮮，後漢則南單于、烏丸、鮮卑、氐、羌，紛紛入居塞內或附塞之地，卒成五胡亂華之禍。而唐代亦然，沙陀入據中原，猶晉世之胡、羯也。蕃、渾、党項，紛紜西北，卒自立為西夏，猶晉世之氐、羌也。而契丹雄據東北，與北宋相終始，亦與晉、南北朝之拓跋魏極相似。一矣。漢有黃巾之亂，而州郡據地自專，終裂而為三國；唐有黃巢之起，而長安之號令，不出國門，終裂而為五代十國。二矣。不特此也，漢世儒者，言井田，言限民名田，法家則欲行均輸，筦鹽鐵，初猶相爭，至新莽遂合為一，功雖不成，其欲一匡天下，措斯民於衽席之安，其意則皎然也。而自魏晉以來，人競趨於釋、老，絕不求矯正社會，而惟務抑厭其本性，以求與之相安。本性終不可誣也，則並斯世而厭棄之，而求歸於寂滅，為釋、老者雖力自辯白，然以常識論之，豈不昭昭如此耶？夫舉一世而欲歸諸寂滅，是教社會以自殺也。教社會以自殺，終非社會所能聽從，故至唐而闢佛之論漸盛，至宋而攘斥佛、老之理學興焉。然宋儒之所主張者，則以古代社會之組織為天經地義，而強人以順從古代之倫紀而已；人心之不能無慊於古道，猶其不能無慊於今日之社會也。而宋儒於此，亦惟使人強抑其所欲求，以期削足而適履，此與言佛、老者不求改革社會，而惟務抑厭人之本性者，又何以異？此又其若相反而實相類者也。世運豈真循環耶？非也。世無不變之事，亦無驟變之物，因緣相類者，其所成就，亦不得不相類，理也。然則自後漢至於南北朝，與夫隋唐、五代之世，其因緣之相類者，又何在也？（《隋唐五代史》上冊，上海古籍出版社二〇〇五年版，第一－二頁）

隋朝的治亂

隋文帝是很勤政愛民的。當他在位時，有善政也有秕政，而尤以偏聽皇后獨孤氏的話，立煬帝為太子，這樁事最為失策。煬帝即位之後，驕奢異常。隋朝是建都在長安的，他卻以洛陽為東都，開了一條運河，從黃河通到淮水裡，接連現在淮南運河；又開通了現在的江南運河。他坐著龍船往來於洛陽、江都之間。雖然開運河是利交通的事，然工程太大，一時民力不及，還要如此恣意巡遊，自然國家元氣要大傷了。他又巡幸北邊，招致塞外諸異族，發大兵三次征伐高句麗；就弄得民窮財盡，亂者蜂起。

■歷代開鑿之河運

中國地勢，西高東下，大川皆自西徂東。故其交通，東西易而南北難。自河域通江域之運河，相需最亟。古代以人工開鑿者，蓋有二焉。一為邗溝，一為鴻溝也。婁敬言河渭漕挽天下，西給京師。則自泛舟之役以來，其利迄未嘗替。至後漢明帝時，而引汴渠自滎陽至千乘之大工程出焉。蓋當時富力，皆在山東，故亟謀自長安通齊地之水運也。東晉以後，富力漸集於江淮，則運道亦一變。隋開通濟渠，自東都引谷洛入河，又自河入汴，自汴入淮，以接淮南之邗溝。自江以南，則自京口達餘杭，開江南河，凡八百里。唐世江淮漕轉，二月發揚州，四月自淮入汴，六、七月至河口，八、九月入洛。自此以往，有三門之險，欲鑿之而未成，乃陸運以入於渭。此自東南通西北之運道也。宋都汴京，水道四達。東河通江淮（亦曰裡河），西河通懷孟，南河通潁壽（亦曰外河，今惠民河其遺跡也），北河通曹濮。四河之中，東河之利最巨，淮南、浙東西、荊湖南北之貨，皆自此入汴。嶺表之金銀香藥，亦陸運至虔州入江。陝西之貨，有入西河入汴者；亦有出劍門，與四川之貨，同至江陵入江者，蓋東河所通，三分天下有其二矣。元有天下，始引汶水，分流南北，以成今日之運河，歷明、清無改。（〈中國文化史六講〉，見《呂思勉遺文集》上冊，第一四〇——一四一頁）

隋唐的興亡

隋末發亂的：在北方，以河北的竇建德，河南的李密、王世充爲最強；南方的蕭銑，據江陵，地盤最大。長江下流，亦有好幾個據地爭衡的，後來都給杜伏威所併。太原留守李淵，因拒突厥不利怕獲罪，聽他次子世民的話起兵，先取關中，以爲根據地，旋平河西隴右。劉武周根據馬邑（馬邑，今山西馬邑縣），南侵并州，亦給唐王李淵父子打敗。公元六一八年，李淵即帝位於長安，是爲唐高祖。同年，李密爲王世充所破，投降唐朝，旋又借名出關，要想自主，被唐朝伏兵擊殺。世民伐王世充，竇建德來救，世民分兵往禦，一戰而擒。王世充也就投降。又遣兵打定蕭銑，杜伏威亦來降，其餘割據一地方的，雖然很多，都不曾費什麼兵力。隋朝平陳後，共三十年而亡；隋亡後不過五六年，國內又平定了。

唐初到開元的治亂

唐高祖起兵後九年，傳位於世民，是爲太宗。太宗是個賢明英武的君主，任用房玄齡、杜如晦爲宰相，時人號爲「房謀杜斷」。又有魏徵，能直言諫諍，他多聽從。所以在位時，政治清明，國內太平，武功亦盛。世稱「貞觀之治」。

■評唐太宗

漢、唐並稱中國盛世。貞觀、永徽之治，論者以比漢之文、景，武功尤遠過之；然非其時之君臣，實有過人之才智也。唐太宗不過中材。論其恭儉之德，及憂深思遠之資，實尚不如宋文帝，更無論梁武帝；其武略亦不如梁武帝，更無論宋武帝、陳武帝矣。若高祖與高宗，則尤不足道。其能致三十餘年之治平強盛；承季漢、魏、晉、南北朝久亂之後，宇內乍歸統一，生民幸獲休息；塞外亦無強部；皆時會為之，非盡由於人力也。（《隋唐五代史》上冊，第六十六頁）

太宗在位二十三年，死後，子高宗繼立。初年遵守太宗的遺規，政治亦頗好。後來寵信武后，任其干預政事，治跡遂衰。高宗死後，武后廢其子中宗而立睿宗。旋又廢之自稱皇帝，改國號爲周。武后自高宗時判決奏事，至稱帝，先後五十年，年八十二，才因老病，被宰相結聯衛兵，脅迫她退位，而使中宗復位。武后也算得一個奇才。惜乎專圖擴張權勢，濫施爵祿，以收買人心；又用嚴刑峻法，以圖遏止反抗，受害的人很多。外患亦亟，國威幾乎墜地。中宗復位後，寵愛皇后韋氏，任其所爲。韋后也想學武后的樣子，而才具不及，中宗爲其所弒。睿宗的兒子隆基，起兵定亂，奉睿宗即位。不久就傳位於隆基，是爲玄宗。中宗時，政界汙濁的情形，較武后時更甚。直到玄宗出來，任用賢相姚崇、宋璟、張九齡。姚能治事，宋爲人方正，張亦能直言；竭力整頓，政治才復見清明，世稱「開元之治」。玄宗在沿邊設立節度使，加重其兵權，鎮服四裔，唐朝又見興盛。然邊兵既重，而玄宗在位歲久，又寵信楊貴妃，怠於政事；開元以後，就變成天寶之亂了。

評武后

武后以一女主，而易姓革命，開曠古未有之局，論者多以為奇，其實無足異也。專制之世，政權誰屬，人民本不過問；天澤之分既嚴，稱兵廢置，往往有反叛之嫌，苟非握大權，擁強兵，自度全國莫能與抗者，亦多不敢為是；此歷代篡奪之主，所以獲安其位也。母后臨朝，有帝王之實者，本自不乏，特未嘗居其名耳。武后在高宗時，盜竊政柄，已餘二十年，其形勢，又非她臨朝攝政者比，實既至矣，易其名何難？特視其欲不欲耳。武后為縱恣而無忌憚之人，有以曠古未有之局歆之者，自將試為之，而革命之局成矣。若謂皇帝之名，本無足歆，居之，徒足招人譏議，且授人以攻擊之柄而自蹈危機，何必為是？則試問至二十世紀，皇帝之名，更何足歆？袁世凱何以猶冒不韙而為之，以致身敗名裂乎？從來居權勢之地者，多無學識，亦罕能深思遠慮，不能以讀史者之見衡之，求之深而反失之也。（《隋唐五代史》上冊，第一二三頁）

第十九章　隋唐之武功與對外交通

中國之史，非徒中國一國之史也，東方諸國之盛衰興替，蓋靡不苞焉，即世界大局之變動，亦皆息息相關，眞知史事之因果者，必不以斯言爲河漢也。此其故何哉?世界各民族，因其所處之境不同，而其開化遂有遲早之異，後起諸族，必資先進之族之牖啟，故先進之國之動息，恆爲世界大波浪之源泉焉。先進之國，在東方爲中國，在西方則在地中海四圍。東西民族之動息，亦各有其時，月氏、匈奴，皆自東徂西者也；鐵勒、突厥、回紇、沙陀、黠戛斯，則自西徂東者也。東西民族動息之交替，實在唐世，讀隋唐、五代史者，於此義亦不可不知。

隋唐時域外的形勢

隋唐是武功昌盛的時代，要說這時代的武功，先得把當時域外的形勢，作一個鳥瞰。北族從鮮卑侵入中原後，繼其後的爲鐵勒。鮮卑的分部柔然，利用他和北魏相抗。南北朝末年，柔然衰了，爲起於阿爾泰山的突厥所滅。周、齊分爭，怕突厥和敵人聯合，都很敷衍他。突厥因此益驕。西域諸國，兩晉時代，國交上無甚關係（只有前秦時代，曾遣呂光征服西域諸國，然未及旋師，苻堅已在淝水戰敗；呂光自立爲後涼國，亦不久即亡），然其人來到中國的很多，商業上的往還亦很盛（當時稱西域人爲胡，歷史上所謂胡人的，大都是西域人。甘肅省西北部，始終是中國和西域互市的地方）。尤其是佛教，從西域輸入的不少。南北朝時，大月氏已被印度笈多朝所滅，嚈噠繼興。（嚈噠二字，就是月氏的轉音。自大月氏滅亡後，月氏餘種，仍留在吐火羅（古之大夏，今之阿富汗的巴克特里亞地方），又乘印度之衰而復起，且侵入印度。及爲突厥所破後，印度烏萇王滅之）後來嚈噠又爲突厥所破，從天山北路向西，直抵歐洲，中間包括巴爾喀什湖、鹹海、裡海區域都服屬於突厥。

在朝鮮半島上，當西漢末年，漢族的威力，漸漸失墜。其地的土著民族，自立爲高句麗、百濟、新羅三國。到三國時代，漢族的威力，漸漸失墜。東晉時，前燕侵入中原後，遼東空虛，遂爲高句麗所占，對中國頗爲桀驁。百濟也和他聯合，共攻新羅，新羅卻是倚賴中國的。熱河境內爲鮮卑遺族奚、契丹所據。吉、黑兩省：松花江、烏蘇里江流域，是靺鞨所據；黑龍江流域，是蒙古人的祖先室韋所據。青海境內，和四川的北部，是前燕慕容廆的庶兄——吐谷渾在西晉時侵入的，並征服其地的羌人。雅魯藏布江流域，有印度阿利安人侵入，爲吐蕃之祖（《唐書》所說吐蕃的起源，是傳聞之辭，不足爲據。此說係西藏人自述之辭，該可信些。參看拙撰《中國民族史》第十二章）。

■ 東西民族動息之交替在唐世

中國之史，非徒中國一國之史也，東方諸國之盛衰興替，蓋靡不苞焉，即世界大局之變動，亦皆息息相關，真知史事之因果者，必不以斯言為河漢也。此其故何哉？世界各民族，因其所處之境不同，而其開化遂有遲早之異，後起諸族，必資先進之族之牖啟，故先進之國之動息，恆為世界大波浪之源泉焉。先進之國，在東方為中國，在西方則在地中海四圍。東西民族之動息，亦各有其時，月氏、匈奴，皆自東徂西者也；鐵勒、突厥、回紇、沙陀、黠戛斯，則自西徂東者也。黠戛斯雖滅回紇，而未能移居其地，西方東略之力，至斯而頓，而東方之遼、金、元、清繼起焉。遼之起，由其久居塞上，漸染中國之文明，金、元、清則中國之文明，先東北行而啟發句驪，更折西北行以啟發渤海，然後下啟金源，伏流再發為滿洲，餘波又衍及蒙古者也。其波瀾亦可謂壯闊矣。五胡亂華之後，隋唐旋即盛強，而沙陀入據之後，則中國一厄於契丹，再厄於女真，三厄於蒙古，四厄於滿洲，為北族所弱者幾千年，則以鐵勒、突厥等，皆自西來，至東方而其力已衰，而遼、金、元、清則故東方之族類也。東西民族動息之交替，實在唐世，讀隋唐、五代史者，於此義亦不可不知。（《隋唐五代史》上冊，第四頁）

隋朝的武功

隋文帝得天下後，用外交手段離間突厥的大可汗及其主西方的可汗，突厥由是分爲東西。東突厥給隋朝征服，西突厥至煬帝時亦來朝。煬帝曾發兵侵掠吐谷渾，在青海附近，設立四郡，又招致西域諸國，前來朝貢。戍守和供帳，所費不貲。又發大兵親征高句麗，被高句麗打敗。再發大兵往征，到第三次，才得高句麗請降的虛名。而天下騷動，內亂遂起了。

■煬帝縱侈，裴矩罪不可恕

煬帝之事四夷，始於西域，導之者裴矩也。矩於外交，不可謂無才，然時邊方無釁，勤遠略徒以勞民；煬帝之縱侈，矩寧不之知，顧又長逢其惡；其罪實不可恕也。（《隋唐五代史》上冊，第三十三、三十四頁）西域諸胡，則本和中國無大關係。他們大抵為通商而來。在兩利的條件下，不失懷柔遠人之意就好了。而煬帝動於侈心，任用裴矩，招致西域諸胡，沿途盛行供帳。甚至有意使人在路旁設了飲食之肆，邀請胡人飲食，不取其錢，說中國物力豐富，向來如此的。胡人中愚笨的，都驚歎，以為中國真是天上。其狡黠的，見中國也有窮人，便指問店主人道：你這白吃的飲食，為什麼不請請他們？店中人無以為答。如此，花了許多錢，反給人家笑話。

（《復興高級中學教科書　本國史》上冊，第一六六—一六七頁）

唐初的武功

隋末大亂，突厥復強，群雄在北邊的，都稱臣奉貢。唐高祖亦曲意和他聯絡，惟突厥侵寇仍不絕。太宗即位後，於六三〇年，遣李靖把他滅掉。西北諸君長，共上太宗「天可汗」之尊號。鐵勒諸部中有薛延陀，繼居漠北，又被太宗遣李世勣滅掉。回紇再居其地，就很恭順中國了。對於西域：太宗曾征服天山南路諸國，西突厥則到六五七年，才被高宗遣蘇定方滅掉，中國的屬地，就直達波斯（今伊朗）。

■唐高祖曾稱臣突厥

歷代為中國患的，莫甚於北狄；而所謂北狄，尤以起於蒙古地方的，最為切近。隋唐時代，在這方面的，為突厥、回紇。當隋時，曾乘突厥內部的分離，運用外交手腕，一度使之臣伏。然及隋末，突厥之勢又強。當時起於北方的群雄，都稱臣於他；即唐高祖亦所不免（此事唐時的史官，已隱諱掉。所以在歷史上，沒有正式的記載。只在〈突厥傳〉裡，太宗既滅突厥之後，口裡露出一句，說：從前太上皇為生靈之故，所以「奉突厥，跪而臣之」）。不過此時高祖並非中國的共主，不能代表中國國家，算不得中國的恥辱罷了。（《中國民族演進史》，第一一八、一一九頁）

東北諸族，奚、契丹、靺鞨、室韋等，亦都來朝貢。西南則吐蕃盛強，侵犯四川西邊。太宗發兵把他打敗。旋許其請和，把宗女文成公主嫁給他。公主好佛，吐蕃開始接受漢化，信仰佛教。其時北印度的烏萇國強盛，唐僧玄奘前往遊學，對他盛稱太宗威武，烏萇王就遣使來朝，太宗命王玄策往使，適烏萇王死，權臣篡國，發兵拒玄策。玄策發吐蕃、泥婆羅的兵（現在尼泊爾之地），把他殺敗，擒送闕下，這是中國兵威，對西南所至最遠的一次。只有高句麗，太宗自將往討，仍未能得利，直到高宗時，才遣蘇定方滅百濟，遣李（避太宗諱，去世字）勣滅高句麗。日本派兵來救百濟，被劉仁軌同新羅王大敗之白村江口（在朝鮮全羅道），這些征服和來降的國或部落，唐朝都就其地設立都督府、州，即以其君長為都督、刺史，聽其自治，是為羈縻府、州。唐朝另就邊要地方設立「都護府」，或「都督府」，駐兵防衛，加以管理。

唐玄宗時的武功

唐朝的武功，到高宗時而達於極盛。然吐蕃的猖獗，亦起於此時，青海和西域兩方面，都很受其擾害；突厥遺族，亦時有反側。到武后時，突厥竟復有唐初的疆域，契丹也叛變過一次，河北大受蹂躪。玄宗即位後，才把吐蕃打退，恢復黃河上游之地，東突厥亦於七四四年再為中國所滅，從此不能復振了。

隋唐的對外交通

對外的交通，可分水陸兩路說。陸路：在隋朝時候，通西域的路共有三條，㈠自天山北路出黑海與裡海間抵歐洲。㈡出蔥嶺到波斯。㈢出蔥嶺到北印度。唐時，又加㈣從安南經雲南、緬甸到印度的一條路。㈤從這條路上，還可分支達柬埔寨，和海路銜接。海路：歐洲和中國是久有交通的。據阿剌伯人的記載：公元一世紀後半，西亞細亞的商船就達後印度半島。第三世紀，中國商人，漸次西航，由廣州達檳榔嶼，四世紀到錫蘭，五世紀到亞丁，終至在波斯和美索不達米亞，獨占商權。當時的獅子國（今錫蘭），實為世界商業的中心，中國人、印度人、馬來人、波斯人、猶太人等諸民族經商者，都薈萃於此，直到七世紀末，阿剌伯人才代之而興（據梁啟超〈世界史上廣東之位置〉）。故在八世紀初期，因他們直航中國，其時廣州、杭州、泉州諸地，又成為東亞的貿易中心。然則盛唐之世，正是中國和阿剌伯海權交替的時代了。南洋群島，隋唐時代，來朝貢的亦頗多。隋煬帝曾一度用兵於流求，那就是現在的臺灣了。（見《北史·流求國傳》，又

《隋書》已有流求之名。該書云：「自䵶鼊嶼一日便至。」則當指今之臺灣。又《元史》云：「流求在南海之東，漳、泉、興、福四州界內，澎湖諸島與流求相對，天氣清明時望之，隱約如煙如霧。」可知元明前，猶指臺灣爲流求。）

第二十章 隋唐之政治與學術

秦漢時的宰相，是有相當的權力，而地位亦頗尊嚴的。然自武帝以後，其權已漸移於尚書；曹魏以後，又移於中書；劉宋以後，又參以門下。至唐代，遂以此三省長官爲相職。總之，政治上正式的機關，其權恆日削，而皇帝的祕書和清客一類的人，其權恆日張。外官的變遷正相反。內官的權限，日趨於輕；外官的權力，卻有日趨於重之勢。「三老」、「嗇夫」、「游徼」，都是自治職。秦漢而後，日益廢墜，至隋唐而蕩焉。其故則由於民能自治，與君主專制不相容也。考試的法子，到唐代而其法才大備。然有考試的好法子，而所考的都是無用的東西，卻是可惜了。租庸調法，不奪其私有之田，無田者則由官給，以漸平均地權，其立法之意誠甚善，而其所主張的方法，則有未善。這因儒家對於社會經濟的發展，認識本不如法家的深刻，所以只主張平均地權，而忽略了資本的作用。

隋唐政治概觀

隋唐的政治制度，是承襲魏晉、南北朝的。西漢的政治制度，沿襲秦朝；秦朝的制度，雖爲古今官制上的一大變局，也有多少從列國遺留下來的成分在內。所以從東漢以後，就漸起變遷。魏晉、南北朝，都是承著這個趨勢的。隋唐時代，乃因既成的事實，而加以整理。

隋唐的官制

秦漢時代，相權頗重，到東漢則漸移於尚書，曹魏時又移於中書，劉宋時又移於侍中。隋唐時代，乃以中書、門下、尚書三省爲相職（侍中爲門下省的長官）。中書和皇帝面議辦法，門下省加以審查，由尚書省行下去。尚書分吏、戶、禮、兵、刑、工六部，統轄諸司，各爲全國所職掌的最高行政機關。各機關分立，處事雖極精詳，不免嫌其遲滯，所以後來，三省長官，不大除人，但就他官，加一個「同中書門下平章事」等名目，其人就算宰相。實際上，中書、門下兩省，亦是先行合議的，並非事後逐件審查。御史一官，其初該是幫皇帝看文書的。看文書要審查其辦法的合不合，所以後來變爲彈劾之官，在隋唐時亦很有威權。

歷代相權之變遷

秦漢時的宰相，是有相當的權力，而地位亦頗尊嚴的。然自武帝以後，其權已漸移於尚書；曹魏以後，又移於中書；劉宋以後，又參以門下。至唐代，遂以此三省長官為相職，而中書、門下，尤為機要。後來兩省長官，不復除人，但就他官加一同平章事等名目，即為宰相。其事務，則合議於政事堂。政事堂初在門下省，後移於中書省。宋元之世，遂以中書省為相職。中書、門下等官，其初起，雖是天子的私人，至此其權力又漸大，地位又漸尊了。明世，乃又廢之而代以殿閣學士。清代，內閣之權，又漸移於軍機處。總而言之，政治上正式的機關，其權恆日削，而皇帝的祕書和清客一類的人，其權恆日張。（《中國近世史前編》，見《中國近代史八種》，第一四九頁）

外官：從漢末州郡握兵後，中央的權力，總不甚完全（參看本書第十一、十五章）。兩晉以後，喜歡僑置州郡（譬如現在遼寧省，爲日本強占，遼寧省的人有逃到河北的，就在河北省裡設一個遼寧省，就是所謂「僑置」。這是由於當時的政治，還未完全脫離屬人主義的原故），州的疆域，就漸次縮小；後來竟至與郡相等，隋唐時乃併爲一級，於其上設置觀察等使，仍爲監察之官。

■內官日輕，外官日重

外官的變遷，則和內官正相反。內官的權限，日趨於輕；宰相九卿等，有獨立職司的官，職權多見侵奪。外官的權力，卻有日趨於重之勢。秦漢時代的兩級制（郡縣），到漢末改設州牧，就變成三級制。隋朝統一以後，當時的所謂州，已經和前此的郡，區域大小，並無分別了。於是把州、郡併作一級。唐朝也沿其制，而於其上再設一個道的區域。以後，把天下分作四十餘道，各置觀察使。這種使官，都稱為監司之官。他的責任，只是駐於所察諸郡中的大郡，訪察善惡，舉其大綱，並不直接理事，頗和漢朝刺史的制度相像。然而到後來，往往侵奪州郡的實權，州郡不敢與抗。而且這時候，已經是軍人的世界了。有軍馬的地方，就都設了節度使。凡有節度使的地方，任憑有多少使的名目，都是他一個人兼的。於是中央政府，毫無實權，可以管轄地方，又成了尾大不掉的情形了。（《白話本國史》第二冊，第四十二—四十三頁）

秦漢時，縣大率方百里，每十里爲一鄉。每鄉都有「三老」管教化；「嗇夫」管收稅，聽訟；「游徼」管巡查，禁止盜賊，這些都是自治職。實際上，縣令等於古代一國之君，一切民政，要他直接辦理，是來不及的，全靠這種自治職，能夠實心辦事，政治才得推動。漢朝此等自治職，地位還很高；也眞有相當的權力，能夠辦事。魏晉以後，此等規模，卻漸漸廢墜了。這是中國政治，所以廢弛的一個大原因。

地方自治與君主專制不相容

蓋中國自治之廢，既千餘年矣。（秦漢而後，日益廢墜，至隋唐而蕩焉。其故則由於民能自治，與君主專制不相容也。）民間利害切己之事，雖多出於自謀，特由政治疏闊，官不為謀，無可如何而然，非法之所許也。惟其非法之所許也，則人民於自治之權，失之已久，一旦授之，未必遂能自有。又向之自治，出於人民之自謀，則必其智之所及，智及之，力自足以監察之。且其所舉至簡，則亦無利可圖，而事非法之所許，則又無權力可藉，故雖不能興大利，尚不至轉蒙其害也。（〈本論〉，寫於一九一六年，見《呂思勉詩文叢稿》上冊，上海古籍出版社二〇一一年版，第二九一頁）

隋唐的選舉制度

學校，只有在西漢時代，眞是學問的重心。因爲其時社會的程度還低，研究學問的人，究竟不多，學者求師和求書都難，所以各地方的人，眞有到京城裡去求學的（據趙翼《陔餘叢考》卷十六「兩漢時受學者皆赴京師」條，但東漢時代，私人講學已盛，趙氏之說，實在只可指西漢）。東漢以後，情形就漸漸地變了。三國以後，則學校有名無實，不過是貴族或讀書人的一條獵官的捷路，而人才的拔取，就移到科舉。科舉的前身是漢朝的郡國選舉，是不加考試的。於是請託、運動等弊端百出。後漢以後，考試的法子，就漸次興起，然都不是常行的。直到唐代，而其法才大備。唐朝的法子，是會應試的人，先向地方官報告；地方官加以考試，擇取合格的，送進京城；由禮部再加考試，這是舉士，稱爲「鄉貢」。「鄉貢」以外，別有制舉，由帝王親自主試，甄拔非常的人才。又舉士與舉官不同，前者不過得到一種國家承認的出身，後者才能由國家授以官祿，是由吏部主試的。關於舉士所設的科目甚多，常行的爲明經、進士兩科。明經試經書，只重記誦；進士試詩、賦，更不切實用。有考試的好法子，而所考的都是無用的東西，卻是可惜了。

■科舉與考試不可混為一談

科舉制度，所考的東西，有用無用，是一個問題；考試制度本身的好壞，又是一個問題。帖經、墨義和詩賦，雖然無用，論考試制度的本身，確實是公平的。因有科舉制度，所以能夠逐漸將等級剷平；因有科舉制度，所以人民向學的，不待勸勉而增多。這都是科舉制度，給予我們的好處。（《初中標準教本本國史》第二冊，第二十三頁）世之論者，率多混科舉與考試為一事。因科舉之有弊，遂併考試而不敢言。殊不知科舉之弊，在於所試之非其物，而不由於考試。考試之法，唯有一弊，必不可免者，即應試者之所學，但求其足以應試而止，他皆不問。王安石變法之後，所以歎「本欲變學究為秀才，不圖變秀才為學究」也。然使所試者為有用之事，則應試者終必略有所知。苟去其所試之物，而保留考試之制，夫固未嘗不可行，且行之而必有利者也。（〈考試論〉，原刊《光華期刊》一九二八年第二期）

隋唐的兵制

隋唐的兵制，是很爲有名的，就是所謂府兵。府兵之制是起於北周的，到唐朝而更爲完備。其制：於重要的去處，設立折衝府，有折衝都尉以下許多武官；百姓名隸兵籍的，都屬於折衝府，以農隙教練，有事時徵集，命將統率出征；事罷歸來，依舊各歸其府。這一種制度，沒有養兵之費（不過隸名兵籍的，也要「蠲其租調」），而可以得多兵之用；兵無屯聚之患，亦不至無家可歸，難於遣散；確自有其優點。惜乎承平既久，有名無實。到玄宗時，連皇帝的衛兵，都調不出來，而要改用募兵了。

■中國歷史上的「兵」

唐朝的兵制，也是沿襲南北朝的。近人南海康氏說：「中國承平的時候，可以算是沒有兵。

雖然有喚作兵的一種人，實在是把來供給別種用場，如以壯觀瞻等，並不是要他打仗。」這句話最通。秦漢時代，承襲著戰國的餘風，全國還有些尚武的風氣；東漢而後，就漸漸顯出無兵的樣子了。從五胡亂華起，到南北朝末止，卻可以算得一個長期戰爭，其中東、西魏（周、齊）對立的時候，競爭尤其劇烈；所以產出一種略為整齊的兵制。有名的「府兵」制，是起源於後周的。到高宗武后時，久不用兵，府兵法就漸壞，至於宿衛不給。宰相張說，就請募兵宿衛，謂之「彍騎」。玄宗時，這種宿衛的兵，也是有名無實，諸府又完全空虛，內地竟無一兵，而邊兵卻日重。所以安祿山一反，竟無從抵禦了。（《白話本國史》第二冊，第四十八、四十九頁）

隋唐的法律

中國的法律，是定於晉、唐兩朝的；刑法則定於隋朝。秦朝所用的法律，是戰國時魏國宰相李悝所編的《法經》，共只六章（李悝所作《法經》，共六篇：曰〈盜法〉、〈賊法〉、〈囚法〉、〈捕法〉、〈雜法〉及〈具法〉是），不夠應用，漢時乃逐漸增加。專制時代，命令是和法律有同等效力的；成案則當時名為「比」，亦可引用，條文既已繁多，編纂又極錯亂，奸吏遂得上下其手。漢時屢有編纂之議，始終未能成功。晉初，才編成一部有條理的《晉律》，此法歷代相沿，《唐律》也是以《晉律》為本的。唐以後編纂法律的，有金、明、清三朝，都以《唐律》為本，《清律》又沿襲《明律》。所以中國從採用西洋法律以前，歷代的法律，可以說根本上是相同的。

至於刑法：則古代本稱「傷及身體」爲刑，和「死」爲對稱。因爲死亦是傷害身體的，所以又稱死爲「大刑」。拘禁及罰作等，皆不稱爲刑。儒家說：古代風俗淳樸，用不著刑罰，只要有一種辦法，叫犯罪的人，覺得羞恥就夠了。如犯死罪的人，叫他穿一件無領的衣裳就是。這種辦法，儒家稱爲「象刑」，因又稱傷及身體的爲「肉刑」。漢文帝曾把肉刑廢掉，死刑之外，只留髡、笞兩種。然笞法實際多至死亡，「髡法則又僅剔其毛髮」，不足以資懲創，所以刑罰輕重，很難得其平（此說根據馬端臨《文獻通考．刑考序》）。周、齊時，徒、流之法，才漸次興起。到隋時，乃定以笞、杖、徒、流、死爲五刑，各分等級，從此以後，也就歷代相沿了。

隋唐的賦稅

當兩漢時代，儒家鑒於地權的不平均，也有想恢復井田的，也有想限民名田的，已見本書第十四章。後來此兩法都沒有能實行，乃又有一種議論，說井田之制，宜於大亂之後，人口減少，土田無主時推行。晉武帝平吳之後，乃定一種戶調式。因男女、老幼，以定授田的多少。戶調式定後，國內不久就亂了，究竟推行至如何程度，現已無從稽考。北魏孝文帝定均田令，授田之法，也和晉朝相同，又舉出露田和桑田的區別。露田是受之於官，也要還給官的，桑田則許其私有。唐時，將官授的名「口分田」，私有的名「世業田」，世業田以二十畝爲限。多的，可以出賣，而不得賣其應有之數；不足的可以買進，亦不得超過定限。田多，足以計口分授的謂之「寬鄉」；不夠的謂之「狹鄉」。狹鄉受田，較寬鄉減半。肯從狹鄉遷到寬鄉，是有補助的（許其賣口分田，就是以賣價補助其遷移費的意思）。

其取於人民的：則農田所出的穀物謂之「租」，爲公家服役謂之「庸」，隨其地之所產出絲、麻及其織品謂之「調」。這就是有名的租庸調法。此法的用意，誠然很好，但不易嚴密執行；後來，官吏管理逐漸懈弛，加以豪強的兼併，天災兵亂的相繼，到唐朝中葉，冊籍既壞，人民多逃亡，租庸調舊制，遂不能行。德宗時，楊炎爲宰相，以公元七八〇年改行兩稅法。凡人民，只就現居其地的立爲簿籍，不問年紀大小，但以貧富定納稅的多少，分夏秋兩季徵收。這兩稅法從那時行起，上下稱便，歷五代而至宋明，頗能繼租庸調之廢而適應需要。

■立意雖佳，方法未善

統觀三法（晉朝的户調式，北魏的均田令，唐朝的租庸調法），立法之意，是不奪其私有之田，無田者則由官給，希冀減少反抗，以漸平均地權，其立法之意誠甚善。然其實行至何程度，則殊可疑。即使實行了，而人總是有緩急的，緩急的時候，不能不希望通融，在私產制度之下，誰肯白借給你來？救濟的事業，無論如何，是不能普遍的。於是不得不有抵賣之品。而貧民是除田地之外，無物可以抵賣的。如此，地權即使一度平均，亦很難維持永久。何況並一度之平均而不可得呢？所以此等平均地權的方法，不論事實，在理論上已是很難收效的了。中國歷代，社會上的思想，都是主張均貧富的，然其宗旨雖善，而其所主張的方法，則有未善。這因歷代學者，受傳統思想的影響太深，而對於現實的觀察太淺之故。在中國，思想界的權威，無疑是儒家。儒家對於社會經濟的發展，認識本不如法家的深刻，所以只主張平均地權，而忽略了資本的作用。

（《呂著中國通史》上冊，第九十六、九十七、一〇一頁）

隋唐的學術

從魏晉以後，講經學的人，漸漸流於繁瑣。只注意於一事一物的考證，而於大義反非所問。南北朝以後尤甚。唐朝的啖助，講《春秋》才不拘三傳，而自以其意求之於經（三傳，謂《左氏》、《公羊》、《穀梁》，都是解釋《春秋經》的）。道、佛兩教，從魏晉以後，逐漸興盛，幾乎要奪儒家思想之席。唐朝的韓愈，作了一篇〈原道〉，對於佛老，力加排斥。這都是宋朝學術思想的先驅。

講史學：則㈠唐朝人搜輯當時史料，編纂當代歷史的風氣頗盛（關於這一個問題，可以把拙撰《史通評》外篇第二作參考，頁七五至八七，商務印書館本）。㈡中國歷代，每後一朝興起，必修前一代的歷史。現在所謂正史，大抵是如此修成的。從南北朝以前，都是一個人獨力修纂（就官纂的也是如此，可參看《史通·古今正史篇》），唐朝才開「合衆纂修」之局。雖然見解的高超，體例的劃一，不如私人所修的，材料卻收集得多了。㈢前此作史的人，不大講史法。到唐朝則有劉知幾著《史通》，對於這一個問題，專門加以研究。㈣又有杜佑著《通典》，專記歷代的制度，也是開宋朝史學興盛的先聲的。

■劉知幾與《史通》

自司馬遷以後，史學界有許多名家，不過覺得史料要保存，要編纂，以詒後人而已，編纂的方法如何，加以研究的很少。到唐朝的劉知幾，才於此加以檢討。據《唐書》的〈劉知幾傳〉，和他同時，懷抱相類的思想的，有好幾個人，可見這是史學上進化自然的趨勢，劉知幾只是一個代表。他著了一部《史通》，對於古今的史籍，加以批評。他先把史籍分成正史和非正史兩種，評論其可稱為正史的，共有幾家；其體裁適用於後世的，共有幾種。對於材料的去取，以及編製的方法，文辭的應當如何，都一一加以研究。實為作史方法的一個大檢討。（《歷史研究法》，永祥印書館一九四五年版，第二十一—二十二頁）

隋唐的文藝

魏晉、南北朝時，駢文愈作愈趨於靡麗，太不切實用了，於是反對的聲浪漸起，尤以周、隋兩朝為甚，然習慣既久，一時變不過來。直到唐朝，韓愈、柳宗元，才作成一種新式的文學。他們這種文字，是不學東漢以後，而以西漢以前為法的，所以自稱為「古文」。又或稱為「散文」。而對於四六對仗稱為「駢文」。從此以後，就駢散分途，各適其用。

■韓、柳的古文改革

從齊、梁以後，文字日趨於綺靡，以致不能達意。在此種情勢之下，欲謀改革，有三條路可走：其一是廢棄文言，專用白話。唐代禪家的語錄，以及民間通行的通俗小説（《敦煌石室書錄》，有《唐太宗入冥記》、《伍子胥故事》等書），就是從此路進行的。此法在從前尚文之世，不免嫌其鄙陋。而且同舊日的文章，驟然相隔太遠，其勢亦覺不便。所以不能專行。其二則以古文之不浮靡者為法。如後周時代，詔令奏議，都摹擬三代是。此法專模仿古人的形式，實亦不能達意，而優孟衣冠，更覺可笑。所以亦不可行。第三條路，則是用古人作文的義法，來運用今人的語言。如此，既不病其鄙陋，而又便於達意。文學的改革，到此就可算成功了。唐時，韓愈、柳宗元等人所走的，就是這一條路。（《復興高級中學教科書　本國史》上冊，第一八七頁）

詩在唐朝，算是極盛的。古代文字，不分四聲。梁、陳以後，才漸漸講求，於是詩和文都生出律體。不論詩文，調平仄的，都可以稱爲律。詩的律體，是到唐朝而大成的。又詩的根本，是從歌謠而來，所以多長於「比」、「興」，含蓄不露，到唐朝人才特長於「賦」（「賦」、「比」、「興」是作詩的三種法子，見在《詩經》第一首的〈序〉裡。「興」是因此而及彼，如見名花而思美人。「比」是以此喻彼，如以名花比美人。「賦」是實寫，如描寫名花或美人的豔麗），其中最著名的，如杜甫的詩，描寫天寶亂離的情形，十分詳盡，後人至稱爲「詩史」。白居易《新樂府》，描寫當時社會上、政治上種種黑暗的狀況，也是很能夠動人的。中國古代的音樂，漢以後漸漸失傳，已見本書第十四章。卻是魏晉以後，漢武帝時的新聲，又漸漸失傳了。只有一部分，還保存於南朝。北朝則從外國輸入的音樂，流行特盛。隋時，稱南朝的舊樂，從外國輸入的爲燕樂。新樂日盛，而舊樂漸漸式微。根據此等音樂的聲調所作成的作品，謂之詞。唐朝人開其端，至五代而漸盛。通俗的文藝，是到宋以後才盛行的，然其端亦開於唐朝。唐人有所謂「變文」，係將故事演變而成，如〈大舜至孝〉、〈目蓮救母〉之類；又有所謂「俗文」，則是將佛經翻成通俗文字的，這是後來平話的起源；又有佛曲及勸世詩，亦爲後世寶卷、彈詞之祖。

■ 論唐詩

論唐詩者，或分為初、盛、中、晚四期。初唐之渾厚，盛唐之博大，中唐之清俊，晚唐之纖麗，可謂各擅勝場。（《隋唐五代史》下冊，上海古籍出版社二〇〇五年版，第一一一七頁）唐宋詩相較，自以唐詩為勝。以唐詩意在言外，而宋詩意盡句中。唐詩多寓情於景，宋詩或捨景言情。詩以溫柔敦厚為宗，自以含蓄不盡為貴。宋詩非不佳，若與唐詩並觀，則覺其傖父氣矣。然宋之變唐，亦有不得不然者。無論何種文字，皆貴戛戛獨造，而賤陳陳相因。唐詩初、盛、中、晚，各擅勝場。在彼境界之中，業已發洩殆盡。率此而往，其道則窮。故宋人別闢一境界。雖不能如唐詩之渾厚，然較諸因襲唐人，有其形而無其質者，則有間矣。（《宋代文學》，商務印書館一九二九年版，第四十七頁）

書法：在南北朝時，南人是擅長眞書和行、草的，北碑則猶存分、隸古意。隋碑結構嚴正，而筆劃漸趨妍麗，已能兼兩派之長。唐人擅長書法的尤多，如歐、虞、顏、柳等（歐陽詢、虞世南、顏眞卿、柳公權），至今寫字的人，還奉爲模範。南北朝時，山水畫漸漸興起，到唐朝而更盛。其中王維的畫，專取清微淡遠；李思訓的畫，則注重著色，鉤研成趣。所以李、王二人又爲後世山水畫「南北宗」之祖。人物畫，亦因受佛畫和雕刻的影響，較之古代的畫風，更形工巧。

第二十一章　隋唐之社會與宗教

經過三國到南北朝長期的戰亂而復見統一，國內太平，兵革不作，自然社會要欣欣向榮了。隋唐五代，爲風俗侈靡之世，蓋承南北朝之後，南方既習於縱恣，北方又漸染胡俗也。中國文化和富庶的重心，兩漢時代，還是在北方的，三國以後，南方雖亦有戰事，究竟平安得多。又自五胡亂華以來，北方人紛紛南遷，學術、技藝等，都隨之而輸入南方。南方的文化和富庶就大形發達，駸駸駕於北方之上。因爲中外交通的繁盛，外國宗教，多有輸入中國的。中國的文明，在各方面都頗充實的，惟在宗教方面，則頗爲空虛。此由中國人注重於實際的問題，而不甚措意於玄想之故。信教既不甚篤，則凡無害於秩序和善良風俗的，都可以聽其流行。所以在政治上、社會上，都沒有排斥異教的傾向。

隋唐初年的富庶

經過三國到南北朝長期的戰亂而復見統一，國內太平，兵革不作，自然社會要欣欣向榮了。果然，在隋文帝時，雖然統一未久，國內已見富庶的氣象，雖經隋末的喪亂，然到唐太宗初年，又有「行千里者不齎糧，斷死刑歲僅二十九人」的盛況了。（見《唐書．食貨志》）

隋唐五代為風俗侈靡之世

隋唐五代，為風俗侈靡之世，蓋承南北朝之後，南方既習於縱恣，北方又漸染胡俗也。史家極稱隋文帝之恭儉，謂其令行禁止，上下化之，舉開皇、仁壽之間，丈夫不衣綾綺，而無金玉之飾為證。此亦庶僚為然耳，居高明者，奢縱曷嘗少減？如楊素即其一也。賀若弼，史稱其家珍玩不可勝計，婢妾曳羅綺者數百，功名之士如此，下焉者可知。（唐）太宗雖享美名，實亦奢侈，高宗以後愈甚，至武后而大縱。玄宗初，頗有志懲革，後乃變本加厲。如王琚，史言其著勛中朝，又食實封，典十五州，常受饋遺，下簷帳設，皆數千貫。作造不遵法式。每移一州，車馬填路，數里不絕。攜妓從禽，恣為歡賞，垂四十年焉。此等人而亦漫無裁制，能無速天下之亂乎？至於武人，則尤不可說。郭子儀，元勛也，史稱其侈窮人欲而君子不之罪。又不必武夫也。《舊書．杜亞傳》曰：出為淮南節度，承陳少遊之後，淮南之人，望其剗革舊弊，而亞自以才當公輔，連出外職，志頗不適，政事多委參佐。招引賓客，談論而已。又盛為奢侈。江南風俗，春中有競渡之戲，萬舟並進，以急趨疾進者為勝。亞乃令以漆塗船底，貴其速進。又為綺羅之服，塗之以油，令舟子衣之，入水而不濡。亞本書生，奢縱如此。然則所謂書生者，又豈大愈於武夫哉？五代風氣，更加橫流潰決，不可收拾。（《隋唐五代史》下冊，第七二一、七二二、七二三、七二四、七二五頁）

南方文化經濟的發達

中國文化和富庶的重心，兩漢時代，還是在北方的，三國以後，北方經過長期的戰亂，南方雖亦有戰事，究竟平安得多。又自五胡亂華以來，北方人紛紛南遷，學術、技藝等，都隨之而輸入南方。南方的文化和富庶就大形發達，駸駸駕於北方之上。漢時建都長安，漕轉關東之粟，到唐時，漕運卻要仰給於江、淮了（唐朝的漕運，是跟著水的漲落走的，二月裡發揚州。四月裡自淮入汴。六、七月到黃河口。八、九月入洛水。中間有一節，水運不通，陸運以入於渭，直達長安）。

商業的發達

承平時代，商業本來容易興盛。當時江、淮的商船，大的載重至八九千石，駕舟的至數百人，歲一往來，其利甚大。（見《唐語林·補遺》）北至河、洛，南至閩、越，亦有不少商船。（唐朝劉晏說的話，見《舊唐書》卷九十四）九世紀中葉，政府用兵安南，艱於運餉，有人獻議，從長江下流用船運往，這是中國歷史上記載從海路運糧之始。（說據顧炎武《日知錄》）然商人的運輸貨物，必已遠在其前了。海路對外國的貿易，也極興盛。（已見前一章）陸路自隋時已置互市監，管理西域的互市。唐時，又在廣州設市舶司，以管理海路的貿易。

飲茶之習，起於三國時。（見《三國·吳志·韋曜傳》）南北朝以前，還只行於南方，隋唐之世，漸漸普及全國。唐中葉以後，國家既收茶稅，回紇也驅馬市茶。（見《唐書·陸羽傳》）又中國從前所謂糖，只有穀物制的。唐太宗時，才從北印度的摩揭陀，輸入造蔗糖的法子。（見《唐書》本傳）這又是因商業興盛，而影響到農、工業上了。唐朝陶瓷業亦最盛，尤以昌南鎮的瓷，名聞全國。其後漸次發達，乃成名動全球之景德鎮瓷器。（見吳仁敬等《中國陶瓷史》，商務印書館《中國文化史叢書》本）

■唐世茶藥並稱

茶至唐世，通行尤廣，其販運亦大盛。《新唐書・陸羽傳》：羽嗜茶，著經三篇，言茶之原、之法、之具尤備。天下益知飲茶矣。當時貢獻、賞賜、贈遺，無不以茶，而軍中尤以為重。《新唐書・陸贄傳》：贄陳西北邊事，言「關東戍士，衣廩優厚，繼以茶藥，資以蔬醬」。〈兵志〉云：德宗時，邊兵衣餉多不贍，而戍卒屯防，藥茗、蔬醬之給最厚。諸將務為詭辭，請遙隸神策軍，廩賜遂羸舊三倍，蓋即據贄疏言之。兵士得茶，不必皆自飲，蓋亦可以鬻賣換易？凡飲食之物，有刺激之性者，人多謂其可以治病，古之酒，明末之煙則然。茶之初興，蓋亦如此？故唐世尚與藥並稱。此亦人競求之之一端歟？（《隋唐五代史》下冊，第八〇一、八〇二、八〇四頁）

隋唐時的宗教

因為中外交通的繁盛，外國宗教，多有輸入中國的。波斯的拜火教，從北周時輸入，謂之胡天，後來又造了一個祆字。唐時，波斯為大食所滅，拜火教徒，在西方頗受壓迫，因此東來的更多。基督教即景教，為波斯人阿羅本所輸入。公元六三五年到長安，太宗許其造寺，後來改稱大秦。又有摩尼教，武后時初來中國，其教為回紇人所信，唐中葉後，回紇人來的多了，摩尼教又隨之而入，遍於江、淮諸州。（景教名義，因耶穌生時，明星出現，碑文有「景宿告祥」之語。祆字係從示從天，讀他煙切。Zoroastrianism 為波斯國教，立善惡二元，以光明代表淨和善，黑暗代表穢和惡，所以崇拜火及太陽。摩尼教（Manichaeism）原出火教，亦行於波斯。景教是基督教中的聶斯脫利安派（Nestorianism），因創異說為同教徒所驅逐的。阿羅本（Olopen）係波斯人，從波斯來，所以初建寺時，名為波斯寺。）祆教、景教、摩尼教，當時的人，謂之「三夷寺」。唐朝因為自己姓李，道教所崇奉的老子也姓李，尊為玄元皇帝，奉《道德經》為群經之首，特置「道舉」，考取所舉之人，在政治上很受優待，然尚不足與佛教爭衡，三夷寺更無論了。但是回教亦於唐時輸入，有隆隆直上氣象。僧尼既不耕而食，不織而衣，還要據有很大的田產，眾多的奴婢；這都是財政和經濟上損失，自然要引起反響，所以當八四五年武宗乘回紇的衰亡，就把他和「三夷寺」一同禁絕了。武宗死後，佛教旋即恢復。然㈠出世的議論，既漸為一般人所懷疑，㈡信仰的人多了，不能再講高深的教理。於是各宗皆衰，只有不立文字的禪宗，和專門念佛的淨土宗（淨土宗的念佛，有「觀」、「想」、「持名」三法。「觀」，如觀看佛像，「想」，如想像佛像，「持名」，就是口宣佛號，係使人心有所主，不致散亂的法子。現在所謂念佛，卻只知道「持名」一端了），還流行著。佛教到這時候，在哲理上漸漸失其地位，而要有別種新哲學起而代之了。

中國佛教的特色

中國的文明，在各方面都頗充實的，惟在宗教方面，則頗為空虛。此由中國人注重於實際的問題，而不甚措意於玄想之故。信教既不甚篤，則凡無害於秩序和善良風俗的，都可以聽其流行。所以在政治上、社會上，都沒有排斥異教的傾向。而各種宗教，在中國都有推行的機會。其中最發達的，自然要推佛教。佛教初輸入時，大約都是小乘。中國的佛教，有一特色，便是大乘的發達。佛教在印度，日漸衰頹，所以大乘在印度的盛行，不過六七百年之譜。其餘諸國，不能接受大乘教義，更不必論了。獨在中國，則隋唐之間，小乘幾於絕跡，而且諸宗遠祖，雖在印度，其發揮精透，則實在我國，華嚴和禪宗皆然。天台宗則本為智者大師所獨創，這又可見我國民採取融化他國文化的能力了。（《復興高級中學教科書　本國史》上冊，第一八九—一九〇頁）

第二十二章　中國文化之東被

中國是世界上文明發源之地；他的文化，是對各方面都有傳播的；而對東方的成績，尤其良好。「水性使人通，山性使人塞。」中國古代文化的重心，在黃河下流，而從山東半島航行向遼東，尤其便利，所以在先秦時代，東北已成爲中國的殖民地了。從遼東再向東南拓展，就成爲朝鮮的文明；再渡海，就達到日本。中國的文字、儒學、佛學，都是從百濟輸入日本的，而當喪亂之際，東北和半島的漢人，避難出海的亦不少，中國的文化和生產技術，如養蠶、建築、釀造等，亦即隨此等人而傳入日本。

中國文化東被的原因

中國是世界上文明發源之地；他的文化，是對各方面都有傳播的；而對東方的成績，尤其良好。這是爲什麼呢？因爲「水性使人通，山性使人塞」。中國古代文化的重心，在黃河下流，而從山東半島航行向遼東，尤其便利，所以在先秦時代，東北已成爲中國的殖民地了（說本日本鳥居龍藏《滿蒙古蹟考》，此書大可一看，尤其重要的，是第三十三章。陳念木譯，商務印書館本。又傅斯年等合著的《東北史綱》第一卷亦可看，商務印書館寄售）。從遼東再向東南拓展，就成爲朝鮮的文明；再渡海，就達到日本。

朝鮮和日本的文化

古代的朝鮮，本來就是箕子之後（箕子時的朝鮮國，現在不能知其在何處。大約是逐漸東北遷的。到燕開遼東郡時，朝鮮必已在半島了）；漢時，半島北部，又是中國的郡縣；所以其文化，竟和中國一樣；只是語言沒有能夠同化罷了（朝鮮、安南，沐浴中國的文化都極深，始終沒有完全同化，就是因為語言未能同化之故。可見語言為民族最重要的條件，愛護民族的人，絕不可輕棄自己的語言）。日本和半島交通，在半島隸屬中國時已然（見本書第十二章），高句麗、百濟、新羅自立後，也還繼續主從關係，而和百濟的往來，尤其密切。中國的文字、儒學、佛學，都是從百濟輸入日本的，而當喪亂之際，東北和半島的漢人，避難出海的亦不少，中國的文化和生產技術，如養蠶、建築、釀造等，亦即隨此等人而傳入日本。

論朝鮮的文化

東洋諸國承襲中國的文化，而程度較高的，自然要推還朝鮮和日本，而朝鮮的文化，實在還在日本之上，這不能因其國勢陵夷，而日本曾一時強盛，遂妄生軒輊的。兩民族的同化，最緊要的條件是語言，而文字即語言的擴大，所以看甲民族對於乙民族的文化了解深淺，只要看其在文學上了解的深淺，日本的漢學家，也都會作中國的詩文，然終於免不了所謂「倭臭」，這是他們自己也承認的，朝鮮則絕無此弊。即此，便可見兩國華化的深淺。人心之不同如其面，況且朝鮮、日本，環境都和中國不同，所以其學術雖受之於我，而其所闡發，僅有為中國學者所不知

的。(〈到朝鮮去搜書〉，原刊一九四五年十一月六日上海《正言報》)

文化不能無偏弊，受其利者，往往併其弊而亦襲之。中國文化之弊，在於文勝而失之弱。自宋以後，陳義彌高，去事情彌遠，其人又氣矜之隆，黠者乘之，遂植黨以自利，此其弊，韓人亦皆襲之，然文化之演進深者，雖有其弊，久之亦必有以自救。故中國雖迭扼於遼、金、元、清，至近世，又見侮於西方諸國及東方之倭，今也卒能卻敵而中興。韓國之獲再建，亦其倫也。(〈中韓文化敘〉，原刊《中韓文化》一九四五年十二月創刊號)

隋唐時代的中日交際

日本當三國時，其女主卑彌呼，曾遣使來朝，受封爲親魏倭王。東晉南北朝時，又數次遣使和南朝交通。其表文多自稱倭王，再加一個都督某某等國諸軍事、安東將軍的稱號，中國亦就照他的自稱封授他。此等事，日本的學者，都不認爲其王室所爲。他們所承認的，則自公元六〇八年小野妹子的使隋始。這一次，已帶著學生和僧人來。唐時，日本更專置「遣唐使」，從公元六三〇到八九四年，前後共計十九次。(據日本木宮泰彥《中日交通史》，陳捷譯，商務印書館本)日本自東晉以來，向與百濟交通，由百濟輸入中國文化。東晉時，百濟博士王仁攜《論語》和《千字文》至日本，爲日本有文字之始。唐時，日本留華學生，如吉備眞備與日僧空海等創「平假名」與「片假名」，爲日本拼音文字，此皆中國文化東被影響最大的。至於政治風俗，都模仿中國了。

渤海的興起

高句麗滅後，餘衆北走，據地自立。（此事在公元六九六年，即武后萬歲通天元年。反叛的人，《舊唐書》說是高麗別種大祚榮，《新唐書》則名乞乞仲象，而祚榮為其子。又說他是「粟末靺鞨附高麗者」。案舊時史籍所用「種」字或「種姓」字，都與姓氏、氏族相當，卻與民族無涉。甲民族中人，歸附乙民族後，往往稱為乙民族之別種。粟末靺鞨，是歸附高句麗很久的，故《舊唐書》有高麗別種之稱；論其民族，自係靺鞨。至乞乞仲象，亦當有其人，而《舊唐書》漏未敘及。《新唐書》下文但稱為仲象，則乞乞當係其姓，後來祚榮姓大，有人疑其係據中國文義自造的。）唐封為渤海王，遂建國，時在公元七一二年（唐睿宗先天元年）。其疆域包括現在的吉、黑兩省，和清朝咸豐年間，割給俄國的地方，還有朝鮮半島的一部。一切制度，亦都以中國為模範，和日本、高麗，都曾通過使節，直到九二七年，才為契丹所滅，前後共二百十五年。雖暫受契丹的羈絆，然其民族所開化，則已不可遏抑了。

第二十三章　唐之衰亡與五代之紛亂

唐朝的武功從表面看，雖和漢朝相等，其聲威所至，或且超過漢朝，但此乃世運進步使然，以經營域外的實力論，唐朝實非漢朝之比。玄宗時，府兵制度業已廢壞，而吐蕃、突厥都強，契丹勢亦漸盛。欲圖控制、守禦，都不得不加重邊兵，所謂藩鎮，遂興起於此時，天下勢成偏重。唐朝對待被征服的異族，亦和漢朝不同。漢朝多使之入居塞內，唐朝則仍留之於塞外，而設立都護府或都督府去管理他。所以唐朝所征服的異族雖多，未曾引起像五胡亂華一般的雜居內地的異族之患。然環伺塞外的異族既多，當其種類昌熾，而中國政治力量減退時，就不免有被其侵入的危險了。

安史之亂

唐朝的兵威，雖然和漢朝一樣盛，卻有一點不同。漢朝的征伐，所用的多是漢兵，唐朝卻多用蕃兵、蕃將。其初邊庭沒有重兵，玄宗為要對付吐蕃、突厥、奚、契丹，西北兩邊，兵力才重，而安祿山又以胡人而兼范陽、平盧兩鎮節度使，就釀成「天寶之亂」。安祿山的造反，事在七五五年，兵一動而河北、河南相繼陷沒，潼關不守。玄宗逃四川，留太子討賊，太子即位於靈武，是為肅宗。安祿山是沒有謀略的，所以唐朝得任用郭子儀，再借用回紇等國的兵，把兩京收復。時安祿山已為其子所殺，唐兵圍之於相州（今河南安陽縣），勢已垂下，而祿山之將史思明，降而復叛，就從范陽南下，殺敗唐兵，再陷洛陽。唐朝又任用李光弼，和他相持，到七六一年，史思明又為其子所殺，才算把他打平。安、史亂後，河西、隴右（河西，今甘肅省黃河以西之地，餘為隴右），都給吐蕃攻陷。回紇驕橫異常，雲南的南詔國，又時有侵寇；藩鎮遍於內地，中央行政的權力，不甚完整，唐朝的局面，就很難收拾了。

■安史之亂之根源

安史之亂，皇室的腐敗只是一個誘因，其根源是別有所在的。㈠唐朝的武功從表面看，雖和漢朝相等，其聲威所至，或且超過漢朝，但此乃世運進步使然，以經營域外的實力論，唐朝實非漢朝之比。漢武帝時，攻擊匈奴，前後凡數十次；以至征伐大宛，救護烏孫，都是仗自己的實力去摧破強敵。唐朝的征服突厥、薛延陀等，則多因利乘便，且對外多用蕃兵。玄宗時，府兵制度業已廢壞，而吐蕃、突厥都強，契丹勢亦漸盛。欲圖控制、守禦，都不得不加重邊兵，所謂藩鎮，遂興起於此時，天下勢成偏重。㈡唐朝對待被征服的異族，亦和漢朝不同。漢朝多使之入居塞內，唐朝則仍留之於塞外，而設立都護府或都督府去管理他。所以唐朝所征服的異族雖多，未曾引起像五胡亂華一般的雜居內地的異族之患。然環伺塞外的異族既多，當其種類昌熾，而中國政治力量減退時，就不免有被其侵入的危險了。（《呂著中國通史》下冊，第四五六、四五七頁）

若論軍事上的實力，則唐朝何能和漢朝比？漢朝對外的征討，十之八九是發本國兵出去打的，唐朝則多是以夷制夷。這以一時論，亦可使中國的人民，減輕負擔，然通全局而觀之，則亦足以養成異族強悍，漢族衰頹之勢。安祿山之所以蓄意反叛，沙陀突厥之所以橫行中原，都由於此。就是宋朝的始終不振，也和這有間接的關係。（《呂著中國通史》上冊，第一一九頁）

藩鎮的跋扈

藩鎮爲患最甚的，是安、史餘黨，直到德宗時，才加以討伐。其時平盧、天雄、成德三鎮，聯合拒命。盧龍本恭順朝廷，後亦加入爲亂，德宗發涇原兵東討，路過京城，因賞薄作亂，奉朱泚爲主，德宗逃到奉天（今陝西武功縣），又逃到漢中，因兵力不夠，只得赦其餘諸鎮，專把朱泚打平。憲宗時，淮西尤爲跋扈，憲宗用宰相裴度，堅持用兵，到底把他攻下，河北三鎮（盧龍、成德、天雄），亦一時降服。然憲宗死後，旋即背叛，終唐之世，不能再取了。河北三鎮以外，其餘諸鎮也時有背叛的，就不叛的，也總不免有些專橫。而節度使實亦多爲其兵所制，因爲他們的得位，多是由軍士擁戴的，軍士既驕橫又有野心的人，要從中利用，所以當時的節度使，也是岌岌不能自保的，弄成「地擅於將，將擅於兵」的局勢了。

■ 唐藩鎮之弊

唐代藩鎮之弊，總括起來，是「地擅於將，將擅於兵」八個字。一地方的兵甲、財賦，固為節度使所專，中央不能過問。節度使更代之際，也至少無全權過問，或竟全不能過問。然節度使對於其境內之事，亦未必能全權措置，至少是要顧到其將校的意見，或遵循其軍中的習慣的。尤其當更代之際，無論是親子弟，或是資格相當的人，也必須要得到軍中的擁戴，否則就有被殺或被逐的危險。節度使如失眾心，亦會為其下所殺。又有野心的人，煽動軍隊，餌以重賞，推翻節度使而代之的。此等軍隊，真乃所謂驕兵。凡兵驕，則對外必不能作戰，而內部則被其把持，一事不可為，甚且綱紀全無，變亂時作。唐中葉以後的藩鎮，所以坐視寇盜的縱橫而不能出擊；明知強鄰的見逼，也只得束手坐待其吞併；一遇強敵，其軍隊即土崩瓦解；其最大的原因，實在於此。這是非加以澈底的整頓，不足以有為的。（《呂著中國通史》下冊，第四七〇—四七一頁）

宦官的專權

藩鎮既跋扈於外，宦官又專權於內。唐朝有一種禁軍，是開國時的兵士，無家可歸的，給他渭水北岸的閒田耕種，子孫世襲，做皇帝的護衛。安、史亂後，本在青海地方的神策軍，入駐京畿，也就算禁軍。唐德宗回鑾後，把「神策軍」交給宦官統帶，宦官因此干與政事，歷代的君主多由宦官擁立，順宗、文宗想要除掉他們，始終不能成功。

唐朝的分裂

八七四年，黃巢創亂，從山東經河南、湖北、江西、浙江、福建，直打到廣東。再從廣東打回河南，攻陷潼關。僖宗逃到四川，各處的藩鎮，多坐視不救；來的亦不肯向前。先是西突厥別部，有支住在新疆巴里坤湖附近的，名爲沙陀突厥，初和吐蕃勾結，後來吐蕃又疑心他，乃歸降唐朝，唐朝揀他的精銳，編成沙陀軍，駐紮在山西北部，其酋長李克用（沙陀酋長姓朱邪氏，李是唐朝的賜姓）造反，給盧龍軍打敗，逃到陰山附近的韃靼中。此時無法，只得赦李克用的罪，召他回來，居然把黃巢打平，然河東從此就落入沙陀手裡了。黃巢亂後，唐朝的命令，全然不行，藩鎮互相爭鬥，其初本以李克用爲最強，後來宣武的朱全忠，盡併河南、山東，威服河北，李克用也弱了。其時宦官依舊專權，關內的節度使，全是他們的黨羽。昭宗的宰相崔胤，結聯朱全忠，想除掉他們。宦官迫脅昭宗，逃到鳳翔，朱全忠進兵圍攻，經一年多，鳳翔不能守，乃奉昭宗出城，於是大殺宦官，昭宗亦被朱全忠劫遷到洛陽，旋殺之而立其子。九〇七年，唐遂爲朱全忠所篡，是爲梁太祖。

■論梁太祖

梁太祖的私德，是有些缺點的，所以從前的史家，對他的批評，多不大好。然而私德只是私德，社會的情形複雜了，論人的標準，自亦隨之而複雜，政治和道德、倫理，豈能並為一談？就篡弒，也是歷代英雄的公罪，豈能偏責一人？老實說：當大局阽危之際，只要能保護國家、抗禦外族、拯救人民的，就是有功的政治家。當一個政治家要盡他為國為民的責任，而前代的皇室成為其障礙物時，豈能守小信而忘大義？在唐、五代之際，梁太祖確是能定亂和恤民的，而歷來論者，多視為罪大惡極，甚有反偏袒後唐的，那就未免不知民族的大義了。（《呂著中國通史》下冊，第四六八頁）

五代的紛亂

此時北方梁、晉兩國對立。南方分爲吳、吳越、閩、楚、南漢、前蜀六國。梁太祖死後，末帝幼弱，爲後唐莊宗所滅。莊宗又滅掉前蜀，旋爲明宗所篡。明宗女婿石敬瑭鎮守河東，明宗死後，養子廢帝，要把他移到山東。敬瑭造反，割燕、雲十六州，以求救於遼。遼兵南下，廢帝敗死。遼人冊敬瑭爲晉帝，是爲晉高祖。高祖事遼甚謹，死後其侄出帝，和遼開釁。九四七年，爲遼人所執，遼太宗入大梁，旋因中國人不服，北還。太原留守劉知遠入大梁，是爲後漢高祖。僅四年，而爲周所篡。

周世宗的雄略和宋朝的統一

五代中，唐、晉、漢三朝，都是沙陀人，到後周，漢人才又恢復。其時吳已爲南唐所篡，又吞併閩、楚，和後蜀都有窺伺中原之意，都要和遼人連結，北漢更其是專倚賴遼人的。周太祖的兒子世宗先把國內整頓好，又把這三國都打敗，然後出兵伐遼，把瀛、莫、涿三州恢復；進攻幽州，惜乎天不假年，在軍中遇疾，未幾就死了。嗣子幼弱，遂爲宋太祖所篡，時公元九六〇年。宋太祖承周世宗之後，國內業已富強。其割據諸國，大都亂弱。乃先將南平、後蜀、南漢滅掉，旋又滅掉南唐。太宗即位後，吳越納土歸降，公元九七九年，出兵滅掉北漢，全國就統一了。

■周、宋對外之異

宋太祖治內之策，大抵沿襲周世宗，其對外與之異。世宗之意，似欲先恢復燕、雲，故於南唐、後蜀，皆僅加以膺懲，使不能為患而止。太祖之意，則主先平定中國，故不僅對遼專取守勢，即於北漢之恃遼為援者，亦姑置之。此固不易言其得失。惟周宋間適值遼穆宗在位，國勢中衰之際；至中國平定，而遼勢亦已復張矣。從事後觀之，失此機會，殊為可惜也。（《高中複習叢書　本國史》，第九十三頁）

第二十四章　宋之統一與變法

中央的大權旁落，總是由於兵權和財權的旁落。宋太祖有鑒於此，所以特設轉運使於各路，以收財賦之權。諸州的兵，強的都升爲禁軍，弱的才留在本州。如此一來，前此兵驕和外重之患，就都除掉了。然而天下事有利必有弊。宋朝的政策，是聚天下強悍不軌之人以爲兵，而聚天下之財於中央以養之。到後來，養兵未得其用，而財政卻因之而竭蹶，就成爲積弱之勢了。王安石的新法，用意是很好的。但行之不得其宜，以致有名無實，或者反致騷擾。在朝諸臣，紛紛反對，遂分爲新、舊兩黨。

宋朝的積弱

中國雖然統一了，燕、雲未復，總是一個很大的創傷。所以宋太宗滅北漢後，就進兵伐遼，不幸打得大敗。後來又北伐一次，亦不得利，遼人卻屢次南侵，到眞宗時，遂成澶淵之盟，宋朝出歲幣，和遼國講和（遼主稱宋爲兄。宋給遼歲幣銀十萬兩，絹二十萬匹）。此事在一〇〇四年。眞宗死後，仁宗繼立，西夏又造反，前後用兵十年，宋朝亦總不得利。一〇四四年，亦以歲賜成和（銀絹共二十五萬兩、匹）。

宋初國勢不振

宋朝若要以力服契丹，非有幾十萬大兵，能夠連年出征，攻下了城能夠守，對於契丹地方，還要能加以破壞擾亂不可。這不是容易的事，所以宋太祖不肯輕舉。而太宗失之輕敵，滅北漢後，不顧兵力的疲敝，立刻進攻。於是有高粱河之敗。至九八五年，太宗又命將分道北伐，亦不利。而契丹反頻歲南侵。自燕、雲割棄後，山西方面，還有雁門關可守，河北方面，徒恃塘濼以限戎馬，是可以禦小敵，而不足以禦大軍的。契丹大舉深入，便可直達汴梁對岸的大名，宋朝受威脅殊甚。一〇〇四年，遼聖宗奉其母入寇，至澶州。真宗聽了宰相寇準的話，御駕親征，才算把契丹嚇退。然畢竟以歲幣成和（銀十萬兩，絹二十萬匹）。宋朝開國未幾，國勢業已陷於不振了。（《呂著中國通史》下冊，第四七八頁）

宋朝積弱的原因

宋朝的積弱如此，卻是爲什麼呢？原來宋朝承晚唐、五代之後，不得不厲行中央集權政策。宋太祖既於燕會之際，諷示宿衛諸將，令其解除兵權；各州武臣出缺的，又都代以文臣；州、刺史、縣令，都不除人，命京朝官出知（「知」是差遣的名詞，本官不除人）。設轉運使於各路，以經理財賦。諸州的兵，強壯的都送進京，升爲「禁軍」；留州的謂之「廂軍」，是無甚戰鬥力的。重要去處，卻命禁軍輪班前往守衛，謂之「番戍」（「番」字，就是唐、宋時候的「班」字）。如此，藩鎮跋扈之弊，自然沒有了。然而後來，兵數日增，而戰鬥力反日減。中國歷代的取民，本是以田租、口稅爲正宗的。唐中葉以後，因地方爲藩鎭所專，國用不足，乃收鹽、茶等稅以給用；還有藩鎭所興的苛稅和商稅等，宋朝雖盡力減免，因爲養兵之故，亦未能全行除掉。仁宗以後，兵數超過百萬，既不能對外作戰，卻又不敢說裁，遂成爲「竭天下之財，以養無用之兵」的局面了。

宋初政策的利弊

中央的大權旁落，總是由於兵權和財權的旁落。宋太祖有鑒於此，所以特設轉運使於各路，以收財賦之權。諸州的兵，強的都升為禁軍，直隸三衙。弱的才留在本州，謂之廂軍，不甚教閱，名為兵，其實不過給役而已。如此一來，前此兵驕和外重之患，就都除掉了。然而天下事有利必有弊。宋朝的政策，是聚天下強悍不軌之人以為兵，而聚天下之財於中央以養之。到後來，養兵未得其用，而財政卻因之而竭蹶，就成為積弱之勢了。又歷代的宰相，於事都無所不統。宋朝則中書治民，三司理財，樞密主兵，各不相知，而言路之權又特重。這原是因大權都集於中央，以此防內重之弊的。立法之初，亦可謂具有深意。然而宰相既無大權，而舉動又多掣肘，欲圖改革，其事就甚難了。這就是後來王安石等所以不能有所成就，而反致釀成黨爭的原因。

（《復興高級中學教科書　本國史》上冊，第二一七頁）

宋代社會情形

論到社會的情形，宋時也是很惡劣的。晚唐、五代之世，暴政誅求，豪強兼併，地權不平均，農民飽受高利貸的剝削；而其時役法又特壞。古代的役，係築城郭、修道路等事，至於在官署中典守府庫，供奔走使令等役，則其事非人人所能為，本不能按戶「簽差」，而且要支給報酬的。晚唐以後，乃將此事責之人民，調查其丁口的多少，貲產的厚薄以定所謂「戶等」，而隨時派他當差。有幾種重、難的差使，當著的人，總要因賠累而至於破產的。這是當時人民最苦的事。

■宋時農民的困苦

宋朝的農民是很困苦的。從唐中葉以後，豪強兼併，地權不平均，歷五代、兩宋之世，始終沒有能夠改正。加以南渡以後，兩浙的腴田，都落入富豪世家之手，收租奇重。末年，賈似道做宰相，因國用窘迫，又把賤價強買作官田，即以私租為官稅。在北方，則處異族壓迫之下，私田多被強指為官田，撥給女真人。其不能強指為官田的，也要把別的地方來和它互換，以便騰出整塊的地方，來給女真人聚族而居。又宋、金兩朝的役法，都是很苛酷的。處此環境之下，還能夠勉強維持，其勤勉和技術的進步，也可想而見了。（《初中標準教本　本國史》第二冊，第一一四—一一五頁）

王安石的變法

仁宗之後，經英宗以至神宗，用王安石為宰相，厲行新法，新法中重要的是：(一)把常平、廣惠倉的錢穀，春耕時借貸給農民，到秋收後，加息隨賦稅交還，謂之「青苗錢」。(二)又令人民當差的出「免役錢」，不當差的出「助役錢」，把這錢來僱人充役，這叫「差役法」。(三)「市易法」，市中滯銷的貨物，由官收買，或與官物交換。又借官錢於商人，令納息。(四)「均輸法」，凡糴買稅斂、上供之物，皆得徙貴就賤，用近易遠，以便利商人。(五)王安石是主張民兵的，他於大裁冗兵之後，又主保甲法。先令保丁警備盜賊，後來教保長以武藝；令其轉教保丁。(六)「保馬法」，凡民間願養馬者，每戶一匹，以官馬給之，或付官價使自購。死病要補償。這法多致賠累，最為病民。(七)他又是主張養士的，乃於太學立外、內、上三舍，令學生以次而升，升到上舍的，可不經禮部試，徑賜之以進士第。(八)至於科舉，則因當時風氣，只看重進士一科，所以把「諸科」都裁掉（進士以外，各種科目，總稱諸科），獨存進士；而廢詩賦，改試策、論、經義。

論王安石變法

王安石的變法，舊史痛加詆毀，近來的史家，又有曲為辯護的，其實都未免有偏。王安石所行的政事，都是不錯的。但行政有一要義，即所行之事，必須要達到目的，因此所引起的弊竇，必須減至極少。若弊竇在所不免，而目的仍不能達，就不免徒滋紛擾了。安石所行的政事，不能說他全無功效，然因此而引起的弊端極大，則亦不容為諱。他所行的政事，免役最是利餘於弊的，青苗就未必能然。方田均稅，在他手裡推行得有限，後人踵而行之，則全是徒有其名。學校、貢舉則並未能收到育人才之效。宋朝當日，相須最急的，是富國強兵。王安石改革的規模頗大，舊日史家的議論，則說他是專注意於富強的，尤其說王安石偏於理財。此因關於改革社會的行政，不為從前的政治家所了解之故。他改革的規模，固不止此，於此確亦有相當的注意。其結果：裁汰冗兵，確是收到很大的效果的，所置的將兵，則未必精強，保甲尤有名無實，而且所引起的騷擾極大。（《呂著中國通史》下冊，第四七九—四八〇頁）

青苗立法之意頗善。然實人民自相扶助之事，一經官手，則因設治之疏闊，而監督有所難周，法令之拘牽，於事情不能適合，有不免弊餘於利者。此安石所以行之一縣而效，行之全國而不能盡善也。（〈中國文化史六講〉，第一一九頁）

新舊的紛爭

王安石的新法，用意是很好的。但行之不得其宜，以致有名無實，或者反致騷擾，自然也不能免。在朝諸臣，紛紛反對，遂分為新、舊兩黨。神宗始終行新法沒有變。神宗死後，哲宗年幼，太皇太后高氏臨朝，用司馬光為相，把新法全行廢掉，新黨全排斥。但是舊黨又分蜀、朔、洛三大黨，蜀黨推蘇軾，朔黨推劉摯，洛黨推程頤，為其黨首領。各黨互相攻訐，紛鬧意見，授新黨以間隙。太皇太后死後，哲宗復行新法，謂之「紹述」。用新黨，貶逐舊黨。哲宗死後，徽宗即位，初說要調和新舊，旋又傾向新法。然而所用的，是一個奸佞的蔡京，徽宗既奢侈無度，蔡京又妄作妄爲，政治弄得糊糟一團；反要聯合金人，希冀恢復燕、雲，遂至召北狩之禍。

論宋之黨爭

從來論黨的人，每將漢朝的甘陵，唐朝的牛李和宋朝的新舊黨，並為一談，這是大錯。漢朝的甘陵，只是一班輕俠自喜、依草附木之徒，再加以奔走運動，營求出身，以及有財有勢，標榜聲華之士，以致鬧成黨錮之禍；唐朝的牛、李，只是官僚相排擠，哪裡說得上政見？宋朝的新舊黨，卻是堂堂正正，各有其政見的。固然新舊黨中，各有壞人；新舊黨互相排擠報復，也各有不正當的手段；然而不害其為有政見。他們對於多種政治問題，都有不同的見解；而其見解，都是新黨代表我所謂進化派，舊黨代表我所謂保守派的。舊時的議論，都左袒舊黨；現在的議論，則又左袒新黨；其實二者是各有長短的。新黨的所長，在於看透社會之有病而當改革，而且有改革的方案；而其所短，則在於徒見改革之利，而不措意於因改革所生之弊。舊黨攻擊因改革所生之弊，是矣，然而只是對人攻擊，而自己絕無正面的主張。（〈中國政治思想史十講（六續）〉，原刊《光華大學半月刊》一九三六年第五卷第一期）

第二十五章　遼夏金之興起與對宋之關係

遼是鮮卑民族，聖宗時，爲遼全盛時代。澶淵之盟，即成於此時。西夏是党項部落，唐時歸化中國的，五代以來，遂陷於半獨立的狀態。宋初，李繼遷之孫元昊，僭號稱帝，和宋交兵十年，亦以歲賜成和議。金朝的部落，是隋唐時的黑水靺鞨，其王室的始祖函普，外藉遼人的聲威，內靠自己的兵力和手腕，把吉林和朝鮮北境的生女眞，次第征服。酋長吳雅束之弟阿骨打有大志，乘遼衰，乃叛遼即帝位，國號金。宋約金攻遼，不算失策，其失策乃在滅遼之後，不能發憤自強，而又輕率啟釁，結果汴京不守，徽、欽北狩。宋朝當南渡之初，盜賊的縱橫，諸將的驕橫，高宗用秦檜做宰相，稱臣以求和於金。

宋遼的關係

遼是鮮卑民族，在今熱河省內西遼河上流。其衆分爲八部。唐朝末年，幽州守將暴虐，人民多逃亡出塞，遼太祖耶律阿保機，將其招致，又計併八部爲一。當九世紀中葉，回紇爲黠戛斯所破，逃奔西域。漠南北無甚強部，零碎的部落，都給他征服，屬地西至河西，北至克魯倫河，又東北呑滅了渤海。直屬於遼的人民，謂之部族，多數以畜牧爲業，舉國皆兵，所以兵多而且強。太宗時，得了燕、雲十六州之地，國勢更盛。周世宗時，遼穆宗在位，沉湎於酒，國勢中衰，所以世宗得乘機恢復關南（瓦橋關，在今河北雄縣，周世宗復瀛、莫後置此關，與遼分界）。聖宗時，爲遼全盛時代。澶淵之盟，即成於此時。聖宗死後，興宗繼立，遣使來求關南之地。宋仁宗增加歲幣，將和局維持（銀、絹各增十萬兩、匹）。興宗死後，遼也漸漸地衰了。

■宋以後外交失敗之緣由

外交者，列國並立之世，然後有之者也，故必國人先自視為列國之一，然後有外交之可言。秦漢以降，吾人久以天朝自居，而鄙列國為小蠻夷，其自視重，則其所以責人者，常過於其分，而有失國際上平衡之義（如五口通商以前，英人屢遣使求通好於吾，吾人概以朝貢目之，賜之敕諭，卻其所求。此等事無益實際，徒招惡感，最為無謂）；其視人輕，則平時常有藐視他邦之意，而慮患不免於甚疏，一旦與接為構，實力弗如，乃張皇而莫知所措（甲午之役，吾國朝士多執舊圖，謂日本小於朝鮮，且先存成見，謂惟西洋諸國為可畏，東洋之國何能為？輕率開釁，以致於敗）。吾國自宋以後，外交之失敗，皆坐此也。（《蘇秦張儀》，中華書局一九一五年版，第七—八頁）

宋夏的關係

西夏是党項部落，唐時歸化中國的。其酋長拓跋思恭因平黃巢有功賜姓李（拓跋氏是鮮卑姓，大約是鮮卑人党項中做酋長的），爲唐定難節度使。唐朝從中葉後，河西、隴右，陷於吐蕃，回紇衰亡未幾，吐蕃亦內亂，中國乘機，把其地恢復。然實力不大及得到，從五代以來，西北一隅遂陷於半獨立的狀態。宋初，定難節度使李繼捧以銀、夏、綏、宥四州來降（銀州，即今陝西米脂縣；夏州，即今橫山縣；綏州，今綏德諸縣；宥州，今鄂爾多斯右翼前旗），其弟繼遷叛去。宋人征討不克，繼遷之孫元昊，於公元一〇三八年，竟僭號稱帝，和宋交兵十年，亦以歲賜成和議。神宗時，要想經略西北，聽布衣王韶「平戎三策」的話，先把甘肅南部和青海的蕃族征服，開闢其地爲熙河路。然後來進兵攻夏，夏人潰黃河以灌營，不利。哲宗時，又與夏開釁，諸路同時進兵，占地築砦。夏人不能支持，請遼代爲求和，宋人因顧慮對遼的關係，討伐亦就未能澈底。

金朝的興起

金朝的部落，是隋唐時的黑水靺鞨，在今松花江流域，其王室的始祖，則來自高麗，名喚函普（《金史》上沒有說他的姓）。渤海盛強時，靺鞨部落，都服屬於他。五代時遼滅渤海，黑水靺鞨也歸附於遼。入遼籍的謂之熟女眞，不繫籍的謂之生女眞。生女眞程度甚低，後來函普入，從高麗遷入完顏部，娶其部中之女，其子孫遂以完顏爲姓。遼人用他做生女眞部族節度使，他們教導生女眞，漸次開化，會造房子，會種田，會利用車輿。外藉遼人的聲威，內靠自己的兵力和手腕，把吉林和朝鮮北境的生女眞，次第征服。遼朝末主天祚帝，是很荒淫的，他一味喜歡打獵，年年派人到生女眞去求名鷹，騷擾得很厲害。生女眞有個酋長叫吳雅束，其弟阿骨打有大志，乘遼衰，乃於公元一一一四年叛遼，明年即帝位，國號金，是爲金太祖。

遼、金、元立國情形各有不同

遼、金、元三朝，立國的情形，各有不同。契丹雖然占據了中國的一部分，然其立國之本，始終寄於部族，和漢人並未發生深切的關係。金朝所侵占的，重要之地，唯有中國。他的故土和他固有的部族、文化尚未發展，雖可藉其貧瘠而好掠奪的慾望，及因其進化之淺，社會組織簡單，內部矛盾較少，因而有誠樸之氣、勇敢之風，能夠崛起於一時，然究不能據女真之地，用女真之人，以建立一個大國。所以從海陵遷都以後，他國家的生命，已經寄託在他所侵占的中國的土地上了。所以他壓迫漢人較甚，而其了解漢人，卻亦較深。至蒙古，則所征服之地極廣，中國不過是其一部分。雖然從元世祖以後，大帝國業已瓦解，所謂元朝者，其生命亦已寄託於中國，然自以為是一個極大的帝國，看了中國，不過是其所占據的地方的一部分的觀念，始終未能改變。所以對於中國，並不能十分了解，試看元朝諸帝，多不通漢文及漢語可知。（《呂著中國通史》下冊，第五〇〇頁）

宋朝的南渡

當金人攻遼得利時，宋朝派人去要求他「克遼之後，把石晉所割的地方，交還中國」，金太祖約宋夾攻，所得的地方，即爲己有，這是金、宋開始發生外交關係。而宋人進兵不能克，南京（遼時共分五京。上京，今熱河林西縣；中京，今熱河平泉縣；東京，今遼寧遼陽縣；西京，今山西大同縣；南京，即今之北平）仍由金兵攻下，此時金人所得的地方，已經太多了，所以仍有將石晉所割的地方交還，但是已有一班漢奸，替他出主意，阻止他了。於是營、平、灤三州，非石晉所割的地方，就不肯還。而且將平州建爲南京，派遼朝的降將張㲄（覺）駐守。又盡俘燕民而去，只還宋朝一個空城，人民流離道路，不勝其苦，過平州時，求張㲄做主。張㲄就據城叛金，給金朝打敗了，投降宋朝。宋朝受了他的降，宋、金就因此開釁。宋朝此時兵力腐敗，金兵從燕、雲長驅南下，河東尚有太原固守，河北竟毫無阻當，金兵直抵汴京，宋人不能解圍，許割太原、中山、河間三鎮講和（太原，今山西陽曲縣；中山，今河北定縣；河間，今河北河間縣）。旋因西路金兵，亦來索賠，宋人不與，兵釁再開，太原亦陷，金兵兩路都會。汴京不守，徽、欽二帝，遂都北狩（此時徽宗傳位於欽宗，爲太上皇）。這事在公元一一二七年，史稱爲「靖康之難」。

■宋南渡時之窘境

宋朝當南渡之初，最窘的便是：㈠盜賊的縱橫，㈡諸將的驕橫。當時盜賊之多，前節已說過。其中最強悍的，是李成（據江淮湖湘十餘郡）、張用（據襄漢）、孔彥舟（據武陵）、楊太

（洞庭湖裡的水寇）、范汝為（在福建）等幾個人，都給張浚、岳飛、韓世忠打平，而孔彥舟、李成都降齊。當時諸將的情形，給事中兼直學士院汪藻言：金人為患，今已五年。陛下以萬乘之尊，而倀然未知税駕之所者，由將帥無人，而御之未得其術也。如劉光世、韓世忠、張俊、王𤫉之徒，身為大將，論其官，則兼兩鎮之重，視執政之班，有韓琦、文彥博所不敢當者；論其家，則金帛充盈，錦衣肉食；輿台廝養，皆以功賞補官；至一軍之中，使臣反多，卒伍反少。平時飛揚跋扈，不循朝廷法度。馬端臨也說：「建炎中興之後，兵弱敵強，動輒敗北，以致王業偏安者，將驕卒惰，軍政不肅所致。」「張、韓、劉、岳之徒……究其勛庸，亦多是削平內難，撫定東南耳；一遇女真，非敗即遁；縱有小勝，不能補過。」這種兵，好靠著他謀恢復否？（《白話本國史》第三冊，第五、六、七、九頁）

南宋和金朝的和戰

二帝北狩後，高宗即位於南京（此為宋之南京，今河南商丘縣），初用主戰的李綱做宰相。旋又變更宗旨，將他罷斥。宗澤招降群盜，固守汴京，請他回鑾，不聽。李綱請他暫駐南陽，又不聽。而逃到揚州，又逃到杭州（揚州，今江蘇江都縣；杭州，今浙江杭縣）。金人盡取河南、陝西。兀朮又渡江追擊高宗，高宗從明州逃入海（明州，今浙江鄞縣）。金朝這時候亦「士馬疲敝，糧儲未豐」（兀朮的話）。兀朮北歸以後，不再主張進兵，乃將河南、陝西之地，封宋降臣劉豫，希冀得以休息。而劉豫動了野心，屢次入寇，給宋朝打敗了，又要求救於金，金人見仍不免於麻煩，乃又將他廢掉。

此時宋高宗用秦檜做宰相，秦檜被俘在北時，和金朝的宗室撻懶有交情，而撻懶在金朝，頗有權力，秦檜乃遣使往北，請其將河南、陝西之地，還給宋朝，撻懶已應允了。不意兀朮回京，事情中變，撻懶被殺，兀朮再興兵南下。宋劉錡在順昌，岳飛在郾城（順昌，今安徽阜陽縣；郾城，今河南郾城縣），都獲勝利；吳璘亦從四川出兵，收復陝西州郡，而高宗、秦檜，堅決主和；召還諸將，放棄河南、陝西，稱臣以求和於金，是為宋、金第一次和議。金海陵庶人立，從上京遷都於燕，又遷都於汴。舉大兵南伐，因其淫虐不道，兵才起而後方已擁立世宗。海陵急於渡江，被虞允文在采石磯打敗（在今安徽當塗縣北），改走揚州，為其下所殺。此時宋高宗亦傳位於孝宗。孝宗是主張恢復的，出兵北伐，亦不利。一一六五年，第二次和議復成。第三次則宋寧宗時，宰相韓侂冑，出兵北伐，累戰不利。宋朝政局變動，殺韓侂冑，函首畀金以成和，時為一二〇八年，當金章宗之世。和議成後未幾，蒙古的兵，亦就到金朝塞外了。

第二十六章　宋之學術思想與社會概況

宋朝的學術思想，欲以中興儒家之說，而斥佛教之出世與道教之荒誕。這可以說是中國思想對印度思想的反動，也可以說是中國思想和印度思想的調和。所以在中國，欲求治心之自己受用及其對治事方面的良好影響，與其求之於佛學，不如求之於理學。宋儒對於經學，是自以其意，推求聖人之意，不拘守前人之說的。雖或流於武斷，然應該據理推斷之處，其立說自勝前人。史學大家很多，《資治通鑑》、《通志》、《文獻通考》，都是綜貫古今的名作。古文雖興於唐代，其盛行卻是在宋代的。宋人詩是徑直言情的，雖不如唐人的含蓄，詩境卻比唐人恢廓了。宋人的學問是要講究躬行實踐的，所以其立身行己，都有可觀，這確是他們的長處。但是他們不知道社會的變遷，執意要推行的，往往是不合時宜，這又是他們的短處。所以宋儒根本是不適宜於做政治事業的，若說在社會上做些自治事業，宋儒似乎很為相宜。

宋代的理學

宋朝的學術思想，在中國歷史上，是很有其地位的。尤其理學是宋朝特有的學術思想，其發達之原因有四：㈠自唐季以來，就有書院的創立，當時老師宿儒，在院內聚徒講學，號稱山長。到了宋朝，書院更加興起，最著名的有四大書院，即湖南的嶽麓，江西的白鹿，河南的應天和嵩陽。定章程，招俊秀，講誦問難，學問因之大進。㈡宋儒之輩出，是欲以中興儒家之說，而斥佛教之出世與道教之荒誕。這可以說是中國思想對印度思想的反動，也可以說是中國思想和印度思想的調和。原來佛教的哲學，確是很高尚的，然在中國的學術是以政治和倫理為立腳點的，看起來，就未免偏於消極了。這所以有宋朝人的「闢佛」（宋儒雖然兼闢佛、老，實在是闢佛的話，居其多數），而其學問講到精微之處，實已兼包佛學之長。㈢當時印刻之業興，購書讀書，都比從前便易，學術可以普及，亦為思想界之大助。㈣五代以來，士風掃地，名節蕩然，宋代諸儒既注重倫理道德，故多致力於修身格物之學，希聖希賢。宋學鉅子，就是周、程、張、朱。北宋時又有邵雍算是別派，南宋時有陸九淵，則是和朱熹對峙的。他們明理的方法，可以分為朱、陸兩派。朱子之學，是原本於小程子的，主張「即事物而求其理」；陸子則主張先發本人之明，然後細細理會去。邵雍是研究數理的，他以為天地萬物，根本上只是一體；質的變化，就是量的變化；所以想就數理上推求宇宙的原理、原則。這本是一種哲學，後世卜、筮、星、相等迷信之事，都假託他，可謂去題萬里了。

■理學的價值

佛學中治心的一方面，自然是有其很大的價值的，然其精華，在中國，已被理學攝取了，而且還能除去一部分佛學因宗教而來的渣滓。所以在中國，欲求治心之自己受用及其對治事方面的良好影響，與其求之於佛學，不如求之於理學。於此點，康（有為）、梁（啟超）兩先生，都給我們以很大的啟發。梁先生有專著《德育鑑》，此外在其《新民叢報》時代的著述中，康先生的《不忍雜誌》中，都有許多暮鼓晨鐘、發人深省的議論。讀者若不厭陳舊，求得而讀之，很可以為引入理學，尤其是理學中最進步的一派即陽明之學的階梯。這種著作，原無所謂新與舊的。

（〈從章太炎說到康長素梁任公〉，原刊《月刊》一九四六年第一卷第三期）

宋代的經史之學

宋儒對於經學，是自以其意，推求聖人之意，不拘守前人之說的。雖或流於武斷，然應該據理推斷之處，其立說自勝前人。史學：大家很多。司馬光的《資治通鑑》，鄭樵的《通志》，馬端臨的《文獻通考》，都是綜貫古今的名作。袁樞因《通鑑》作《紀事本末》，又爲史家創一新體。此外搜輯當代歷史的也很多；考證前代史籍，訂正其錯誤的人也不少。

■宋代經學的特色

宋人說經，自成一派。前此經學，皆以漢人為宗。雖漢人說經，亦自有派別，然南北朝、隋唐義疏之學，必宗漢人之一派，未有祧漢人而自求之於經者也。其有之，自唐之啖助、趙匡始。宋人大暢其風，於諸經皆以意說，不為前此成說所囿。其長處，在能矯正舊說之誤；其短處，則在主觀太甚，妄以己意測度古人。而於訓詁名物等，宋儒所說，尤不如漢儒之可信。此清代所以矯其弊而復宗漢學也。（《高中復習叢書　本國史》，第一一〇頁）

宋代的文藝

古文雖興於唐代，其盛行卻是在宋代的。普通所謂唐、宋八大家，宋朝人實占其六。宋朝人的駢文，也是很生動流走的，謂之「宋四六」。詩：該以江西派黃庭堅爲宋人的代表。宋人詩是徑直言情的，雖不如唐人的含蓄，詩境卻比唐人恢廓了。詞以宋朝爲極盛，北宋之晏殊、周邦彥，南宋之辛棄疾、姜夔，都是名家。還有後世的平話，也是起源於宋人，像《宣和遺事》等類皆是的。

宋朝士大夫的風氣

宋朝人的學問是要講究躬行實踐的，所以其立身行己，都有可觀。他們大多數，知道治化的根本，在於社會。還能制定鄉約，或冠、昏、喪、祭的禮節等，行之於地方，以求化民善俗，這確是他們的長處。但是他們不知道社會的變遷，所執意要推行的，往往是不合時宜的古禮，亦且古代社會等級之制甚嚴，在後世已經平等些了，他們因泥古之故，並此也要回復，就未免冷酷而不近人情，這又是他們的短處。他們論事，大抵要合乎理想，而不甚肯遷就事實；論人，大抵要辨別其心術，而不甚肯拘泥於形跡。這固然有澈底的好處，然亦有時，因此而流於迂闊；又或苛責君子，使無容身之地，而小人反得逍遙事外。他們大概好爭意氣，因此容易結成黨派。所以宋朝士風，概論起來：初宋則喜黨爭；中宋多習苟安；晚宋則力崇名節。如陸秀夫、張世傑、文天祥、謝枋得等，均爲宋之季世，作掉尾之一大活動，這就是宋代士風的特徵了。

論宋儒

南北朝之世，因其君不足以為君，而有「殉國之感無因，保家之念宜切」的貴族，到晚唐、五代之世，此種風氣，又盛行了。於是有歷事五朝，而自稱長樂老以鳴其得意的馮道，有許多想借重異族，以自便私圖的杜重威。由今之道，無變今之俗，如何可以一朝居？所以宋儒要竭力提倡氣節。經宋儒提倡之後，士大夫的氣節，確實是遠勝於前代。但宋儒㈠因其修養的工夫，偏於內心，而處事多疏。㈡其持躬過於嚴整，而即欲以是律人，因此，其取人過於嚴格，而有才能之士，皆為其所排斥。㈢又其持論過高，往往不切於實際。㈣意氣過甚，則易陷於黨爭。黨爭最易使人動於感情，失卻理性，就使宅心公正，也不免有流弊，何況黨爭既啟，哪有個個人都宅心公正之理？自然有一班好名好利、多方掩飾的偽君子，不恤決裂的真小人混進去。到爭端擴大而無可收拾，是非淆亂而無從辨別時，就真有宅心公正、顧全大局的人，也苦於無從措手了。所以宋儒根本是不適宜於做政治事業的。若說在社會上做些自治事業，宋儒似乎很為相宜。宋儒有一個優點，他們是知道社會上要百廢俱舉，盡其相生相養之道，才能夠養生送死無憾，使人人各得其所的。他們否認「治天下不如安天下，安天下不如與天下安」的苟簡心理，這一點，的確是他們的長處。（《呂著中國通史》下冊，第四七六頁）

宋代社會狀況

宋代的社會狀況，始終是很黯淡的。但也未嘗沒有畸形的發達。地權的不平均，農民受高利貸的剝削，始終未能救正。南渡以後，貴戚勢家，聚於江、浙一隅，更其變本加厲。近代江、浙田賦的獨重，就是導源於這時候私家收租的苛刻的。（南宋末年，宰相賈似道，把私家的田，租額重的，硬收買作公田，即以私租爲官租。元時，江、浙的田畝，收租還是重的。明太祖平張士誠後，又把私家的租額，就算作國家的稅額，從此以後，雖屢經減少，浙西的租稅，較之別處還獨重。）其時國土既蹙，又承喪亂之後，用兵則有兵費，講和又有歲幣，國用浩大，苛稅繁興。如「和糴」和「預買」（中國從前，國家立於私人的地位，和人民做交易，謂之「和」。買米的謂之「和糴」，買其餘一切東西，謂之「和市」或「和買」，僱人做工，或租用人家的東西（如舟、車之類），謂之「和僱」，宋朝變爲賦稅的「和買」是布帛，其中先付價後取物的，謂之「預買」），本來都是賣買，後來都變成租稅了。還有經、總制錢，「板帳錢」、「月樁錢」等，都是把許多無名苛斂，聚集起來的。所以當時的人民，實在非常之困苦。但是困苦的仍舊困苦，奢侈的還是奢侈。所以在一方面，社會反而顯出繁榮的狀況。譬如歷代的都市，都是禁止夜市的，唐朝還是如此（唐朝兩京諸市，日中擊鼓三百以會衆，日入前七刻，擊鉦三百而散，見《唐書．百官志》兩京諸市署令）。宋朝卻不然了。其時臨安各種賣買，幾於都有夜市。不但應用之品，就供享樂消耗的也很多。（宋朝商市情形，見宋人所撰《東京夢華錄》、《武林舊事》等書）海外貿易，宋朝較之唐朝，也更形發達。杭州、嘉興、寧波、泉州、廣州、青島等處，都曾設過市舶司。除抽稅外，香藥、犀、象等品，由官專賣，利息也很豐。總而言之：農民困苦，而商業資本活躍，歷代本是一律的，然在宋朝，則此等現象，似乎更甚了。

印刷術的發達

工業中，印刷術的發達，對於文化的傳播，有極密切的關係。中國古代，要傳之永久的文字，就把他刻在金石上。這是以供人觀覽爲目的，意不在於印刷。五九〇年，隋文帝敕天下廢像遺經，悉令雕板，才可稱爲印刷術之始。然隋唐時還不盛行，直到九三二年，後唐宰相馮道，請令國子監將九經雕板印賣，宋初又續刻諸史，從此以後，官、私、商賈，刻書的才漸多。十一世紀中葉，畢昇又發明了活字版，得書的難易，較之從前，不可以道里計；書籍流傳於後的，也就迥非唐以前所可比了。（可參看孫毓修《中國雕板源流考》，商務印書館本）

第二十七章　元代之武功

侵入中國之民族，對待漢人之態度，各有不同。以大體言之，仰慕漢人之文化，視漢族為高貴而欲攀附之者，五胡及沙陀也。明知漢族文化之優，與之接觸，則必為所同化，因而欲竭力保存本族之文化，與漢族立於對峙之地位者，金與清也。介乎二者之間者，遼也。不了解漢人文化，惟恃其征服之勢，肆力壓制與暴虐者，元也。元人不了解中國之文化，不通中國之語文，實為其根本之點。宋朝的滅亡，可以說是我國民族的文化，一時未能急劇轉變，以適應於競爭之故。原來游牧民族，以掠奪為生產，而其生活又極適宜於戰鬥，所以其勢甚強，文明民族，往往為其所乘，羅馬的見輈於蠻族，和中國的見輈於五胡和遼、金、元、清，正是一個道理。

蒙古的興起

一二一〇年，蒙古侵金而塞外的軒然大波起。蒙古是從什麼地方來的呢？蒙古在唐時稱為室韋，地在額爾古納河南，後來西徙到敖嫩河（敖嫩河亦名斡難河，今名鄂諾河，為黑龍江之北源）上源。他大約曾和韃靼人混合，所以又自稱韃靼。金朝滅遼後，金的勢力，不大及得到北方。他只從河套地方起，造一道邊牆，東北迤，達到女眞舊地，並使汪古部守備邊患。塞北諸民族遂紛紛自相爭鬥。十二世紀後半，蒙古族的偉人奇渥溫鐵木眞出，把漠南北諸部落次第征服，聲威直達畏兀兒。一二〇六年，諸部共上他以成吉思汗的尊號，這就是元太祖。

蒙古高原的部族較西域諸國為強

在歷史上，蒙古高原的部族，本來較西域諸國為強。這是因為一居沃土，一居瘠土之故。所以匈奴、突厥等，雖然失敗於東，還能雄張於西。但是匈奴、突厥的西略，都在既失敗於東方之後，不過做個桑榆之補。至於合東方的部族，併力西向，則自西遼大石開其端，蒙古卻更進一步；而當時的西方，又沒有一個真正的強部；所以成功大而且快。（《白話本國史》第三冊，第四十八頁）

金朝的南遷

金朝當世宗時代，從上京遷到燕，又從燕遷到汴京。把女眞人搬進中原來，以鎭壓漢人，奪了漢人的田地，給他們耕種。而女眞人一家百口，隴無一苗，都將田給漢人承種收租。因爲生活的優裕，尙武的性質，反而消失了。蒙古兵一到，金兵大敗。河北、河東都受蹂躪，宣宗只得棄中都遷都開封。

■金人速亡的原因

女真初興的時候，他的勢力真是如火如荼，卻到元朝一興，就「其亡也忽焉」，這是什麼原故？我說，金朝人開化本晚，所居的地方又瘠薄，又累代用兵不息，卻因此養成一種堅苦尚武的性質。這就是女真崛起的主要原因。然而從進了中原以後，他這種優點，就都失掉了。南遷以後，又想用本族人來制馭漢人。於是把猛安謀克所統屬的人户，搬到內地；括民田給他耕種。這種「猛安謀克户」所占的田，面積很廣，納稅極輕，而且都是好田。然而他們的經濟能力，很是薄弱的。得了這種好的家產，並不能勤墾治生。大抵是不自耕墾，盡行租給漢人。有「一家百口，隴無一苗」的，有「伐桑為薪」的。「富室盡服紈綺，酒食遊宴；貧者多慕效之。」於是漢族長於殖產的好處，並沒學到；本族耐苦善戰的特質，倒先已失掉了。（《白話本國史》第三冊，第三十、三十一頁）

成吉思汗的西征

唐中葉以後，蔥嶺以西，多被大食國所征服，後來大食的威權衰了，他東方的鎮將，也很多據地自立的。遼朝滅亡時，其宗室耶律大石，率衆西走，立國於西方，是爲西遼。和花剌子模（Khorezm。在波斯東北部，爲突厥族所據地，後滅塞爾柱克突厥，盡得波斯地，旋又取得阿富汗全境，《元史》又稱爲西域國）並稱西方大國。成吉思汗侵金時，乃蠻餘孽，逃到西遼，和花剌子模裡應外合篡了西遼的王位。蔑兒乞餘孽，也出入蒙古邊界，要想乘虛報仇。成吉思汗乃北歸，遣將把這兩國打平，蒙古疆域就和花剌子模直接。因花剌子模鎮將，殺掉西行的蒙古商隊，成吉思汗大怒，就起大兵西征。花剌子模王不敢抵禦，想聽他飽掠揚去，遂被逼逃入裡海島中而死。成吉思汗盡定其地，又追擊其王子，渡過印度河，想從西藏東歸，因道路難行，又聞西夏背叛，乃仍從原路而還，別將則打敗欽察、俄羅斯的聯軍〔欽察，亦作乞卜察兀（Kipchak）〕，這事在一二一九到一二二二年。因為蒙古大兵都在西方，金人乃得暫時支柱。

夏金的滅亡

金宣宗南遷後，仍把女真戶都遷到河南，倚爲主力的軍隊。然女真終於不能復振，既要抵禦蒙古，又和宋、夏都開了兵釁，國力更形疲敝。成吉思汗東歸後，於一二二七年，伐夏未克而死。遺命把夏國滅掉了，然後發喪。太宗立，遣弟拖雷，闖入宋境，從漢中走湖北西北境，以入河南。自己則從孟縣渡河，兩路合攻汴京。金哀宗又遷於蔡州，至一二三四年，而爲宋、蒙古的聯軍所滅。

■ 約元攻金非為失策

約金攻遼，還為金滅，這是北宋的覆轍。所以讀史的人，多以宋約元攻金為失策。這亦未必盡然。宋朝和金朝，是不共戴天之仇，不能不報的。若說保存金朝以為障蔽，則金人此時，豈能終禦蒙古？不急進而與蒙古聯合，恢復一些失地，坐視金人為蒙古所滅，豈不更糟？要知約金攻遼，亦並不算失策，其失策乃在滅遼之後，不能發憤自強，而又輕率啟釁。約元滅金之後，弊亦仍在於此。（《呂著中國通史》下冊，第四八九頁）

蒙古對東西南三方面的用兵

這時候，宋朝理宗在位，史彌遠、賈似道相繼為相，國勢衰微。滅金之後，卻想恢復三京（謂東、西、南三京。北宋時，以開封為東京，洛陽為西京，歸德為南京，大名為北京），以致和蒙古開了兵釁。川、楚、江淮，地都淪陷。幸而蒙古從太宗到憲宗的初年，還繼續出兵西征。所以宋朝還未即受滅亡之禍。

西征之次第，是太宗遣侄拔都率兵五十萬，定欽察，進攻俄羅斯，這時俄國分作數十國，蒙古兵來，或降服、或破滅，蒙古兵遂陷莫斯科。更西侵波蘭及匈牙利，大破北歐的聯軍，兵鋒直到奧地利的都城維也納，和義大利的威尼斯，全歐震恐。因得太宗病歿的信，蒙古軍才退去。及至憲宗即位，又遣弟旭烈兀西征，先剿平裡海南山中的木剌夷，進攻大食，屠都城報達（報達，亦作八吉打），威勢直到小亞細亞和埃及。其間太宗又遣將東征，降高麗。憲宗遣將南征，從青海入吐蕃，滅大理（就是唐朝的南詔）。

宋朝的滅亡

一二五九年，四方大略都被蒙古平定了。蒙古憲宗乃大舉入四川，使弟忽必烈攻湖北；因合州守將王堅善守，憲宗死於城下（現在四川的合川縣）。忽必烈急顧北歸，而賈似道不知道，遣使求和，許稱臣，劃江爲界。忽必烈北歸自立，建國號爲元，是爲元世祖。賈似道把和議隱瞞掉，詐稱大捷。元使來的，都被他拘執起來。由是和議遂絕。此時元人因北方藩王叛亂，還未能專力對宋，所以宋朝又得偷安了幾年。公元一二六八年，忽必烈遣阿朮，力攻襄陽。襄陽堅守五年，到底於一二七三年陷落。明年，元兵遂大舉入建康，繼進陷臨安，恭帝北狩。宋臣如張世傑、陸秀夫、文天祥等，又立其弟益王於福州，益王死後，又立其弟衛王，輾轉遷徙到崖山（在廣東新會縣南海中），一二七九年，爲元人所滅，宋亡。

■ 論宋之滅亡

宋朝的滅亡，可以說是我國民族的文化，一時未能急劇轉變，以適應於競爭之故。原來游牧民族，以掠奪為生產，而其生活又極適宜於戰鬥，所以其勢甚強，文明民族，往往為其所乘，羅馬的見軛於蠻族，和中國的見軛於五胡和遼、金、元、清，正是一個道理。兩國國力的強弱，不是以其所有的人力物力的多少而定，而是看其能利用於競爭的共有多少而定。舊時的政治組織，是不適宜於動員全民眾的。其所恃以和異族抵抗的一部分，或者正是腐化分子的一個集團。試看宋朝南渡以後，軍政的腐敗，人民的困苦，而一部分士大夫反溺於晏安酖毒、歌舞湖山可知。雖其一部分分子的腐化，招致了異族的壓迫，卻又因異族的壓迫，而引起了全民族的覺醒，替民族主義，建立了一個深厚的根源，這也是禍福倚伏的道理。（《呂著中國通史》下冊，第四九〇—四九一頁）

建立大帝國

元朝在世祖時，其疆域跨有亞洲大部分，和歐洲東北部。世祖更遣將南征安南、緬甸。攻爪哇，虜其王。惟東征日本，因遇颶風以致失利。這時，元帝直接統轄金、宋兩朝和高麗、吐蕃、大理諸國的地方。此外有四大汗國：一曰欽察汗國，為太祖長子朮赤封地，其子拔都繼之，統轄俄羅斯和裡海、鹹海以北之地。二曰窩闊台汗國，乃太宗之後，統轄金山（阿爾泰山）以北乃蠻故地。三曰察合台汗國，太祖子察合台封地，統轄蔥嶺東西，西遼花剌子模故地。四曰伊兒汗國，乃憲宗子旭烈兀封地，統轄裡海、鹹海以南大食故地。於是蒙古建立空前的大帝國。

■侵入民族對漢人之態度各有不同

侵入中國之民族，對待漢人之態度，各有不同。以大體言之，仰慕漢人之文化，視漢族為高貴而欲攀附之者，五胡（獻文帝以前之拓跋氏除外）及沙陀也。明知漢族文化之優，與之接觸，則必為所同化，因而欲竭力保存本族之文化，與漢族立於對峙之地位者，金與清也。介乎二者之間者，遼也。不了解漢人文化，惟恃其征服之勢，肆力壓制與暴虐者，元也。此蓋由其㈠侵入之先，或居塞內及附塞之地，或則距中國較遠，故其漸染漢族之文化，本有深淺。㈡其侵入中國後，其本據地或已不存（如五胡與沙陀），或雖存而斷不能再行退回（如金、清），或仍勉足自立（如遼及未遷洛前之拓跋氏），或則領土甚廣，視中國不過其一部分（如元）。元人不了解中國之文化，不通中國之語文，實為其根本之點。（〈史籍選文評述〉，寫於一九五三至一九五四年間，見《呂思勉遺文集》上冊，第九〇〇頁）

蒙古的分裂

從太祖稱汗以來，到世祖滅宋，不過七十餘年，遂建立大帝國，然太祖身死未幾，內部分裂之機已肇。原來蒙古的大汗，是要由宗王大臣等公推的。太宗之立，由於太祖的遺命，所以不曾有異議。太宗死後，他的後人，就和拖雷的後人爭位，定宗得立，旋短命而死。憲宗被推，太宗後人謀叛，被憲宗誅戮，宗室中遂勢成水火。憲宗死後，世祖不待推戴，徑行自立。阿里不哥舉兵反抗，被世祖打敗。而海都自立於西方，欽察、察合台兩汗國，都附和他。蒙古大帝國，就從此分裂了。

元朝的衰亡

元帝把國內分作「蒙古人」、「色目人」、「漢人」、「南人」四等（蒙古人是元朝同族，色目人是西域各地人，漢人是契丹、女真和中國北方人，南人是中國南方人），一切權利，都不平等（如各官署都要用蒙古人做長官，漢人、南人，只可做副貳）。在路、府、州、縣之上設立行省，以圖控制。邊陲和緊要的地方都封了藩王。黃河流域，都用蒙古兵和諸部族兵駐守。

■行省制度

中國古代之省，為中央行政機關，設宮禁中，省，察也，言出入此中，必檢察也。唐官制有六省，而其最尊者為尚書省、中書省。行者，言不在本處而在別地，故省之政治機關，外設者稱行省，歷代亦有之，惟為臨時者。如金伐宋，設行台尚書省等，然事畢即撤。至元即於路、府、州、縣之上，別設行省（即行中書省），分中國本部及蒙古之地為十三區，置行中書省十一，行御史臺二（江南、陝西），以省統路府，以路府統州縣，而府亦有隸於路下者；州有在路府下而統縣者；又有與路、府並列者，皆置達魯花赤，以為正官。其目的則在控制便利起見。蓋中國舊以縣屬郡，後改為州，其尊者稱府，唐以道，宋以路以統州，道、路約當今日小省二分之一，大省三分之一，控制地方之權既小，而中央統此多數之道、路亦不易，既立行省制，則行省長官控制地方之權大，而中央政府亦僅需統此十三行政長官而已，一舉二得。（〈本國史（元至民國）〉，見《呂思勉文史四講》，第六十六頁）

他們的用人，是功臣、親戚的後裔，諸王、公主的私人，雜然並進。設官專詳於戶、工兩部。他們優待喇嘛僧和西域商人，聽其馳驛，要漢人供應。元世祖時，曾兩次用兵於日本，又屢次發兵征安南、占城和緬甸，喪師甚多。從世祖以後，繼承之際，沒一代不是爭奪。這如何好治理中國呢？所以到一三三三年順帝即位後，四方反抗的，就風起雲湧了。

■蒙人入中國者之腐化

自古民族，不接觸則已，苟有接觸，則必至互相同化而後已。蒙古人入中國，不久即受中國同化。由積極方面觀之，《元史》詔禁蒙古人與漢人交關通婚，或強移其居地。消極方面，則元亡時蒙古兵毫無能為。皆為被中國同化之證也。蓋受同化之原則，一為人數寡於他民族，一為文明程度低於他民族。前者因以少數人入居他民族中，勢必改其語言、生活以適應多數人之新環境，而為其同化。後者則悅文明較高民族之紛華靡麗，上下靡然從風，率一國之人，悉改其故有生活、風俗，而習文明民族之生活，而為其同化。夫蒙古之人民既寡於漢人，而其入主中國，又惟以武力，經濟為剝削，以求獲得物質增高其生活程度，莫不樂華風而習之，即上者禁之亦不可也，故卒為中國所同化。兵制廢壞，尚武之風淪亡，而敗亡遂之矣。（〈本國史（元至民國）〉，見《呂思勉文史四講》，第六十七頁）

明太祖的恢復

元末革命軍中，首先出兵北伐的，是潁州白蓮教徒劉福通，可見白蓮教傳到後來，雖然漸失其意義，其初起，確是含有民族主義的。惜乎這時候，有個察罕帖木兒，起兵幫助元朝。察罕帖木兒死，其子庫庫帖木兒繼之。劉福通北伐的兵，給他打敗。然而順帝荒淫，太子干涉，朝臣和軍人，又分黨相爭，終於不能支持。明太祖朱元璋，是初從郭子興起兵鳳陽，後來別為一軍，渡江據今南京以為根據地的。他先把湖北的陳友諒、蘇州張士誠滅掉。其餘諸雄，亦均懾服。一三六七年，乘元朝內亂，遣兵從河南、山東，分道北伐，兩路兵會於德縣，北扼直沽。明年，順帝遂棄北平而去，元亡。

第二十八章　中國文化之西漸

中國文化的西漸，由來已久。據《漢書．西域傳》上說：當時西域的人，本來不知道用鐵的，還是中國人教導他，這事怕已在紀元之前了。到六世紀中葉，中國的蠶種，又由波斯人傳到歐洲，遂產出希臘的絹絲。唐中葉以後，中國和大食的交通極其頻繁。羅盤針、火藥、印刷術這三種事物，是從中國經大食人之手，傳到西方去的。有了羅盤針，海船才能橫絕大洋，這是歐洲人近代，足跡遍及全世界的原因。有了火藥，才有近代的軍機，戰事的情形才大變，不但打倒封建政體，使歐洲支離破碎的局面，煥然改觀，並可向外發展了。至於印刷術，則無論在研究學術，以及教育方面，關係都極重要。所以說：這三者，實在是西洋近代文明的根源。

鐵器和蠶絲

中國文化的西漸，由來已久。據《漢書．西域傳》上說：當時西域的人，本來不知道用鐵的，還是中國人教導他，這事怕已在紀元之前了。到六世紀中葉，中國的蠶種，又由波斯人傳到歐洲。〔當時波斯僧侶有布教於中國境內者，得到蠶卵，藏在空杖裡，獻給羅馬帝君士坦丁，遂產出希臘的絹絲，大概是從天山南路的和闐傳出的。後來西西里（Sicily）與東羅馬戰，得到很多希臘人做俘虜。逐漸把養蠶的法子，傳入西西里，次第由此再傳入義大利和法蘭西諸國。〕

■古代蠶利盛於西北

蠶業興起，略與農業同時。《農政全書》引《淮南蠶經》，言黃帝元妃嫘祖，始育蠶治絲繭。說固未可盡信。然《易．繫辭傳》言：「黃帝、堯、舜，垂衣裳而天下治。」疏曰：「以前皮衣，其制短小，今衣絲麻布帛，所作衣裳，其制長大，故言垂衣裳也。」〈虞書〉亦有「以五彩彰施於五色，作服」之文。知黃帝、堯、舜時，蠶織必已發明矣。三代之政，天子親耕，後親蠶。「五畝之宅，樹之以桑。」男耕女織並稱本業，至於今未替。此其所以能以絲織，著聞五洲也。然古代蠶利，盛於西北，而後世惟盛於東南。偏僻之處，且有絕不知紡織之利者。此則疆域廣大，各地方風氣不齊，而治化亦不能無進退故也。（〈中國文化史六講〉，見《呂思勉遺文集》下冊，第一二一頁）

羅盤針火藥印刷術

唐中葉以後，中國和大食的交通極其頻繁，而西洋近代的三大發明，遂都經大食人之手，由中國傳入歐洲。所謂三大發明，是羅盤針、火藥、印刷術。歐洲和大食方面，關於羅盤針的記載，最早在十二、三世紀間；中國則在公元一一一九年，朱彧著《萍洲可談》，已經說廣州的商人，能利用羅盤針航海了。朱彧的話，是得之於其父親在廣州，還在十一世紀之末。（見桑原騭藏《唐宋元時代中西通商史》本文二〈考證〉三十一，頁九二至九五，商務印書館本）火藥，西洋發明的年代有兩說：一說在公元一二四二年，一說在公元一三五四年頃。（見一九二九年版《大英百科全書》）中國則在公元一〇四二年，宋朝曾公亮等奉敕所撰的《武經總要》，已載有火藥的製法了。（《武經總要》，商務印書館《四庫全書珍本》；此處所引，見卷十二，頁六十五）後來南宋與金人戰於采石磯，虞允文以火藥製爲「霹靂炮」，這是中國用火藥之始。而西洋戰爭用火藥，尚在一三四〇年左右。至於印刷術，活字版實始於宋仁宗時代，明初已改用銅活字。歐洲人能利用，事在公元一四三八年，才知道用金屬的活字。（按《西史》所載，公元一四二三年有 **Harlem** 地方的人 **Lawrence Johnson Coaster** 創木版印刻。到一四三八年德人 **Johann Gutenberg** 始發明活字版，鑄銅爲字，後又經 **Peter Schöffer** 改良活字鑄造，遍行歐洲。）較之我國先後相去，更不可以道里計。所以西人都承認，這三種事物，是從中國經大食人之手，傳到西方去的。還有和印刷術有關的造紙，亦係由中國傳往。據說：在第三世紀時代，就已傳布到樓蘭（據瑞典人斯文赫定最近西北考察所得的結果）。當公元七五一年，玄宗天寶十年，唐鎮將高仙芝因和大食爭石國（今俄屬塔什干），戰敗於怛羅斯城，中有中國造紙工人，均被大食俘虜。大食人就利用他，在中亞、波斯、大食、埃及等處，先後設廠造紙。到十二世紀，就輸入歐洲了。（見向達《中外交通小史》第五章，商務印書館本）有了羅盤針，海船才能橫絕大洋（以前離海岸不能甚遠），這是歐洲人近代，足跡遍及全世界的原因。有了火藥，才有近代的軍機，戰事的情形才大變，不但打倒封建政體，使歐洲支離破碎的局面，煥然改觀，並可向外發展了。至於印刷術，則無論在研究學術，以及教育方面，關係都極重要。所以說：這三者，實在是西洋近代文明的根源。

馬哥孛羅

元朝興起以後，東西交通，格外興盛，元朝的用人是不拘種族、宗教的，所以西域人仕於其朝的很多。商人教士的往來，亦都很盛，其中最著名的，則有義大利的馬哥孛羅（Marco Polo。可參看《中外交通小史》第八章；及張星烺《馬哥孛羅》，商務印書館本），元世祖時，在中國做官，在中國前後共二十年。回去之後，著了一部《遊記》，爲歐洲人知道中國情形之始。

第二十九章　明之內政與外交

明太祖起於草澤，而能剷除胡元，戡定群雄，其才不可謂不雄。他雖然起於草澤，亦頗能了解政治，所定的學校、科舉、賦役之法，皆爲清代所沿襲，行之凡六百年。衛所之制，後來雖不能無弊，然推原其立法之始，亦確是一種很完整的制度，能不煩民力而造成多而且強的軍隊。所以明朝開國的規模，並不能算不弘遠。只可惜他私心太重，廢宰相，使朝無重臣，至後世，權遂入於閹宦之手。明朝的兵威，以成祖時爲最盛，然邊防的規模，實在也是成祖時壞掉的。成祖以大寧地方，贈兀良哈。宣宗時，徙治獨石口。北邊所守者，遂成今長城之線。若能始終保持太祖時之形勢，則對蒙古可取攻勢，而至滿洲，可有自熱河趨吉林之快捷方式，不單憑出山海關趨遼陽之一道也。

成祖的北遷

明太祖勤於政事，又能釐定制度；治國的規模，亦頗弘遠。惟私心過重，封建諸子四十餘人，又因猜忌之故，開國功臣，盡遭殺戮。太祖太子早死，孫建文帝立，太祖子燕王棣，起兵北平，把南京攻陷，建文帝不知所終，燕王自立，是爲成祖，遷都北平。

■明太祖私心太重

明太祖起於草澤，而能剷除胡元，戡定群雄，其才不可謂不雄。他雖然起於草澤，亦頗能了解政治，所定的學校、科舉、賦役之法，皆為清代所沿襲，行之凡六百年。衛所之制，後來雖不能無弊，然推原其立法之始，亦確是一種很完整的制度，能不煩民力而造成多而且強的軍隊。所以明朝開國的規模，並不能算不弘遠。只可惜他私心太重。廢宰相，使朝無重臣，至後世，權遂入於閹宦之手。重任公侯伯的子孫，開軍政腐敗之端。他用刑本來嚴酷，又立錦衣衛，使司偵緝事務，至後世，東廠、西廠、內廠，遂紛紛而起。這都不能不歸咎於詒謀之不臧。其封建諸子於各地，則直接引起了靖難之變。（《呂著中國通史》下冊，第五〇六頁）

明初的武功

明朝的兵威，以成祖時為最盛，然邊防的規模，實在也是成祖時壞掉的。元順帝棄大都後，他的後裔，漸次退卻到外蒙古，有好幾代都遇弒，蒙古大汗統緒遂絕，繼立的改稱韃靼可汗。此時韃靼衰弱，而瓦剌和熱河東北的兀良哈強盛（兀良哈，清朝譯作烏梁海），都給成祖擊破，吉、黑兩省的女真，亦都服屬，設立羈縻衛所。最遠的奴兒干都司在黑龍江口，海中的庫頁島，亦來朝貢。安南從宋太祖開寶元年，公元九六八年獨立，成祖乘其內亂，把他滅掉，改設交趾布政使司，和內地一樣。又遣鄭和下西洋，航路直達非洲東岸，國威可謂極盛了。但成祖把大寧棄給兀良哈，宣宗時，開平衛遂因勢孤內徙（開平，就是現在的多倫縣。元世祖即位於此，建爲上都。明初於此設衛，宣宗時內徙獨石。大寧在今熱河省赤峰、承德之間）。安南則因官吏行政不善，宦官奉使的又暴横，叛亂不絕，宣宗遂亦放棄，其地重屬中國，只有十九年（一四〇九至一四二七）。

■明之邊防壞於成祖

明太祖雖居南京，而北方邊防規模頗遠，即元之上都置開平衛。又因元之大寧路之降（大寧路，屬遼陽行省，其北境來降），設泰寧、朵顏、福余三衛（今熱河地，朵顏地險而兵強，當時邊外諸衛，都隸北平行都司），而寧王權居大寧以節制之（大寧，在今熱河隆化縣境），地跨遼、熱、吉三省間。成祖起兵，慮寧王襲其後，誘而執之。以兀良哈（今烏梁海）兵從征有功，即位後，即改北平行都司為大寧都司，徙治保定。以大寧地方，贈兀良哈。後遂徙大寧都司於保定。於是，開平勢孤。宣宗時，徙治獨石口。北邊所守者，遂成今長城之線。而宣（宣化）、大（大同）為極邊矣。若能始終保持太祖時之形勢，則對蒙古可取攻勢，而至滿洲，可有自熱河趨吉林之快捷方式，不單憑出山海關趨遼陽之一道也。今既為成祖所壞，故對蒙古始終取守勢，而趨滿洲之快捷方式，亦遂斷矣。（〈本國史（元至民國）〉，見《呂思勉文史四講》，第七十一—七十二頁）

土木之變

明朝的重用宦官，也是起於成祖時候的，而設「東廠」，使司偵緝事務，貽害尤烈。宣宗死後，英宗年幼，寵信太監王振。瓦剌酋長也先入寇，王振挾帝親征。至大同，知兵勢不敵，還師，爲敵兵追及於土木堡（在今察哈爾懷來縣西），英宗北狩。幸得于謙，扶立其弟景帝，固守京城。也先攻城不克，侵邊又不利，乃奉英宗回國。怨恨于謙的人，乘景帝臥病，以兵闖入宮中，奉英宗復位，是爲「奪門之變」，于謙被殺。

明中葉的內憂外患

英宗復位後，傳子憲宗，政治都不見良好，憲宗死後，孝宗即位，較爲清明。孝宗死，武宗繼之，耽於遊戲，始而信任太監劉瑾，聽其專權妄爲，後又寵幸武官江彬，引導他各處去遊玩。人心震動，畿南盜起，寧王宸濠，又在江西造反，幾至大亂。武宗死後，世宗繼立。世宗在明朝皇帝中，駕馭宦官是最嚴的。然因相信神仙，怠於政事，一任宰相嚴嵩蒙蔽，國事遂至大壞。

先是元太祖後裔達延汗，又統一蒙古，留其幼子居漠北，是爲喀爾喀部，達延汗與其孫徙牧近長城附近，是爲察哈爾部。其孫子俺答居歸化城，爲土默特部。十六世紀中葉，俺答爲邊患最深。又從明初以來，就有所謂倭寇，因其時日本內亂不止，失敗的武士和浪人，遂爲寇於海外。明世宗時最爲猖獗，沿海各省，大被其患。世宗歿，二傳至神宗，年幼，宰相張居正當國，政治頗見振作。倭寇亦被良將戚繼光、俞大猷等剿平。其時俺答受喇嘛教感化，不復爲邊患，而察哈爾部轉熾。居正用戚繼光、李成梁以守薊、遼，東北邊亦得安靜。然居正死後，神宗旋復怠荒，任用宦官，借開礦爲名，到處騷擾索詐，又派他們到各省去做稅使，窮鄉僻壤，米鹽瑣屑無一得免。

日本從開國以後，歷代都和蝦夷爲敵。八世紀末，遂置征夷大將軍，以守衛東北，後來政權遂入其手，是爲幕府。屢起爭奪，幕府的權柄，又旁落於手下的將士，各據封土，全國分裂。神宗時，豐臣秀吉起而把他打定。因念亂源終未盡絕，想把他們犧牲到國外去，就起兵侵朝鮮。朝鮮李氏，因承平既久，兵備廢弛。日兵至，不能禦，其王逃到義州。神宗發大兵去救援他，初戰勝利，旋因輕進中伏致敗。於是「封貢」議起，封秀吉爲日本國王。秀吉不受，又發兵侵朝鮮。明兵和他相持，迄無勝算。直到秀吉死後，日本兵才退回。這一役，明朝損失無算。

第三十章 明之衰亡與奮鬥

明朝的內治，亦是敗壞於成祖時的。太祖定制，內侍本不許讀書。成祖破南京，頗得宦官為內應，才選官入內教習。從此以後，內之則有所謂秉筆太監，而宰相的票擬，決於內官的批紅。外之則監軍、出鎮、奉使，無一件事不參預。明朝的權柄，就全落到宦官手裡了。神宗深居宮禁，二十多年，不曾視朝。聽憑一班太監，出去妄作妄為。朝臣又結黨相攻，言官互相攻擊。遇有國家大問題，往往先爭意氣，把國事的利害，反擱置了。

神宗之怠荒

明神宗時，日兵退出朝鮮之後，建州酋長努爾哈赤，早已起來，自稱後金汗。神宗貪樂荒怠，有二十多年未坐過朝，每遇官職有缺，也不去補授，朝臣互相參劾，也置之不理，內政腐敗已極，於是有三大案出來。

神宗怠荒 古今罕見

明朝的內治，亦是敗壞於成祖時的。太祖定制，內侍本不許讀書。成祖破南京，頗得宦官為內應，才選官入內教習。從此以後，內之則有所謂秉筆太監，而宰相的票擬，決於內官的批紅（票擬，謂由宰相對於奏本，擬具辦法，寫出進呈皇帝；批紅，謂由皇帝用朱筆批示，決定辦法。明時皇帝深居宮中，坐朝之時甚少，批紅往往委之內監）。外之則監軍、出鎮、奉使，無一件事不參預。明朝的權柄，就全落到宦官手裡了。到神宗中年以後，而其衰亂更甚。神宗的怠荒，是歷代君主所沒有的。他深居宮禁，共有二十多年，不曾視朝。聽憑一班太監，出去妄作妄為。朝臣又結黨相攻。言官互相攻擊，吏部舉行察典（即考查官吏成績的好壞，以定升降黜陟），亦彼此互相排擠報復。遇有國家大問題，往往先爭意氣，把國事的利害，反擱置了，詒害頗大。（《初中標準教本　本國史》第二冊，第一四〇頁；第三冊，第十三頁）

東林黨及三大案

當時有朝臣顧憲成，在東林書院（顧憲成是江蘇無錫人，東林書院就在無錫）講學，友朋很盛，時常議論朝政得失，批評執政賢否，時人稱其徒爲東林黨。神宗晚年，有男子張差持梃入太子宮被獲，東林黨人說有人主使，謀危太子，非東林黨人以爲不過是瘋漢，並無政治意義。這是所謂「梃擊案」。神宗死後，子光宗繼位，得疾，服宰相所薦醫生的紅丸，無效而死。東林黨人以爲是弒君，非東林黨人以爲與藥無干，這是所謂「紅丸案」。光宗死後，其子熹宗嗣位，光宗妾李選侍占住乾清宮，被東林黨人勒令移出，非東林黨以爲不應上逼母妃。這是所謂「移宮案」。兩黨藉這三大案爲題，攻爭不息。非東林黨人和宦官魏忠賢相結，把東林黨著名的人下獄拷死，直到熹宗死，其弟思宗繼位，才治魏忠賢及其同黨的罪，但國政已不堪設想了。

■學校與書院

學校的起源，本是純潔的，專為研究學問的；惜乎後來變為國家養成人才之所。國家養成人才，原是很好的事；但因㈠事實上，國家所代表的，總是業經通行、已占勢力的理論。所以公家所立的學校，其內容，總要比較陳舊些。社會上新興的，即在前途有真正需要，而並非在過去占有勢力的學科，往往不能盡力提倡。㈡而且其本身，總不免因利祿關係而腐化。於是民間有一種研究學問的組織興起來，這便是所謂書院。書院是起於唐、五代之間的。宋初，有所謂四大書院者，朝廷咸賜之額。此外賜額、賜田、賜書的還很多。但書院並不靠朝廷的獎勵和補助。書院之設，大概由㈠有道德學問者所提倡。㈡或為好學者的集合。㈢或則有力者所興辦。他是無所為而為之的，所以能夠真正研究學問，而且真能跟著風氣走。在理學盛行時代，則為講學的中心；在考據之學盛行的時代，亦有許多從事於此的書院；即其確證。新舊兩勢力，最好是能互相調和。以官辦的學校，代表較舊的、傳統的學術；以私立的學校，代表較新的、方興的學術；實在是最好的辦法。（節《呂著中國通史》上冊，第二七九頁）

流寇之禍

思宗在位年間，外則滿洲格外猖獗，占據遼東，進犯京城。內則流寇大起，到處焚殺，流寇首領李自成破了京城，思宗自縊死。滿洲乘機入山海關，逐去李自成，入北京稱帝。

明人之奮鬥

滿洲入關後，明人奉福王即帝位於南京。滿兵南下，屠揚州，殺督師史可法（史可法是河南祥符人，殉難後求屍不得，葬衣冠於揚州梅花嶺），渡江入南京，虜福王北去。明人又立唐王於福州，同時明人又有奉魯王稱監國於紹興，魯、唐二王不睦，後唐王竟被滿兵所殺。明人又立桂王於廣東，竭力抵抗滿兵，歷十餘年，西南諸地（桂王爲明末帝，年號永曆，故亦稱永曆帝。他初立時，尙有兩廣雲貴之地）盡失，逃奔緬甸，被緬人獻出縊死。明將鄭成功（鄭成功，福建南安人，唐王賜姓朱，時稱爲國姓爺。桂王封爲延平郡王，授招討大將軍）仍堅守臺灣，直到清康熙帝時，才把臺灣鄭氏滅掉。明室雖然已亡，這民族奮鬥的精神，爲前代所沒有。

第三十一章　中華民族的拓殖

西人東航之初，中國人的足跡，早已遍布南洋了。中國西北負陸，而東南面海。閩、廣之北，限以重山，其民不易向中原分布，所以移徙到海外的很多。南洋群島，氣候和煦，物產豐饒，實在是中國的一片好殖民地。不但如此，中國人做事平和，凡事都以共存共榮為目的。以民族拓殖的成績而論，通先後而觀之，則我族南進之力，似優於北進。中國的文明，本植根於黃河流域，其北進者，當戰國之世，即已拓展至今之熱、察、綏及遼寧。其後遂無甚進展，甚至併此諸地，而有時亦不能保。南進者則長江、珠江、閩江諸流域，次第凝合為一體。中南半島及南洋群島，雖未能如此，然吾族在其地之勢力，仍極鞏固。

中華民族近代的發展

中國民族，拓殖的能力，本來是很偉大的。尤其近代，對於東北和南方的拓殖，更為值得紀念的事情。

歷代的南進

南洋一帶，氣候炎熱，物產豐饒，本來是最適宜於拓殖的地方。中國人民，移殖其地，也由來很久了。據阿剌伯人的記載：九四三年頃，就有多數華人，在蘇門答臘，從事種植。大約是避黃巢之亂前去的。宋時，正南諸國，以三佛齊（三佛齊即今之浡淋邦（Palembang），在蘇門答臘東部，爲其都會。南北朝稱干陀利，唐稱室利佛逝，宋稱三佛齊，明改稱舊港）爲最強。東南諸國，以闍婆（闍婆即今之爪哇，唐宋均稱闍婆，明概作瓜哇，當係爪哇之訛）爲最強。而三佛齊已有中國文字，闍婆屋宇，亦和中國相同。可見華人移殖的，必已不少。元時稱爪哇爲新邨，三佛齊爲舊港。又可見華人移殖的次第了。

鄭和的出使

中國歷代政府，對於南方，都不甚注意，只有元、明兩朝，是個例外。元世祖定中國後，遣使招致南洋諸國。因爪哇拒命，曾經用過一次兵，其事在一二九二年。明初交通外國，還承襲元代的規模。太監鄭和，奉成祖之命，出使西洋。從一四〇五到一四三三年，前後奉使凡七次。鄭和的出使，是帶著水兵走的，所至加以宣諭，服從的賞賜金帛，不服的就威之以兵，曾經三擒番長。後來出使的人，沒有一個不稱道他的名字，以誇耀諸番的。

明代南洋的拓殖

明代馬來半島、爪哇、蘇門答臘、呂宋、滿剌加、浡泥都有多數華人移殖，從事開發。如爪哇的新邨，本來是荒涼之地，後來中國人流寓，聚集至千餘家，遂成爲富庶之區。諸番舶多往互市，又如馬來半島的錫礦，實在是華人發現的；其漁業，亦從華人移殖之後，才大形進步。現在半島的錫礦，還有百分的六十四，屬於華人；西岸的漁業，亦全在華人手中；可以爲證。這都是指固定居民而經營農礦等事業的，其往來各島間的商業操之於華人，那更不待論了。

■明人對外拓展不靠政府助力

西人東航之初，中國人的足跡，早已遍布南洋了。中國西北負陸，而東南面海。閩、廣之北，限以重山，其民不易向中原分布，所以移徙到海外的很多。南洋群島，氣候和煦，物產豐饒，實在是中國的一片好殖民地。不但如此，中國人做事平和，凡事都以共存共榮為目的。假使開發南洋的責任，而由中國負之，南洋群島的土人，絕沒像現在飽受壓迫，瀕於滅亡之慘。徒以昔時狃於「不勤遠略」之見，有此基礎，不能助以國力，向前發展，這真是一個大錯誤。不但如此，因海防的廢弛，通商政策的不得宜，反還因海洋交通，而深受其害，這便是所謂倭寇。

（《復興高級中學教科書　本國史》上冊，第二八一—二八二頁）

華人在南洋的政治勢力

當時華人在海外，握有政治勢力的也很多。譬如梁道明在三佛齊，閩、粵軍民，渡海從之者數千家，雄視一方。明成祖遣使招致，道明即隨使來朝。以副頭目施進卿代領其衆。其時又有個陳祖義，在舊港做頭目，專劫往來客人。鄭和遣人招諭，祖義卻潛謀襲擊，進卿告知鄭和，把他擒獲，就在舊港設立宣慰司，用進卿為使；進卿死後，還傳女施二姐；則中國竟在南洋施行土司制度了。此類在南洋有勢力的華人還很多。西人東來以後，也還有能和他們奮鬥的。

■民族拓殖南進優於北進

以民族拓殖的成績而論，通先後而觀之，則我族南進之力，似優於北進。中國的文明，本植根於黃河流域，其北進者，當戰國之世，即已拓展至今之熱、察、綏及遼寧。其後遂無甚進展，甚至併此諸地，而有時亦不能保。南進者則長江、珠江、閩江諸流域，次第凝合為一體。中南半島及南洋群島，雖未能如此，然吾族在其地之勢力，仍極鞏固，已如前述。此其成績，相去可謂甚遠，蓋一由地利之殊，一亦由近代物質文明高度發達以前，耕稼及工商之國，皆不能抵禦游牧民族的侵略，而蒙古地方，又適為東洋史上的侵略地帶之故，此固無足為異。（〈論外蒙古問題（上、下）〉，原刊《平論半月刊》一九四五年十二月第七期，一九四六年一月第八期）

拓殖的成績

綜觀華人拓殖的成績，實可說在世界諸民族之上，不論寒冷和炎熱的氣候，我們都能耐得住，這一點，尤為特出。所以不論南進北進，成績都是好的。現在雖因國力不足，暫居他人羈軛之下。然其他的民族，既然多數是中國人，則論民族自決主義，其地的主權，自然應屬之於我，這一點，是任何人不能不承認的，只要我國民，能夠為長期間的奮鬥就是了。

到十五、六世紀間，王守仁出，而學風才一變。王守仁的宗旨，是以人心的靈明為「知」，這個知，是生來就有的，無待於學，所以謂之「良知」。良知是能夠知是知非的，只有昏蔽，不會喪失。如此，憑你在「事上磨練」也好，「靜處體悟」也好，簡單直捷，一了百了。這真是理學中最後最透徹之說。明朝末年，顧炎武、黃宗羲等大儒出，學風又有轉變。顧炎武的特色，在於㈠博學，㈡實事求是，㈢講求實用。與炎武同時幾個明末的大儒，都是想做實事的。這時代的社會經濟，頗為可憐。建設的情形，實在有些退化了。這一由於地方的款項，多提歸中央；一由於北方遭外族長期占據的結果。

元明時代的學術思想

元明時代的學術思想，是承宋朝而漸變的。理學本興起於北方，然到南宋時北方反而絕跡了。元兵下湖北，得儒者趙復，北方的學者，多奉以為師。程、朱之學，乃復行於北。直到十五、六世紀間，王守仁出，而學風才一變。王守仁的宗旨，是以人心的靈明為「知」，這個知，是生來就有的，無待於學，所以謂之「良知」。良知是能夠知是知非的，只有昏蔽，不會喪失。人只要時時磨礪他，使他晶瑩，遵照他的命令做就得了。這個便喚作「致良知」。這是何等簡易直捷的方法。

■王守仁的「致良知」

王守仁之說，是承陸九淵之緒，而又將他發揮光大的。所以後來的人，亦把他和九淵並稱，謂之陸王，和程朱相對待。守仁之說，以心之靈明為「知」，為人人所同具。無論如何昏蔽，不能沒有存在的。此「知」是生來就有的，無待於學，所以謂之「良知」。人人皆有「良知」，故無不知是非之理。但這所謂「知」，並非如尋常人所謂「知」，專屬於知識方面。「如惡惡臭，如好好色」，知其惡，自然就惡，知其善，自然就好。絕非先知其惡，再立一個心去惡；先知其好，再立一個心去好的。好之深，自然欲不做而不能自已；惡之甚，自然萬不肯去做。所以說「知而不行，只是未知」，所以說「知行合一」。既然知行就是一事，所以人只要在這「知」上用功夫，就一切問題，都解決了。時時提醒「良知」，遵照他的指示做，莫要由他昏蔽，這個便是「致良知」。如此，憑你在「事上磨練」也好，「靜處體悟」也好，簡單直捷，一了百了。這真是理學中最後最透徹之說，幾經進化，然後悟出來的。（《復興高級中學教科書　本國史》上冊，第二九五—二九六頁）

理學家的流弊，在於空疏；王學既行，更加以「猖狂妄行」之弊；人心就要窮而思返了。加以明朝末年，內政腐敗，外敵憑陵；所以顧炎武、黃宗羲等大儒出，學風又有轉變。顧先生作《日知錄》，說：「有亡國，有亡天下。國之興亡，肉食者謀之；天下興亡，匹夫之賤，與有責焉。」他所謂「國」，就是現在所謂王朝；所謂「天下」，就是所謂國家，這是給民族主義以何等的意識。黃先生《明夷待訪錄》，對於君主政體，痛下攻擊，也是專制時代的人所不能言，不敢言的。此外，他們關於根本問題的議論還極多。而他們讀書又極博，一洗前此空疏之弊，又為清朝的考據學，導其先路。

■顧炎武的特色

顧炎武的特色，在於㈠博學。他於學問，是無所不窺的。看他所著的《日知錄》，便可以知道。㈡實事求是。無論講什麼學問，都不以主觀的判斷為滿足，而必有客觀的證據。看他所著的《日知錄》、《音學五書》，便可知道。㈢講求實用。與炎武同時幾個明末的大儒，都是想做實事的，不是想談學問的。所以他們講學問，也帶有實用的色彩。看顧炎武所著的《天下郡國利病書》，便可以知道。與炎武同時的黃宗羲、王夫之、顏元、劉獻廷等，都帶有這種色彩。（《白話本國史》第四冊，第一〇三頁）

元明時代的文藝

文藝，大體也承宋人之風。其最有特色的，是戲曲同平話。古代俳優、歌舞、百戲，各為一事。優伶專以打諢、取笑為主，歌舞不演故事，扮演只百戲中間有。南北朝以來，才漸有以扮演兼歌舞的，然辭句和動作，仍不合所扮的人的身分。元朝的南北曲，才合三者爲一，造成現在的舊劇。宋朝人的說話，就是現在所謂說書。說書的人，是各有其底本的；後來把這底本略加塗飾，就成爲現在的平話（現在通稱爲小說。然小說的名目，包括很廣，平話只可算其中的一種）。再進一步，就可專爲閱讀而著作了。此等文字，從元明以後，日趨興盛，實爲現代平民讀物的大宗。

■白話小說

駢、散文與詩，皆為宋代之貴族文學。詞雖可歌，其辭句亦不盡與口語相合。然當時自有以白話著書者。其大宗為儒、釋二家之「語錄」及「平話」。語錄與文學無涉，而平話則為平民文學之大宗。平話即今人所謂白話小說，此等原用為說話之底本，非以供娛情者之目治，然歲月久而分化繁，遂亦成為可以閱讀之書矣。此近世白話小說之緣起也。白話小說進化之途有二：㈠則真實之言愈少，而揑造妝點之言愈增。㈡則口語之成分日減，目治之成分日增。小說原於口說，後乃變為目治之物。口舌筆札，勢不能盡相符合。於是專供目治之小說，與備說書人之用之底本，機勢亦日趨變異。（《宋代文學》，第一〇三—一〇四、一一〇、一一九頁）

元明時代的社會階級

元朝在中國時，民族間不平等的待遇頗多。其尤爲暴虐的，則是行軍之際，以俘虜爲奴婢。這本是很不合理的，而元朝諸將，還要把降民詐稱俘虜，漢人入奴籍的就更多（見趙翼《廿二史劄記》「元初諸將多掠人爲私戶」條）。直到明朝，此等蓄奴的風氣，還不能免；而明時紳權特重，士大夫居鄉的，都非常暴橫，也是元時異族壓制，遺留下來的惡習。

元時輸入的宗教

元時外國的宗教，輸入的也頗多。然最尊重的爲喇嘛教，元世祖奉八思巴爲帝師，爲西藏宗教興起之開始。但那時尚屬紅教，到明成祖時，宗喀巴創立黃教，傳授達賴、班禪二喇嘛，青海、西藏、西康、蒙古，次第信從，遂有今日之盛了。基督教當元世祖時，許在北平設立教堂，但信他的也多是蒙古人，所以元亡而遂絕。只有回教在這時代，是呈相當的盛況，而元亡以後，亦還能保其相當的地位的。原來元朝所用的色目人，以西域人爲最多，西域人大概是回教徒，他們多數和居住在天山南路的畏兀兒人同族，所以傳播較爲容易。他們的保守其宗教，又比別種教徒，來得堅固些。現在西北、西南，回族遍布，各地方亦都有回教信徒，實在是開始於元代的。

元明時代的社會經濟

這時代的社會經濟，是頗爲可憐的。顧炎武《日知錄》說：「天下州之爲唐舊治者，其城郭必皆寬廣，街道必皆正直；廨舍之爲唐舊創者，其基址必皆宏敞；宋以下所置，時彌近者制彌陋。」可見這時代，建設的大概情形，實在有些退化了。這一由於地方的款項，多提歸中央；一由於北方遭外族長期占據的結果。武力的不競，眞是一件可怕的事呀！但是在這時代，也有一件事情，値得紀念的，那就是木棉之利的普及於全國。宋以前，木棉的種植，只限於交、廣一帶。宋末，才漸漸移殖到江南。有一個黃道婆，從崖州到松江，教人民以紡織之法，從此以後，木棉就衣被蒼生了。山東運河的開成，也算這時代一件大事。

■木棉的推廣

麻、絲的使用，自然是一個大發明。絲的使用，起於黃帝元妃嫘祖（說不足信）。麻的發明，起於何時，亦無可考。知用麻、絲之後，織法的發明，亦為一大進步。現在衣服材料，為用最廣的是木棉。其普遍於全國，是很晚的。此物，《南史・林邑傳》謂之吉貝，誤為木本。《新唐書》作古貝，才知為草本。《南史》姚察門生送南布一端，白居易〈布裘〉詩：「桂布白似雪」，都是指棉布而言。但只限於交、廣之域。宋謝枋得〈謝劉純父惠木棉〉詩：「嘉樹種木綿，天何厚八閩？」才推廣到福建。《元史・世祖本紀》至元二十六年，置浙江、江東西、湖廣、福建木棉提舉司，則推廣到長江流域了。其所以能推廣，和紡織方法，似乎很有關係的。《宋史・崖與之傳》：瓊州以吉貝織為衣衾，工作由婦人。陶宗儀《輟耕錄》說：松江土田磽瘠，謀食不給，乃覓木棉種於閩、廣。初無踏車椎弓之制。其功甚難。有黃道婆，自崖州來，教以紡織，人遂大獲其利。木棉嶺南久有，然直至宋元間才推行於北方，則因無紡織之法，其物即無從利用，無利之可言了。所以農工兩業，是互相倚賴，互相促進的。（此節略據《陔餘叢考》）（《呂著中國通史》上册，第二四二、二四三、二四四頁）明清之交，始及於黃河流域，棉織之自南輸北者大減，民頗受影響，吳偉業曾作七古詠及之。民國初，浙江雲和縣之下流社會，冬尚未知衣棉。一物之傳，其難如此。（〈本國史（元至民國）〉，見《呂思勉文史四講》，第九十三頁）

從宋到明幣制的變遷

中國的幣制自漢以前，本來金、銅並行（戰國時已有用金的法子。譬如孟子之齊，齊饋兼金一百而不受，於宋饋七十鎰而受，於薛饋五十鎰而受。秦人散金行間以圖六國，可爲戰國用金之證。後來秦併中國，制幣爲二，黃金以鎰計，銅錢重半兩。是爲漢以前金銅並用之證），其時銅錢價貴，黃金除豪商、貴族外，人民是不很有的。後來貿易發達，銅錢增多，價格漸跌；黃金卻因佛教輸入，寫經、塑像，消耗甚多，漸漸地減少了。乃於銅錢之外，兼用布帛。布帛是不能久藏的，且亦嫌其笨重，北宋時，四川乃發生紙幣，謂之「交子」（交子是貨物交換媒介的意思。先是唐憲宗時代，已有一種「飛錢」制的發生。宋代官商，都感到旅行帶多數的錢，累重不便，私自爲券，是爲「交子」），由富人主持其事，擔任兌現。行之久，富人窮了，付不出現來，爭訟繁興，乃改由公家發行。宋、金、元、明四代都用他。宋人謂之「交子」、「會子」、「關子」，金、元、明都稱「鈔」。因歷代都不免於濫發，價格都跌落到不能維持，明朝宣宗時候，就把他收回燒毀，不再行用了。紙幣既跌到不能行使，銅錢又已絕跡，人民乃不得已而用銀。其事起於金朝末年（事在金哀宗正大年間。正大，自公元一二二四至一二三一年。銀的初起，是因銅錢被紙幣驅逐淨盡，用來代銅錢，以便小額交換的；不是因銅錢價格太低，而兼用銀子的），到明朝廢鈔票後，就賦稅也漸次收銀了，然只是用私量的法子行使，始終沒有鑄造。和銅錢，亦聽其各以本身的價格漲落，始終沒有釐定主輔的關係或比價。

■隋唐後幣制之變遷

隋唐之世，宇內清平，交易復盛，銅錢感覺不足：國家既無此大量之經費整理，私鑄、私銷亦不能禁絕。既苦不足，又病紊亂。而交易之額日巨，銅錢運輸，又覺不便。於是唐中葉後有飛錢，宋初有交子。飛錢乃後世之匯兌，交子則兌現之紙幣也。由民間自為，而其後皆由政府之干涉，以至失敗。貨幣為量物價之尺，其本身之價格宜劃一而不宜紛歧。金銀銅鐵，本身同為實物，價格自難齊一。與其以兩種以上之金屬為主輔幣，而設法維持其比價，自不如以一種金屬為貨幣，而以紙代表其巨數。故飛錢、交子之興，實合於貨幣進化自然之趨勢，而為政府利用之以籌款之策所破壞。紙幣既跌價不復可用，銅錢又被驅逐幾盡而不能恢復，乃不得不代之以銀。此事起於金之末年，至明宣宗時盡廢鈔幣而大成。故中國之用銀，乃所以代銅錢供零星交易之用，非以錢質量值輕；而以銀與之相權。故對於以銀為主幣，視銅錢為輔幣之理（即視銅錢之本身無價格，而視為銀幣之幾分之幾），始終不能了解。至前清末年，欲行銀本位制，始終多所扞格，直至法幣行，而貨幣政策乃告成功。（〈本國史複習大略〉，見《呂思勉遺文集》上冊，第六五五—六五六頁）

第三十三章　本期結論

從秦始皇統一起，到明末止，爲時約近二千年。這二千年中，我國獨立爲東亞的一個大國；四周諸國，文化程度，皆出我之下；此種情勢，始終沒有變更。對北族的民族鬥爭，我國盛強時，則能把他們征服；衰亂時，就不免反受其害。論經濟狀況，商業資本，始終是最活躍的。中國幅員廣大，而勞力低廉，只要擴充銷路，就有利可圖了。正不必要想到節省勞力，以謀減輕成本，所以幾千年來，大家不向使用機器上著想；即有聰明的人，偶爾想到，也不會被利用，而不久就失傳了。這是中國人不能進於工業資本的原因。因爲國太大了，人民參與政治，其勢無從實行。政府監督之力，有所不及。多所興作，往往反致民累，結果釀成政治上的一種「惰性」。

本期的民族鬥爭

從秦始皇統一起，到明末止，爲時約近二千年。這二千年中，我國獨立爲東亞的一個大國；四周諸國，文化程度，皆出我之下；此種情勢，始終沒有變更。國際上最劇烈的，就是對北族的民族鬥爭，我國盛強時，則能把他們征服；衰亂時，就不免反受其害；如漢之後有五胡，隋唐之後有遼、金、元是。

■文明民族何以反被野蠻民族所征服

從來野蠻民族的勃興，和文明民族文化的傳播，實在極有關係。在東西歷史上，文明民族，都受野蠻民族的蹂躪。如中國之於遼、金、元、清，希臘之於馬其頓，羅馬之於日耳曼。說者多以為野蠻民族性質強悍，勇於戰鬥之故。其實不然，單靠勇於戰鬥，是不能征服人家的。然則其原因在哪裡呢？我說這在社會組織上。因為我們的社會，是在病態中進化的。一方面，文明程度，固然逐漸加高；一方面，組織病態，亦在逐漸加深。所以以文明程度論，固然文明人優於野蠻人；以社會組織論，實在野蠻人勝於文明人。我們說具體一些的話：在政治上，我們有陽奉陰違之弊；又有法出而奸生，令下而詐起的弊。假使在兩軍相當之際，我們的將帥，就可以找一句推託的話，逗撓不前；我們的軍需官，甚而可以藉圖私利。這許多事情，在野蠻社會裡，大抵是很少有的。關於這一點，古來的人，也早就見到。譬如在《史記．秦本紀》裡所載由余對秦穆公的話，〈匈奴列傳〉裡所載中行說（當時的一個漢奸）詰難漢使的話，都是這一個道理。歷代文明民族，和野蠻民族相爭之時，文明民族裡所謂內奸，總是很多；甚至有倒戈以攻其祖國的；而野蠻民族中，此等現象，卻極少。就可見得文明社會病狀的深刻。因為病狀深刻，所以其社會中的分子，利害和社會全體相反的多了。所以文明民族的文明，向野蠻民族傳播，達到一定的程度，文明民族自身會有危險的，然則還是社會組織不正常的罪罷了。（《中國民族演進史》，第一二六、一三〇頁）

本期的文化

文化：在本期中，也大有變遷。第一步，是諸子百家之學，均居次要，而儒家處於獨尊的地位。第二步，是印度哲學輸入，在思想界占重要的地位。第三步，便是儒、釋思想調和，而發生一種新哲學了。以宗教論：則固有的崇拜對象，集合而成道教，和專講人倫日用的儒教，出世的佛教，鼎峙而稱三教。其餘外國的宗教，輸入的也還不少，但不占重要的位置。

本期的經濟和社會組織

論經濟狀況，在本期之中，商業資本，始終是最活躍的。因爲從統一以後，各地方的連結，已經密切，各地方的人，已經非互相倚賴不能生存了。雖然偏僻之處，保存其自給自足的狀況的，也不是沒有，然在全國中，是不占重要的地位的。從商業資本再進一步，就可達到工業資本了，然必銷路暢旺，工價高昂，感到人力的不足，才會想到利用機器。中國幅員廣大，而勞力低廉，只要擴充銷路，就有利可圖了。正不必要想到節省勞力，以謀減輕成本，所以幾千年來，大家不向使用機器上著想；即有聰明的人，偶爾想到，也不會被利用，而不久就失傳了。這是中國人不能進於工業資本的原因。社會組織當封建制度初崩潰時，人心上還覺得很不慣，要想回覆他。經過王莽的擾亂，也就無人再敢提及，習而安之了。

本期的政治

本期的政治，始終是採取放任主義的，所以一切事情，不免廢弛，這也有個不得已的原因：因為國太大了，人民參與政治，其勢無從實行（中國民權遺跡，都在古代；後世國家擴大之後，就沒有了。這並非理論上以為不該有，只是限於事實，無從行使）。政府監督之力，有所不及。多所興作，往往反致民累，結果釀成政治上的一種「惰性」。既集大權於君主一身，其勢不得不圖控制之便，於是治民之官日少，治官之官日多（顧炎武語，見《日知錄》。如地方自治廢弛；漢於郡縣之上，又加州牧，元於路府之上，再加行省都是），尤以亂世為甚，一個控制不住，就成尾大不掉之勢，如後漢和唐代的末年就是。這個喚作「外重」。然反之，中央政府的權力太大，沒有人能裁制他，則淫昏之君，甚至於奸佞之臣，以及宦官女謁等，又皆能為所欲為，民被其毒。總而言之：專制君主，本不是良好的政體，這二千年來，政治上的受其弊，也可以說是很深了。

■官僚與放任消極之政治

中國的政治，是取放任主義的。從前的政治家，有一句老話，說「治天下不如安天下，安天下不如與天下安」。只這一句話，便表明了中國政治的消極性。中國的政治，為什麼取這種消極主義呢？原來政治總是隨階級而興起的。既有階級，彼此的利害，絕不能相同。中國政治上的治者階級，是什麼呢？在封建時代，為世襲的貴族。封建既廢，則代之以官僚。所謂官僚，是合㈠官；㈡士，即官的預備軍；㈢輔助官的人，又分為幕友、吏胥、差役；㈣與官相結托的人，亦分為紳士、豪民。此等人，其利害都和被治者相反，都是要剝削被治者以自利的。固然，官僚階級中，未嘗無好人，視被治階級的利害，即為自己的利害。然而總只是少數。這是因為生物學上的公例，好的和壞的，都是反常的現象，只有中庸是常態。中庸之人，是不會以他人之利為己利，亦不會以他人之害為己害的，總是以自己的利益為本位。社會的組織，使其利害與某一部分共同，他就是個利他者。使其利害和某一部分人相對立，就不免要損人以自利了。所以官僚階級，絕不能廢督責（督責二字，為先秦時代法家所用的術語。其義與現在所謂監察有些相似，似乎還要積極些）。然中國地大人眾，政治上的等級，不得不多，等級多則監督難。任辦何事，官僚階級都可藉此機會，以剝民以自利。既監督之不勝其監督，倒不如少辦事，不辦事，來得穩妥些。在中國歷史上，行放任政策，總還可以苟安，行干涉政策，就不免弊餘於利，就是為此。因此，造成了中國政治的消極性。（〈中國近世史前編〉，見《中國近代史八種》，第一四八—一四九頁）

第三編　近世史

第三十四章　中西交通之漸盛與西學之輸入

近代中西相互的關係，和中古時代不同。中古時代，往來的不過商人；國家除偶通使命外，無甚深切的關係。近代則不然，西洋各國，都要盡力向海外發展了。基督教傳布於中國，唐、元時代，即已有之，但對中國社會，沒有發生什麼深切的影響。近代西人的發明，足以補我們之所不及的，是科學，所以科學的輸入，實在是一件大事。科學，最初是由教士之手輸入的。科學首先被中國人採用的，爲天文、曆法、地理、數學、炮術、醫學等，可見當時對於科學，還只知道應用一方面，而沒有知道他的眞價值啊！

新航路的發現

從蒙古西征以後，土耳其人被迫立國於小亞細亞，後來漸次強盛，侵入歐洲，至十五世紀，而地中海東岸和黑海沿岸之地，盡爲所據，對於歐人東行的，異常苛稅爲難。歐人乃想另找一條路，以達東方，其結果，就有兩條新航路發現。新航路發現以後，葡萄牙人首先東來，一五一六年到廣東，至一五五三年，遂租得澳門爲根據地。西班牙、荷蘭、英吉利等，相繼東來。向中國通商，都受葡人阻礙。西班牙人乃占據菲律賓，開闢馬尼剌；荷人則占據蘇門答臘、爪哇、滿剌加、臺灣；南洋非復鄭和航行時的南洋了。英國和法國，在印度競爭，而英人較為得勢。

新航路發現前的中西交通

從亞洲的東方到歐洲，陸路本有四條：㈠自西伯利亞逾烏拉嶺入歐俄。㈡自蒙古經天山北路，出兩海之間（謂鹹海、裡海）。㈢自天山南路逾蔥嶺。㈣自前後印度西北行，兩道並會於西亞。第一路荒涼太甚。第二路則沙漠地帶，自古為游牧民族薦居之地，只有匈奴、蒙古自此以侵略歐洲，而兩洲的聲明文物，由此接觸的頗少。蔥嶺以西，印度固斯以南，自古多城郭繁華之國。然第三路有沙漠山嶺的阻隔，第四路太覺回遠，而沿途亦多未開化之國，所以歐、亞兩洲，雖然陸地相接，而其交往的密切，轉有待於海路的開通。自歐洲至東洋的海路：一自敘利亞出阿付臘底斯河流域；二泛黑海，自阿美尼亞上陸，出底格利斯河流域。兩路均入波斯灣。三自亞歷山大黎亞溯尼羅河，絕沙漠而出紅海。這都是自古商旅所經。自土耳其興，而一、二兩道，都入其手，第三道須經沙漠，不便，乃不得不別覓新航路。（《復興高級中學教科書 本國史》下冊，第七—八頁）

中西相互的關係

近代中西相互的關係，和中古時代不同。中古時代，往來的不過商人；國家除偶通使命外，無甚深切的關係。近代則不然，西洋各國，都要盡力向海外發展了。中國對於遠方人，素取懷柔主義。通商為兩利之事，向為歷代所歡迎。惟㈠西人航海的，都是冒險的青年，未免有不規則的舉動。㈡又中國歷代，對於海寇，都是疑忌的。明朝人經過倭寇之患，疑忌更甚。西人船堅炮利（《明史．外國傳》說：「荷蘭所恃，惟巨舟大炮，舟長三十丈，廣六丈，炮有銅有鐵，巨鐵炮長二丈，發之可洞裂石城，震數十里，世所稱『紅夷炮』即其制也。」案中國初得到的炮，叫「佛郎機」，後來所得的叫「紅夷」。清朝的時候諱「夷」字，改稱為「紅衣」，並封他為「紅衣大將軍」；「佛郎機」是中國人稱葡萄牙、西班牙人之辭。稱荷蘭為「紅夷」，亦曰「紅毛番」），也足以引起華人戒懼之心。㈢加以宗教的傳播有些格不相入，中西相互之間，就未免形成隔閡了。

■中西隔閡之緣由

中國和西洋的交通，由來甚早，歷代西方的估客，梯山航海而來的不少。近世歐人東來，自然猶以敵意遇之。然㈠歷代東西交通，所販賣的，大概是珍奇之品，不見可欲，使心不亂，見之自然適得其反。而且交廣之地，天高皇帝遠，肆意誅求，究難發覺。所以通商地方，或專司通商事務的官吏，特別容易貪汙。㈡商人惟利是圖，自更無所不至。主人畏客，乃五口通商以後的特別的情形。客子畏人，則千古一轍。在外商無力爭持，中國官吏不能秉公判斷的情形下，中國商人，自然要極其力之所能至，以榨取外商。㈢班超對任尚說：能來西域的吏士，必非孝子順孫。何況遠越重洋的冒險家？此輩從其一方面說，自然是個英雄，從其又一方面說，究竟是怎樣一種人，卻很難下個斷語。懷抱大志的首領如此，何況其餘附隨的人呢？當時各商船的水手等，甚有類於海盜的行為。因此，很足以引起大多數對通商沒有利害關係的人民的反感。㈣中國歷代不甚獎勵人民向海上發展。因為海上的情形，不甚熟悉，對於海盜不易犁庭掃穴，遂覺其較諸陸上的盜賊，可怕得多。明朝承倭寇之後，此等恐怖心尤甚。又加當時的歐洲人，船炮的堅利，已非中國所及。所以對於他尤為畏惡，積此四端，遂釀成近世中西交通之始，一種隔閡的情形。（《中國近世史前編》，見《中國近代史八種》，第一六三—一六四頁）

教士的東來

基督教傳布於中國，唐、元時代，即已有之，但對中國社會，沒有發生什麼深切的影響。近代西洋宗教改革，舊教在歐陸，漸次失勢，想傳播於海外。西人東來的時候，就有教士跟著同來。教士中首先到中國的利瑪竇（Matteo Ricci），事在一五八二年。他先到廣東肇慶，學習華文、華語，改著華裝。然後到韶州，設立天主堂，繼到南京，後往北京廣結當時的士大夫，並向神宗獻方物，神宗許其在北京建立天主堂，時在一六〇五年。士大夫很多和他往來，然亦有攻擊他的，至一六一六年，遂遭禁止，教士都逐回澳門。直到滿明啟釁，明朝需用大炮，召他們監製，教禁才無形解除。

科學的輸入

近代西人的發明，足以補我們之所不及的，是科學，所以科學的輸入，實在是一件大事。科學，最初是由教士之手輸入的。中國人也很歡迎它，初期精通西學的人，如徐光啟、李之藻等，他們的相信西教，自然還是因科學引起的。科學首先被中國人採用的，爲天文、曆法、地理、數學、炮術、醫學等，湯若望（Johann Adam Schall von Bell）東來後，徐光啟便薦他參與修曆的事。到明朝末年才修成。未及頒行，而清朝人入關。湯若望上書自陳。清朝就用其所定的曆法，謂之時憲曆。湯若望亦被任爲欽天監監正。清世祖死後，習舊曆法的楊光先，上書攻擊。湯若望等一時得罪。但到後來，畢竟因舊曆法的不準，仍黜楊光先而用南懷仁（Ferdinand Verbiest）。清聖祖是最留心於格物之學的，他所任用的西教士亦很多。但是，這時候中國人對於科學，究竟還未能認識其眞價值。所以楊光先攻擊西教士，就說「其製器精者，其兵械亦精」，疑心他的將來要成大患，就是清聖祖，也說：「千百年後，中國必受西洋各國之害。」（楊光先的話，見其所著的《不得已書》。清聖祖的話，見其《御製文集》，後來同治年間，反對新法的大學士倭仁奏議中曾引之。當時各種科學書，差不多都有譯著，但不受人注意。）可見當時對於科學，還只知道應用一方面，而沒有知道他的眞價值啊！

■科學輸入的阻礙

中國和外國的交通，也有好幾千年了。雖然彼此接觸，總不能無相互的影響，然而從沒有能使我國內部的組織，都因之而起變化的。其有之，則自近世的中歐交通始。這其間固然有種種的關係，然而其最主要的，還是東西文化的差異。東西文化最大的差異，為西洋近世所發明，而為中國所缺乏的，便是所謂科學。所以科學的傳入，是近世史上最大的事件。科學與宗教，雖若相反，其最初傳入，卻是經教士之手的。楊光先曾說：「寧可使中國無好曆法，不可使中國有西洋人。」他又說：「他們不婚不宦，則志不在小。其製器精者，其兵械亦精。」、「以數萬里不朝不貢之人，來不稽其所從來，去不究其所從去；行不監押，止不關防；十三省山川形勢，兵馬錢糧，靡不收歸圖籍，百餘年後，將有知余言之不得已者。」楊光先的見解，在今日看起來，似乎是偏狹，是頑固。但是中國歷代，本有藉邪教以創亂的人；而基督教士學藝之精，和其無所為而為之的精神，又是中國向來沒有看見過的。這種迷信的精神，迷信不深的中國人，實在難於了解。楊光先當日，有此疑忌，卻也無怪其然。不但楊光先，怕也是當日大多數人所同有的心理。即如清聖祖，他對於西洋傳入的科學，可以說是頗有興味的。對於基督教士，任用亦不為不至。然而在他的《御製文集》裡，亦說「西洋各國，千百年後，中國必受其累」。這正和楊光先是一樣的見解。人類的互相了解，本來是不大容易的。在學藝上，只要肯虛心研究，是非長短，是很容易見得的。但是國際上和民族間的猜忌之心，一時間總難於泯滅，就作了學藝上互相灌輸的障礙。近世史的初期，科學輸入的困難，這實在是一個大原因。（《復興高級中學教科書　本國史》下冊，第十一、十三、十四頁）

第三十五章　清代之勃興

清朝的初起，和遼、金、元情形又微有不同。遼、金、元初起時，都不甚了解中國的情形。清朝則未入關時，已頗能譯漢書、用漢人了。清世祖立，年方六歲。叔父多爾袞攝政，聞北京危急，勒兵於關外以伺隙，恰有守將吳三桂，因李自成掠其愛妾，開關降清，清人和他合兵，把李自成打敗。清朝初入關時，不意中國的抵抗力，如此薄弱，所發檄文，還承認福王的自立，雖下剃髮之令，亦旋即取消。清朝對西南，兵力本不夠進取，這時候，頗想維持現狀，而桂王因孫可望跋扈，求助於李定國，可望攻之，大敗，轉而降清。

清朝的起源

清朝的祖宗，就是明朝的建州衛指揮使，名猛哥帖木兒（清朝人自己說：他的祖宗，是天女呑朱果而生，姓愛新覺羅，名布庫里雍順，這全是有意造作的話，不足為據），地在朝鮮會寧府河谷，後為七姓野人所殺。子董山，弟凡察，分為左、右二衛，遷居佟家江流域。董山因桀驁，為明所誅戮，於是左衛衰而右衛強。明李成梁守遼東時，右衛酋長阿台背叛。滿洲部人尼堪外蘭，引李成梁的兵，把他圍困，阿台是左衛酋長叫場的孫婿，他失的女婿（叫場，《清實錄》作覺昌安，追謚景祖。他失，《清實錄》作塔克世，追謚顯祖）。叫場、他失入城，勸他投降，阿台不聽。城破，叫場、他失亦被殺。他失的兒子，便是清太祖努爾哈赤，向明朝呼冤，明朝仍給以官職。此時努爾哈赤勢甚微弱。後來漸次強盛，滅掉尼堪外蘭，征服滿洲和長白山兩部，並俘掠東海部，以增加人衆，遂犯扈倫，滅哈達。哈達、葉赫是明人稱爲「南關」與「北關」的。哈達即亡，明人乃遣兵助守葉赫。

明朝的戰爭

一六一六年，努爾哈赤叛明，明人派大兵二十萬，分四路東征，三路皆敗，清兵遂滅葉赫，進陷遼、瀋，清太祖從新賓（清時稱興京）遷都到遼陽，又遷都瀋陽。明朝因調度乖方，遼西又多殘破，擬盡撤守備入關，而袁崇煥誓以死守寧遠，清太祖攻之，大敗，受傷而死。太宗立，先征服朝鮮，回兵攻寧遠、錦州又大敗，太宗乃擊破察哈爾部，從喜峰口入寇。袁崇煥亦發兵入援，明思宗中太宗反間之計，把袁崇煥殺掉，錦州遂不能守。然山海關仍屹然爲重鎮，清兵雖從長城各口深入，蹂躪河北、山東，到底不敢久留。

■明軍事失敗之原因

明之兵部，有干涉參謀之權，前敵將帥之行動，受其指揮；而朝中並非兵部之人員，亦得干涉兵部之行動，往往發言。兵部受其牽掣。此等非兵部之人員，其於兵略何知，其識已不如兵部；而兵部居內，其於前敵戰陣之事何知，其識復不如前敵將帥。而前敵將帥為兵部所制，兵部

為其他無識之人員所制，此明軍事上失敗之大原因也。（〈本國史（元至民國）〉，見《呂思勉文史四講》，第八十五頁）

清朝的入關

明朝的流寇，起於一六二八年，因剿辦不得其法，到處入關流竄，遂成不可收拾之勢。後來分爲兩大股：張獻忠入川；李自成在陝西僭位，東陷山西，分兵犯北京，思宗自縊而死，時爲一六四四年。先一年，清太宗亦死了，子世祖立，年方六歲。叔父多爾袞攝政，聞北京危急，勒兵於關外以伺隙，恰有守將吳三桂，因李自成掠其愛妾，開關降清，清人和他合兵，把李自成打敗。自成逃回陝西，清世祖遂入北京。

■清與遼、金、元之不同

清朝的初起，和遼、金、元情形又微有不同。遼、金、元初起時，都不甚了解中國的情形。清朝則未入關時，已頗能譯漢書、用漢人了。當太祖之時，憎惡漢人頗甚，當時俘獲漢人，都發給滿人為奴。尤其是讀書人，得者輒殺。到太宗時，才知道欲成大業，單靠滿洲人，是不行的。所俘漢人，都編為民户，令其與旗人分居，且另選漢官治理。對於讀書人，則加以考試。錄取的或減免差徭，賞給布帛。於明朝的降臣、降將，尤其重視。清朝當日的創業，和一班投效的漢人，如范文程、洪承疇、吳三桂等，確是很有關係的。（《復興高級中學教科書　本國史》下

冊，第十七頁）

明朝的滅亡

明人立福王於南京，荒淫無度，朝臣還要互爭黨見，諸將又不和。清兵攻陝西，李自成走死湖北，清兵遂移攻江南，揚州失陷，督師史可法殉國。福王北狩，清兵直打到杭州，乃北歸。清朝初入關時，不意中國的抵抗力，如此薄弱，所發檄文，還承認福王的自立，雖下剃髮之令，亦旋即取消。至此，乃又下令強迫剃髮易服，以摧挫中國人的民族性，人心大憤，江南民兵蜂起，然不久即失敗。清兵進陷閩、浙，明朝在寧波監國的魯王，逃走舟山，後來舟山失陷，乃到廈門依鄭成功。在福州正位的唐王殉國，清兵遂陷廣東。明人又立桂王於廣西。清朝又遣吳三桂入川，張獻忠敗死。然川南、川東，都附明桂王。李自成餘黨在湖南，亦受招撫，助明抗清，江西、廣東，亦都反正，合雲南、貴州共有七省之地，但殘破之餘，到底敵不過新興的氣焰。至一六五一年，各地相繼失陷，桂王窮居南寧，遣使到貴州，求助於張獻忠餘黨孫可望，可望遣李定國等分路出兵，殺敗吳三桂，恢復四川，並攻破桂林，把明將降清的孔有德誅戮。清朝對西南，兵力本不夠進取，這時候，頗想維持現狀，而桂王因孫可望跋扈，求助於李定國，定國派人迎王入滇，可望攻之，大敗，轉而降清。明降臣洪承疇守湖南，因請清兵大舉。李定國力戰不勝，乃奉桂王入緬甸，吳三桂又發大兵出邊脅迫，緬人乃奉桂王入三桂軍，為其所害，時在一六六二年，明朝至此滅亡。

三藩的滅亡

明朝既滅亡，清朝乃封降將三人，以守南方之地，是爲「三藩」。一六七三年，因撤藩令下，吳三桂首先舉兵。耿、尙二藩，亦都響應。貴州、廣西、四川、湖南，先後陷落。聲勢頗張，然三桂年老，不能用棄滇北上之計，徒和清兵相持於湖南、江西，兵勢遂漸促。耿、尙二藩，又轉而降清，三桂死後，其孫遂於一六八一年，爲清所滅。

臺灣鄭氏

然而天南片土，還保存著漢族的衣冠，這便是臺灣鄭氏。先是清兵破福建，實由明朝叛臣鄭芝龍，暗中輸款，芝龍的兒子鄭成功獨不肯，據金門、廈門，和清朝相抗。清攻桂王時，成功大舉入長江直薄南京，因勢孤退出，旋從荷蘭人手裡，奪取臺灣，以爲根據地。成功死後，子經繼立。三藩平後，清朝頗想同他講和，而鄭氏的降將不肯。鄭經卒後，國有內亂，一六八三年，遂爲清人所滅。

第三十六章　清初之政治及武功

清朝初入關時，屠殺是很厲害的。圈占民地，以給旗人，貽害亦很烈。但其政治，確較明末為整飭。聖祖在位歲久，勤於政事。世宗雖然殘忍，亦頗嚴明，與民休養生息，便又現出富庶的景象了。中國的國民，自助的力量，本來是很大的。只要國內承平，沒甚事去擾累他，那就雖承喪亂之餘，不過三四十年，總可復臻於富庶。清朝康熙年間，又算是這時候了。武功是時會之適然。中國的國情，是不適宜於向外侵略的。所以自統一以後，除秦漢兩朝，襲戰國之餘風，君主有好大喜功的性質，其餘都是守禦之師。不過因了國力的充裕，只要㈠在我的政治相當清明，㈡在外又無方張的強敵，即足以因利乘便，威行萬里。歷代的武功，多是此種性質，而清朝，亦又逢著這種幸運了。

清初的政治

清朝初入關時，屠殺是很厲害的。圈占民地，以給旗人，貽害亦很烈。但其政治，確較明末為整飭。聖祖在位歲久，勤於政事。世宗雖然殘忍，亦頗嚴明，與民休養生息，便又現出富庶的景象了。高宗雖然奢侈，表面上也還能維持著這個盛況，所以從一六八一年三藩平定起，到一七九五年，即乾隆的末年，總算是清朝的治世。清初，漢人雖因流寇的騷擾，軍人的專擅作假，精疲力盡，不得不屈服於異族羈軛之下，然而反抗的心理，總是不能沒有的。但滿族為收拾人心起見，亦頗知用牢籠政策以為緩和。所以聖祖、高宗時，曾兩開博學鴻詞科；又網羅儒臣，編纂書籍（編纂書籍以聖祖、高宗時為最多，聖祖時之《古今圖書集成》一萬卷，高宗時之《四庫全書》三萬六千餘冊，尤為最大編著），一面又大興文字之獄，把明人著述，涉及滿洲事實的，都加以銷毀（文字之獄，如聖祖時，莊廷《明史》案，戴名世《南山集》案，皆至滅家。世宗、高宗時，因詩文字句有毀謗嫌疑而起大獄者更眾。餘見下章）；以摧挫士氣。禁止滿、漢通婚；滿人不得學漢人風俗。滿兵駐防各省的，亦和漢人分城而居；並把滿、蒙封鎖起來，不許漢人移殖。這許多，都是金、元人所想不到，而亦不敢行的。

■興於統一，敗與內潰

大凡民族的強盛，總是從統一同族起的。清太祖之興，也是如此。大凡北族的滅亡，總是由於內潰。而其內潰，則總是由於宗室之中，相爭不絕的。這是從匈奴以後，都是如此。讀者請把匈奴、突厥、薛延陀等等的事情，一加考校，自然見得。其互相爭而能夠終定於一的，就可以暫時支持。遼、金兩朝的初葉，就是其適例。清朝從太宗到世宗，累代相承，總算把驕橫的宗室壓服。其部族，就可以保得不至於內潰了。（《白話本國史》第三冊，第三十一、四十七頁）

■盛世與國民的自助力

中國的國民，自助的力量，本來是很大的。只要國內承平，沒甚事去擾累他，那就雖承喪亂之餘，不過三四十年，總可復臻於富庶。清朝康熙年間，又算是這時候了。而清初的政治，也確較明中葉以後為清明。當其入關之時，即罷免明末的三餉。又釐訂《賦役全書》，徵收都以明萬曆以前為標準。聖祖時，曾疊次減免天下的錢糧。後來又定「滋生人丁，不再加賦」之例，把丁賦的數目限定了。這在農民，卻頗可減輕負擔。而當時的用度也比較地節儉。所以聖祖末年，庫中餘蓄之數，已及六千萬。世宗時，屢次用兵，到高宗初年，仍有二千四百萬。自此繼長增高，至一七八二年，就達到七千八百萬的巨數了。以國富論，除漢、隋、唐盛時，卻也少可比擬的。

（《復興高級中學教科書　本國史》下冊，第十九頁）

蒙回藏的平定

清朝的武功，是頗有可觀的。這也並不是滿洲人有什麼力量，還不過是利用中國的國力罷了。清朝當入關前，漠南蒙古，即已爲其所征服。漠北蒙古，則不過每年送他一匹白駝，八匹白馬（清朝謂之「九白之貢」），還無甚深切的關係。此時蒙古信喇嘛教，已漸流於弱；而天山北路的衛拉特漸強。西藏人所信的喇嘛教，係唐中葉後，由印度傳入的。其後專炫幻術，頗多流弊。十五世紀，宗喀巴生於西寧，乃改良教義，另創新派。他的信徒，都著黃衣冠，和舊派的紅衣冠區別。世因稱舊派爲紅教，新派爲黃教。黃教推行日廣，至十六世紀中，遂普及青海和蒙古（其時俺答征服青海，留兩個兒子據守。他這兩個兒子，先相信了喇嘛教，因而感化到俺答）。黃教教規，不許娶妻。教中尊宿，都以呼畢勒罕（再生的意思。據他們說：教中的尊宿，來去都可以自由，死前即預知將來託生何所的。可以依著他的指示，去找這地方新生的孩子。找到了，用種種方法試他，決定他是再來人，就把他迎接回去，施以特別的教養；達到一定年齡，就可以承襲其地位和職務。如其沒有預示託生之所，也有用占卜的方法決定的），主持教務。宗喀巴兩大弟子達賴和班禪，都住在拉薩；其第三大弟子哲卜尊丹巴，則住居庫倫；而後藏拉達克的藏巴汗，仍為紅教護法。十七世紀中，西藏第巴桑結（第巴，官名，達賴喇嘛只管教務，政務是另行設官管理的，第巴即其中之一），招和碩特固始汗入藏，攻殺藏巴汗，奉班禪居日喀則，固始汗留子達延汗在西藏，而自己徙牧青海。桑結又招準噶爾噶爾丹入藏，把達延汗攻殺。於是準噶爾統一四衛拉特，勢大張，遂徙牧阿爾泰山，突發兵襲外蒙古，喀爾喀三汗（外蒙喀爾喀，有汗號的，共有三人：一土謝圖汗，一車臣汗，一札薩克圖汗。清世宗時，札薩克圖汗所屬郡王策凌，曾自練精兵，把準噶爾打敗。清朝乃使之獨立，是為三音諾顏汗。喀爾喀自此以後，就有四汗了），都復走漠南，時在一六八九年。清聖祖為之出兵，擊破準噶爾，噶爾丹因舊地為其兄子所據，窮蹙自殺，喀爾喀還治漠北。聖祖死，和碩特謀叛，亦給世宗打平。高宗時，準部內亂，又乘機把他征服。天山南路，從元朝以來回教盛行，回教教主後裔，居於喀什噶爾，甚得人民尊信。準噶爾強時，曾將其酋長兄弟兩人，拘質於伊犁，清平準部後放歸。二人卻據天山南路，和清朝相抗，又給高宗打平，時為一七五九年。於是蔥嶺以西諸回部，亦都來朝，是為清朝武功最盛之世。

■武功是時會之適然

武功是時會之適然。中國的國情，是不適宜於向外侵略的。所以自統一以後，除秦漢兩朝，襲戰國之餘風，君主有好大喜功的性質，社會上亦有一部分人，喜歡立功絕域外，其餘都是守禦之師。不過因了國力的充裕，所以只要㈠在我的政治相當清明，㈡在外又無方張的強敵，即足以因利乘便，威行萬里。歷代的武功，多是此種性質，而清朝，亦又逢著這種幸運了。自唐中葉後，喇嘛教輸入吐蕃，而西藏人的性質遂漸變。明末，俺答的兩個兒子侵入青海。其結果，轉為青海地方的喇嘛教所征服，喇嘛教因此推行於蒙古，連蒙古人的性質，也漸趨向平和，這可說是近數百年來塞外情形的一個大轉變。在清代，塞外的侵略民族，只剩得一個衛拉特了。而其部落較小，侵略的力量不足，卒為清人所摧破。這是清朝人的武功，所以能夠煊赫一時的大原因。

（《呂著中國通史》下冊，第五一九—五二〇頁）

西南諸國的平定

安南從脫離中國自立後，南併占城，國勢頗盛。其西鄰的暹與羅斛，則明初合併為一國，受封於中國，為暹羅國王。更西，在半島的西部，元、明兩代，還大都是中國的土司。其後中國實力不能及，而緬甸即自立為國。十八世紀後半，緬甸強盛，吞併暹羅，又侵犯雲南，清高宗出兵討伐，不勝。安南當明末，其王黎氏，曾為其臣莫氏所篡，後藉其臣鄭氏、阮氏之力，才得復國，而頗薄待阮氏，阮氏遂南據順化形同獨立。這時候，阮氏又爲西山的阮文岳所滅，是爲新阮，並滅黎氏，清高宗討伐新阮，亦不得利。然兩國都怕清朝再出兵。華人鄭昭，流寓暹羅，曾做過暹羅的官。暹羅亡時，鄭昭罷職在家，後來亦起兵恢復暹羅，將緬甸驅逐。緬甸又怕他和中國夾攻，亦都請和朝貢於清。西藏邊外的廓爾喀，曾舉兵犯藏，給清朝打敗。哲孟雄不丹，則本是西藏的屬部，這三國亦都來朝貢。清朝的疆域，就和漢、唐相頡頏了。

■清史的分期

清代的歷史，可分為前後兩期：順治、康熙、雍正、乾隆四朝，國內大體平安，對外的用兵，亦多勝利，此時雖已與西洋交通，尚未感覺其影響，純為閉關獨立之舊，其情形頗與漢、唐盛世相似，此時期約歷一世紀半，可稱為前期。至嘉慶時而內亂作，道光時五口通商，漸受外力影響，而情形一變矣。在前期一世紀半中，海內尚未大定，然政治及社會之情形，業已好轉。中國社會，本來在秩序安定的情形下，數十年間，即可轉為富庶。康熙中葉後，適逢其時，故國內漸見昇平氣象。雍正承之，行政稍加嚴肅，於政治風紀及財政，均有裨益。乾隆時遂臻極盛。高宗性本奢侈，中年後任用和珅，大肆貪黷，政治風紀大壞。而社會情形，亦適逢惡化之時。於是哀機潛伏，至其末年，內亂爆發，轉入後期矣。（〈本國史（元至民國）〉，見《呂思勉文史四講》，第九十頁）

第三十七章 中華民族之擴大

中華民族的擴大，本已不止一次，而到近代，則其成績尤爲顯著。其在北方，因蒙古受了喇嘛教的感化，滿洲人又入據中原，三百年來，北境均平安無事，遂成爲拓殖的好機會。遼東西久爲中國郡縣；就吉、黑兩省，也很適宜於農耕；所以這三省，拓殖的成績，最爲優良。新疆方面，漢人移殖的較少；西藏、青海更少。然這兩方面，靠了宗教的力量，實在同化了許多複雜的民族。西洋各國因爭教而致分裂，我們則信仰自由，各種宗教，互相尊重，因此而收到團結聯合的效果，這眞是民族的「度量相越」了。

滿蒙的同化

中華民族的擴大，本已不止一次，而到近代，則其成績尤爲顯著。其在北方，因蒙古受了喇嘛教的感化，滿洲人又入據中原，三百年來，北境均平安無事，遂成爲拓殖的好機會。清朝對於漢人，猜忌是很深的，山海關以外，都不許漢人移殖；即蒙古亦然。（清朝的奉天將軍，每到年終，要奏報本年並無漢人私行出關，直到光緒年間，還是如此。眞可發一大噱。蒙古從前漢人前往經商，是要領有票據的。居住不准滿一年。且不許在蒙古造屋。）然此等無謂的禁令，敵不過漢人自然膨脹的力量。所以從清朝入關後，山東人民，渡海前往東三省的，依舊不少。從海口沿官道深入，漸次分布於內地。就是因犯罪遣戍到黑龍江的人，也有在那裡成家立業的。咸、同亂後，漢人更出長城，移殖到蒙古東部，又由此而入吉、黑。清朝明知禁令之無益，亦就默認其解除。而此時外患漸亟，並覺得東三省有充實的必要，就更有官自開放，招人前往墾殖的事情了。遼東西久爲中國郡縣；就吉、黑兩省，也很適宜於農耕；所以這三省，拓殖的成績，最爲優良。滿語、滿文幾於不復存在。一切風俗，亦和內地無異。據最近的調查，三省的居民，十五分的十四，都是漢人。這都是前人辛苦經營的成績呀！次之就要算內蒙了。

■只有「移民實邊」，不可「限民虛邊」

關東三省，是清朝的老家（其實也算不得他的老家，因為遼東西本來是中國的郡縣）。他入關以後，還想把他保守著（儻使老家給漢人占據起來，他就無家可歸，真正在中原做了客帝了）。而東三省的形勢，和蒙古的關係，又很為密切的。所以想把這兩處，通統封鎖起來。關東三省中，只有少數的「民地」。此外就都是「旗地」和「官地」，漢人出關耕墾，是有禁的。蒙古亦有每丁的私有地，和各旗公共之地。都不准漢人前往墾種，就漢人前往蒙古經商的，也要領了票據，然後可往。且不得在蒙古住滿一年。不准在蒙地造屋。他的意思，無非怕漢蒙聯合，要想把漢蒙隔絕了，滿蒙卻連結一氣，以制漢人，然而這種違反自然趨勢的命令，到底敵不過漢族天然膨脹之力。當康熙時，山東的人民，已經陸續地向關東移住了。這種封鎖的政策，雖然不能阻止漢人的自然移殖，畢竟把漢人的移殖，阻止得緩了許多。現在蒙滿之地，還是彌望荒涼，都是這種封鎖政策的罪惡。儻使當初不存一「聯合滿蒙，以制漢人」的謬見，早早把滿蒙開放，設法獎勵漢人的移殖，到現在，就不敢說和內地一樣，怕總比現在的情形，充實得加倍不止。絕不會有後來抱著滿蒙這麼一大片的地方，反憂其「瓠落而無所容」的患害。不但如此，漢官昏憒，到底也比什麼將軍、副都統等清楚些（就使官都昏憒，幕裡也總有明白的人）。儻使早早招徠漢人，設置州縣，沿邊的情形，也總要比較明白。像前五四、五二兩年（一八五八、一八六〇），一舉而割掉幾千萬方里的地方的事情，怕不會有罷？總而言之，從古以來，只聽見「移民實邊」，沒聽見「限民虛邊」。（《白話本國史》第四冊，第五十八、五十九—六十頁）

回藏的開拓

新疆方面，漢人移殖的較少；西藏、青海更少。然這兩方面，靠了宗教的力量，實在同化了許多複雜的民族。回族在現在，只是一個宗教上的名詞。所謂漢回，除信仰回教以外，其餘一切，與漢人無異。就是別種民族，如纏回等，亦因其信仰回教，而風俗漸趨於同一了。青藏方面亦然，以該地方地勢的崎嶇，民族的複雜，非藉喇嘛教的力量，斷不能像現在的大略趨於一致的。西洋各國因爭教而致分裂，我們則信仰自由，各種宗教，互相尊重，因此而收到團結聯合的效果，這眞是民族的「度量相越」了。

西南的開拓

西南方面，歷代的開拓，亦是到近代才竟其全功的。湖南和貴州的東部，屬於洞庭流系，爲苗族的根據地。其中惟湘江流域，開拓最早。澧、沅、資三水流域，則是從隋唐到清朝，逐漸開闢的。貴州於一四一三年列爲布政司（明成祖永樂十一年），其東南部的苗疆，則到清朝雍正年間強制執行「改土歸流」的政策（「改土歸流」爲雍正四年雲南巡撫兼總督鄂爾泰奏請用此策以平苗疆。所謂改土歸流，就是改土司爲流官的意思）才算成功。廣西一省，明代用兵最多。雍正改流時，開闢亦不少。雲南當明時，還全省都是土官，就正印是流官，亦必以土官爲之副。後來逐漸改流，亦是到清朝雍正年間大定的。四川西北境的大小金川，清乾隆時，抗命最烈，前後用兵五年，糜餉七千萬，然後平定。一時雖然勞費，卻也獲長治久安之功。總而言之：西南一帶，現在只是地利有待於開闢，以民族論，可說是沒有問題了。

西南的改土歸流

清朝對於川、滇、黔、桂諸省的用兵，雖然事在疆域之內，然和西南諸省的開拓，實在大有關係。原來西南諸省，都係苗、傜、倮羅諸族所據。雖然，自秦漢以降，久列於版圖，而散居其地的種落，終未能完全同化。元時，其酋長來降的，都授以土司之職，承襲必得朝命。有犯順、虐民，或自相攻擊的，則廢其酋長，代以中國所派遣的官吏，是之謂改流。雖然逐漸改流的很多，畢竟不能不煩兵力。此等用兵，雖一時不免勞費，然在西南諸省的統治和開發上，總可算有莫大利益。（《復興高級中學教科書　本國史》下冊，第三十五頁）

第三十八章　清初之外交與中葉之政治

西人的東來，遠在明朝中葉，其時除廣東一隅外，以全國論，可謂不曾受到什麼影響，到清朝就不然了。最初在國交上發生關係的，就要數到中、俄的劃界交涉。侵略國的思想，是愛好平和之國所夢想不到的。假如中國而有了西伯利亞的廣土，亦不過視為窮北苦寒之地，置諸羈縻之列。所以黑龍江兩岸，遠較西伯利亞為膏腴，尚且不能實力經營。若說如俄國，立國本在歐洲，卻越此萬里荒涼之地，以求海口於太平洋，這是萬想不到的事。所以近世中國受列強的侵削，歷史上國情的不同，實在是其最重要的根源。清朝的勢力，在表面上，到乾隆時為極盛，然而盛極必衰，其危機也就潛伏於這時候的。

中俄交涉

西人的東來，遠在明朝中葉，其時除廣東一隅外，以全國論，可謂不曾受到什麼影響，到清朝就不然了。最初在國交上發生關係的，就要數到中、俄的劃界交涉。蒙古西征以後，俄人本隸屬於其所分封的欽察汗。到十五世紀，俄人漸強，而欽察汗後裔，互相爭鬥，俄人遂脫蒙古羈絆而自立。其時哥薩克族（Cossacks，即哈薩克 Kazak 的音訛，此種人自亞入歐，住在俄羅斯南部草原）歸附俄人，替他向東侵略西伯利亞。

■國情不同是近世受侵削之根源

侵略國的思想，是愛好平和之國所夢想不到的。假如中國而有了西伯利亞的廣土（中國當漢、唐盛時，西伯利亞南部諸國，亦都曾朝貢服屬。在唐時，並曾置羈縻府州），亦不過視為窮北苦寒之地，置諸羈縻之列——所以黑龍江兩岸，遠較西伯利亞為膏腴，尚且不能實力經營。若說如俄國，立國本在歐洲，卻越此萬里荒涼之地，以求海口於太平洋，這是萬想不到的事。然而近世的帝國主義，則竟有如此的。所以近世中國受列強的侵削，歷史上國情的不同，實在是其最重要的根源。（《復興高級中學教科書　本國史》下冊，第六十五頁）

清朝入關時，俄人的遠征隊，已達到黑龍江邊。在江外造了尼布楚、雅克薩兩城。此等遠征隊，專事剽掠，黑龍江流域的居民大爲不安。清聖祖屢次致書俄將，請其約束，都無效。一六八五年，乃命黑龍江都統出兵，攻毀雅克薩城。俄人又修理駐守，清兵亦再進兵圍攻。會聖祖前託荷蘭商人致書俄皇，此時得其覆書，請先解圍，然後兩國各派使臣，會商疆界。聖祖乃將圍兵撤退，公元一六八九年，兩國使臣，相會於尼布楚〔中國使臣爲索額圖，俄使爲費耀多羅（Fedor A. Golovin）〕，俄人要求劃黑龍江爲界，中國則要求以外興安嶺爲界。彼此相持，勢將決裂，此時俄人在東方的兵力，還不夠和中國爲敵。俄使護從的兵，也較中國使臣爲單薄，乃照中國的意思，西以額爾古納河；東自格爾必齊河以東；以外興安嶺爲界。嶺南諸川，流入黑龍江的，都屬中國，是爲《尼布楚條約》。約訂後，在北京設俄羅斯館，許俄國派學生到中國來，學習滿、漢文字，後又許俄商三年到北京貿易一次，免其稅項。

《尼布楚條約》訂後未幾，而準噶爾之事起，外蒙全歸向中國，於是又發生蒙俄界務問題。此事於公元一七二七年，訂《恰克圖條約》解決。自沙賓達巴哈以東，都行訂定（就是現在的蒙、俄疆界。中、俄界約，惟這一段，訂定後沒有變動）。以恰克圖爲通商地點。到高宗時，就停北京貿易，專在恰克圖。

廣東通商交涉

廣東方面的通商，中國人認澳門爲各國居留之地，而事實上，爲葡人所把持，各國都感不便，而以英國爲尤甚。臺灣鄭氏滅亡後，清朝曾開四處海口通商，然事實上，各國貿易，皆在廣州。此時廣東的對外貿易，爲公行所專，外人頗受剝削（公行，亦稱洋行。其時的洋行，是由華人設立的。五口通商以後，才由外人設立而僱用中國人做買辦。和內地的牙行一般，因與外洋商人往來，故稱洋行，最著名的爲十三洋行。當時外商營業的居所，名爲商館（Factory），限定只得與公行交易，稅項由他估定，還有官吏所收的「規禮」，公行所抽的「行用」，亦要一併加上，行用初時頗輕，後來逐漸加重到好幾倍），英人住在廣州商館裡，受種種拘束，尤不自由（如不准攜眷；不准坐轎；出外遊玩，限於逢三、八日等）。英人乃於公元一七九二、一八一六兩年，兩次派遣使臣到中國來，要求改良通商章程，都不得結果。（公元一七九二年，英使爲馬甘尼（Macartney），近譯亦作馬戛爾尼。公元一八一六年所派爲阿姆哈司（Amherst）。前一次，適值高宗八旬萬壽，中國人強指其爲祝壽來的，賞以禮物筵宴，於其所要求的事，則賜給英吉利國王敕諭兩道，一概駁斥不准。後一次因國書衣裝落後，仁宗召見，英使以疾辭，仁宗疑其傲慢，將其押解回廣東。）先是英國在中國的貿易，亦爲東印度公司所專。公元一八三四年，乃將其專利權取消。公司的代理人，中國謂之「大班」，英國派貿易監督官前來，中國官吏，仍當他是大班，不肯和他平等交際，後來英人又改派義律爲領事〔Charles Elliot，此爲甲必丹義律。後來鴉片戰爭時，合伯麥（G. Bremer）統兵前來的，爲加至義律，近譯亦作爲喬治義律（George Elliot）〕，和中國交涉，亦不得要領，義律乃報告本國政府，說要得中國平等待遇，非用兵力不可，兩國的戰機，就潛伏了。

■澳門問題的由來

明朝在廣州，本來設有市舶司。其初外國船來通商的，都停泊在海洋之中，就船貿易。公元一五三五年，指揮使黃慶，才許他們在澳門居住。是為西人在陸地得有根據之始。後來葡萄牙人，就漸漸地築城置戍，據為己有了。當時曾有人請把他們驅逐出去，仍在海洋中就船交易。廣東官吏籌議說：「香山內地，官軍環海而守；彼日食所需，咸仰於我，一懷異志，立可制其死命。移泊外洋，大海茫茫，轉難制馭。」遂作罷。這話在當日，原是合乎情勢的。但是到後來，情勢變遷，澳門就竟給葡萄牙人占據去了。葡萄牙人占據澳門後，初尚按年交納地租，到公元一八四九年，那時候，已經是清朝的道光末年，在五口通商之後了。葡人藉口其頭目被殺，就抗不交租。後來清朝和歐、美各國，多數立約通商，獨葡約因澳門問題，不能成立。其時還有「由中國償還葡人築路、建屋之費，把澳門收回」之議，未能有成。時鴉片久已用洋藥之名，抽收稅釐，而從香港、澳門偷運入境的，非常之多。中國要求英國人緝私。英國人說：「澳門如不緝私，香港亦難照辦。」中國不得已，於公元一八七七年，和葡人訂立條約，許其「永居，管理澳門」，而葡人允許助中國人緝私，竟成割讓澳門以交換查緝私煙之局了，這是何等痛心的事？澳門既割棄後，界址又未能劃定。（見《初中標準教本　本國史》第三冊，第三、九—十頁）

傳教的情形

利瑪竇等初來傳教時，一切順從中國的風俗，拜孔子，拜祖宗，都在所不禁（他們的解釋說：「中國人拜孔子，是敬仰其人格；拜祖宗，是報恩的意思；都沒有求福免禍之見，不能算崇拜偶像。」），後來別派教士，有向教皇攻擊他的。教皇遣使到中國來禁止。清聖祖大怒，將其使逐歸澳門，命葡萄牙人拘禁。（教皇所派使 Tournon，舊譯作多羅，新譯作鐸羅。被葡人監察甚嚴，憂憤而死。）然教皇仍不肯將其禁令取消，於是在華傳教的教士不能再容忍中國人的風俗，彼此隔礙就漸深。到一七一七年，清朝就禁止天主教傳布。教士除在京效力的外，一概逐歸澳門（後因澳門地小不能容，許居廣州天主堂，而禁止出外行走）。各地方的天主堂，都改為公廨。

清中葉的內政

清朝的勢力，在表面上，到乾隆時爲極盛，然而盛極必衰，其危機也就潛伏於這時候的。高宗是一個好大喜功的人，他件件事情，都要摹仿聖祖，而沒有他的聰明勤力，凡事都喜歡裝飾表面。又好奢侈，六次南巡，沿途供帳，所費甚巨。中歲後任用和珅，貪贓枉法，爲古今所無，官吏都不得不賄賂他，於是上司誅求下屬，下屬剝削百姓，吏治大壞，社會就騷然不安了。

一七九五年，高宗傳位於仁宗。明年，白蓮教徒，就以「官逼民反」爲詞，起事於湖北，蔓延四川、河南、陝西、甘肅等省。攻剿十年，才算全平。同時，東南有「艇盜」，閩、浙、廣東，大受其害。到公元一八〇九年才平定。而一八一三年，北方又有天理教之變。教首李文成、林清，至結聯內監，襲入宮禁，其黨亦叛於山東、河南。宣宗時，回疆又有張格爾之變。張格爾，就是天山南路教主的後裔，清平天山南路時，逃到浩罕去的。至是借其兵入寇，陷南路數城。這許多叛變，雖然都經戡定，然而人心搖動的情形，就可以見得了。

清朝的財政，是當康熙時代，就有餘蓄的。乾隆最盛時，曾達七千餘萬兩，嘉慶以後，內外多故，就開始患貧。至於兵力，則當吳三桂起事時，滿兵已不足用。「綠營」亦徒有其名，川楚教匪的戡定，實在是得力於鄉勇的。以如此腐敗的政治，而要當西人方興之焰，自然要敗壞決裂了。

■中國歷代財政之窳敝

凡百政事，總是有了錢，才能夠舉辦的。所以財政實為庶政的命脈。要想積極地整頓政治，理財之法，是不能不講的。中國的政治，既是放任主義，所以其財政亦極窳敝。全國最重要的賦稅是地丁。地即田稅，丁乃身稅，本指力役而言。責民應役，其弊甚多，乃改為折納錢而免其役。而所謂折納錢者，又不是真向應役的人徵收，而是將全縣丁額，設法攤派於有田之家，謂之丁隨糧行。名為丁稅，其實還是田稅。清朝所謂編審，就是將丁稅之額，設法改派一番，和清查戶口，了不相干。所以各縣丁稅，略有定額，並不會隨人口而增加。清聖祖明知其然，乃於康熙五十一年下詔：令後此滋生人丁，永不加賦。新生人丁，概不出賦，而舊有丁賦之額，仍要維持，就不得不將丁銀攤入地糧了。至此，地、丁兩稅，乃正式合併為一。所以昔時租稅的基本部分，全為農民所負擔，其伸縮之力極小。財政困難時，加賦往往召亂。但不加賦，又無以應付事情，這亦是從前政治難於措置的一端。（〈中國近世史前編〉，見《中國近代史八種》，第一五四—一五五頁）

第三十九章　鴉片戰爭

鴉片戰爭，是中西正式衝突的開始。這是積了種種的障礙，到此爆發的；所謂禁煙，倒不過是一個導火線。種種的經過，都是不諳外情當然的結果。中國當承平時，政治是放任的，兵備是廢弛的。林則徐查辦煙案，兵怨之，夷怨之，私販怨之，莠民亦怨之，反恐逆夷不勝。英兵所至，到處官逃民散，論者稱其爲入無人之境，社會的情形，積重如此，又豈一日所能轉變？中國人和外國人交涉，是自尊自大慣了的，也是暗昧慣了的。從此以後，中國在外交界上，就完全另換了一番新局面了。所可惜的，當時別種方面，雖然屈從英國人，禁煙一事，仍舊可以提出的。而當時議約諸人，於此竟一字不提。倒像英國的戰爭，專爲強銷鴉片而來；中國既然戰敗，就不得不承認他販賣鴉片似的。

鴉片的輸入

鴉片戰爭，是中西正式衝突的開始。這是積了種種的障礙，到此爆發的；所謂禁煙，倒不過是一個導火線。鴉片在唐德宗貞元時，已由大食商人輸入中國（宋初所修《開寶本草》，也有其名（開寶，宋太祖年號，公元九六八至九七五年））。但是從前只作藥用。明末，煙草輸入，吸食的人漸多，其中有一種，是以鴉片和煙草同熬的，謂之鴉片煙。那時代吸煙草也有禁令，後來就解除了。鴉片煙則訖未弛禁，然吸者亦不絕。明神宗萬曆年間，鴉片初由葡萄牙人輸入，每年不過幾千箱。十八世紀中葉，英人獨占印度，印度的恆河流域，是鴉片產地，輸入遂逐漸增多，後來竟近三萬箱。那時候的中西貿易，輸出以絲、茶爲大宗，輸入以呢、布、鐘錶爲大宗，出入本略可相抵。鴉片輸入激增後，進出口不能平衡，乃不得不將現銀輸出。銀是清朝時候用作貨幣的，既然銀條外流，內地銀荒日甚，於是銀價上漲，貨值日跌。經濟界頗受影響。（當時賦稅都係收錢，換成銀兩解上去，錢賤銀貴，徵收的官吏，就要賠累。鹽商賣鹽交課亦然。）而吸煙的人，志氣頹唐，身體衰弱，尤爲民族一大危機。於是禁煙之議起。

■禁煙問題的兩派

中國是時，沒有這許多出口貨與之相抵，只得輸出銀兩，銀是清代用為貨幣的，官吏徵收錢糧，鹽商賣鹽，所收的都是銅錢，及其解交國庫，則都須換成銀兩。銀錢相易，前此都有贏餘，此時則不克賠累，影響於財政頗巨。於是嚴禁之議復起。私運為大利之所在，能否用快刀斬亂麻的手段，一切禁絕，頗成問題。而對外方面，通商上的癥結深了，能否一切不顧，專辦禁煙，亦成問題。作《中西紀事》的夏燮，眼光是很舊的，然而他論禁煙之事，亦說不宜同時斷絕通商。且說鼂錯策七國，削之反速而禍小，不削反遲而禍大，當時情事，適當其反。西人萬里而來，不過圖利，若使其有利可得，戰禍或竟可消弭於無形。可見當時戰事，燒煙其名，爭通商之利其實，為眾所共知。所以當時太常寺少卿許乃濟一奏，頗主緩和。主開禁收稅，但只准以貨物交易，不許用銀，官員、士子、兵丁禁吸，餘不問，且許栽種。然積弊須以漸除，固是一理，要用迅雷疾風的手段，加以震懾掃蕩，然後爬羅剔抉的工作，乃得繼之而進行，亦是一理。林則徐在當時，大約是主張後者的，至於對外的關係，則非當時所知，總以為前此辦理的不善，由於官吏的畏葸不負責任。於是嚴厲的行動，就開始了。（〈中國近世史前編〉，見《中國近代史八種》，第一七四—一七五頁）

林則徐的禁煙

一八三八年，宣宗將禁煙問題，命臣下詳議，多數主張嚴禁。湖廣總督林則徐，奏語尤為激烈（則徐有「煙不禁絕，國日貧，民日弱，數十年後，豈惟無可籌之餉，抑且無可用之兵」諸警語）。宣宗即命他到廣東去查辦。明年，則徐迫令英人繳出鴉片二萬另二百八十三箱（每箱一百二十斤），把他悉數燒毀。下令各國商船：進口的要具「夾帶鴉片，船貨沒官，人即正法」的甘結。各國都照具了，獨有英國不肯。義律命英商退往澳門，則徐斷其接濟。義律遂以兵船封鎖廣州，然未得政府的允許，究不能和中國開戰，乃又請他國斡旋願具「夾帶鴉片，船貨充公」的結，但請刪「人即正法」四字，則徐亦不許。

雖林則徐對外仍是隔膜

中英交戰之時，英船嘗三犯臺灣。第一次在雞籠，第二次在大安港，都擱淺。當姚瑩等捕獲英人時，廷寄命其將該國地方，周圍幾許？所屬之國，共有若干？其最為強大，不受該國約束者，共有若干人？英吉利至回疆各部，有無旱路可通？平素有無往來？俄羅斯是否接壤，有無貿易相通？逐層密訊，譯取明確供詞，切實具奏。林則徐在廣州時，奏稱震於英吉利之名者，以其船堅炮利而稱其強，以其奢靡揮霍而豔其富。不知該夷兵船笨重，吃水深數丈，僅能取勝外洋，至口內則運掉不靈，一遇水淺沙膠，萬難轉動。是以貨船進口，亦必以重資請土人導引，而兵船更不待言矣。從前律勞卑冒昧，一進虎門，旋即驚嚇破膽，回澳身死，是其明證。且夷人除槍炮以外，擊刺步伐，俱非所嫻，而其腿足纏束緊密，屈伸皆所不便，若至岸上，便無能為，是其強非不可制也。又其陛辭時，奏稱內地茶葉、大黃，禁不出口，已足制諸夷之命。至廣州，又奏茶葉、大黃兩項，臣等悉心訪察，實為外夷所必需。其隔膜至於如此，豈在短時期中，能有知己知彼之望？（〈中國近世史前編〉，見《中國近代史八種》，第一七八、一七九頁）

中英的開戰

公元一八四〇年，英國國會通過了用兵。於是英人派兵二萬餘前來，攻擊廣東沿海，不克。改攻廈門，旋亦棄去。北陷舟山，又到大沽投英國首相致中國的信。信中提出六項要求。其時督撫怕多事，宣宗遂派琦善在廣東查辦，林則徐時已授爲兩廣總督，革職，遣戍新疆。琦善既至，和英人磋議。英人要求割讓香港，琦善不敢許。英人就進兵攻陷海口炮臺。琦善不得已，允許了他。清朝聞英人進兵，大怒，將琦善革職，另派大臣督兵進剿。英國亦嫌交涉軟弱，撤去舊員，改換新將（第一次帶兵來的，見第三十八章「廣東通商交涉」注文，後來所換的爲璞鼎查（Henry Pottinger））。清兵到廣東，進攻不勝，英兵至，再陷廈門、舟山，進破寧波、乍浦。又撤兵入長江，陷上海、鎮江，直逼南京，清朝無可如何，乃派耆英等和英人議和，訂立《南京條約》。

■ 社會情形積重難返

中國當承平時，政治是放任的，兵備是廢弛的。當時廣東按察使王廷蘭寫給劉韻珂的信，說各處調到的兵，紛擾喧呶，毫無紀律，互鬥殺人，校場中積屍不知凡幾。甚至夷兵搶奪十三行，官兵雜入其中，肩挑背負，千百成群，竟行遁去，點兵冊中，從不聞清查一二。又說：林則徐查辦煙案，兵怨之，夷怨之，私販怨之，莠民亦怨之，反恐逆夷不勝，前轍不能覆蹈。劉韻珂寫給人家的信，亦說除尋常受僱，持刀放火各犯外，其為逆主謀，以及荷戈相從者，何止萬人？英兵所至，到處官逃民散，論者稱其為入無人之境，而非如入無人之境，社會的情形，積重如此，又豈一日所能轉變？（〈中國近世史前編〉，見《中國近代史八種》，第一七九頁）

南京條約

《南京條約》，大致是照英國人的要求訂定的。其中重要的條款是：㈠開廣州、廈門、福州、寧波、上海五口通商。准英商攜眷居住，英國派領事駐紮。㈡割讓香港。㈢償還煙價六百萬元。商欠三百萬元，並賠軍費一千二百萬元。㈣英人得與華人任意交易，無庸拘定行商。㈤進出口稅則，秉公議定。英貨既完進口稅後，由中國商人，運入內地，只可照原稅酌加幾成。㈥中、英官吏，以平等的禮節往來。這是專為打破前此口岸任意開閉，英人在陸上無根據地，稅額繁苛，不許英官和中國平行之局的。

■自尊自大是外交失敗的根源

中國人和外國人交涉，是自尊自大慣了的，也是暗昧慣了的。打破他這種迷夢的第一聲，便是五口通商之役。這一次的交涉，弄得情見勢絀；種種可笑，種種可恨，種種可惱；從此以後，中國在外交界上，就完全另換了一番新局面了。這種事情，其原因，自然不在短時間內。若要推本窮原論起來，怕真個「更僕難盡」。這雖是短時間的事情，卻是積聚了數千年的思想而成的。真不啻把幾千年來對外的舉動，縮小了演個倒影出來。讀者只要善於會心，也就可以知道中國外交失敗的根源在什麼地方了。（《白話本國史》第四冊，第十一—十二頁）

南京條約的善後

《南京條約》，訂明英兵占據定海和鼓浪嶼，俟賠款交清，五口開放後，方行撤退。中國乃派耆英往廣東，與英人籌議善後問題。此時問題的癥結，為廣東的英領事要入城，而華人固執一七九三年「西洋各國商人不得擅入省城」的上諭，加以拒絕。民氣既不能壓抑，英人又無可通融，耆英深以為苦。一八四六年，五口都已開放，賠款亦已付清，耆英請英人撤兵，英人又要求他訂立舟山群島不得割讓他國之約，而耆英亦要求英人，將入城問題，延緩兩年，英人也答應了。耆英遂急求內調而去，留下一個紛擾的根株。中、英條約訂後，各國都相繼東來，美、法、瑞典都和我國立有條約。惟俄人要在海路通商，仍給中國拒絕。

戰敗仍可禁煙

五口通商一役，種種的經過，都是不諳外情當然的結果，無足深論。所可惜的，當時別種方面，雖然屈從英國人，禁煙一事，仍舊可以提出的。當義律到天津投書的時候，津海道陸建瀛，就主張把禁煙一層，先和他談判。而當時議約諸人，於此竟一字不提。倒像英國的戰爭，專為強銷鴉片而來；中國既然戰敗，就不得不承認他販賣鴉片似的。於是中國對於鴉片，既無弛禁的明文；而實際上反任英人任意運銷，變作無稅的物品。直到前五三年（一八五九年），《天津條約》訂結之後，才掩耳盜鈴的把它改個名目，喚作洋藥，徵收關稅。（《白話本國史》第四冊，第十八頁）

第四十章　太平天國

從秦漢以後，中國歷史上，有一公例：承平了數十百年，生齒漸漸地繁起來；一部分人的生活，漸漸地奢侈起來；那貧富也就漸漸地不均起來；這種現象，一天甚似一天就要釀成大亂爲止。嘉、道以後，內亂時起，外患迭乘；清朝的威望，掃地以盡；革命的種子，就有萌芽的機會了。民族主義鮮明的旗幟，無過於（宋儒）尊王攘夷之論。尊王攘夷，孔門相傳，確有此義。然所以尊王，原是想一匡天下；而所以要一匡天下，則免於被髮左衽，就是其中一個最重要的原因。後來顧亭林先生分別「有亡國，有亡天下」。其所謂國，實指王室而言。所謂天下，似指國家，然中國人於國家的觀念，向來不甚晶瑩，亭林所云天下，與其說是指國家，無寧說是指民族。所以中國的民族主義實至宋而後形成。

民族主義的勃興

當明室滅亡之時，有志於革命的人，見事無可爲，乃想將民族主義的根苗，流傳後代，於是有會黨的組織。（見鄒魯《中國國民黨史稿》第一篇第一章）在粵江流域的爲三合會，在長江流域的爲哥老會，都以反清復明爲口號。從桂王敗亡，臺灣破滅以後，看似漢族全被征服，其實革命種子，仍潛伏於社會之中。嘉、道以後，內亂時起，外患迭乘；清朝的威望，掃地以盡；革命的種子，就有萌芽的機會了。

民族主義至宋後形成

民族主義鮮明的旗幟，無過於（宋儒的）尊王攘夷之論。尊王是晚唐五代以來藩鎮跋扈裂冠毀冕的結果。攘夷則是燕雲十六州割棄，終北宋之世不能恢復，更加以女真猾夏的結果。這四個字原是從《春秋經》裡來的。尊王攘夷，孔門相傳，確有此義。然所以尊王，原是想一匡天下；而所以要一匡天下，則免於被髮左衽，就是其中一個最重要的原因。所以周天子尚在，而孟子力勸齊梁之君以圖王業，可見孟子是沒有扶翼周室之心的。如此看來，攘夷之義實更重於尊王。後來顧亭林先生分別「有亡國，有亡天下」，「國之興亡，肉食者謀之；天下興亡，匹夫之賤，與有責焉」。其所謂國，實指王室而言。所謂天下，似指國家，然中國人於國家的觀念，向來不甚晶瑩，亭林所云天下，與其說是指國家，無寧說是指民族。此義初非亭林所自創，自宋儒的言論推之，是當然要得出這樣的結論的，所以中國的民族主義實至宋而後形成。（〈中國民族精神發展之我見〉，原刊《學林》一九四〇年十二月第二期）

太平軍的起事

太平天國天王洪秀全，廣東花縣人。生於一八一二年，恰在民國紀元之前百年。他少有大志，為要運動下級社會，不得不藉助於宗教，廣東和外人接觸早，對於基督教，認識較多。他乃採取其說，自創一教，稱為上帝教。自稱天父的次子，稱基督為天兄。和同縣馮雲山，到廣西桂平、武宣一帶傳布。這一帶地方的人民，風氣樸實，性質勇敢，信他的人很多。恰好廣西大饑，盜匪遍地。人民辦團練自衛，土著與客民，又相齟齬，他就乘機，以一八五〇年，起事於桂平的金田村。

■太平軍起事的背景

從秦漢以後，中國歷史上，有一公例：承平了數十百年，生齒漸漸地繁起來；一部分人的生活，漸漸地奢侈起來；那貧富也就漸漸地不均起來；這種現象，一天甚似一天就要釀成大亂為止。大亂過後，可以平定數十百年，往後就又是如此了。這是由於生產方法和生產社會的組織，始終沒有變更的緣故。清朝從乾隆以後，也恰好到這時代了。雖然有川楚教匪……亂事，社會的心理，還沒有厭亂。藉宗教煽誘愚俗，也是歷代都有的。從西人東漸以後，黃河、長江兩流域，都還沒大受他的影響。獨廣東和他接觸最早，受他的影響最多。兼且上流社會中人，和固有的文化，關係較深，受外教的影響較難，下流社會卻較容易。合此種種，就造成了洪楊的亂事了。

（《白話本國史》第四冊，第二十四頁）

洪秀全起事之後，襲據永安，建號爲太平天國，自稱天王。同起諸人都封王，東王楊秀清，南王馮雲山，西王蕭朝貴，北王韋昌輝，翼王石達開。清將向榮，把大兵圍困他，太平軍突圍而出，入湖南，出岳州，下武漢，沿江東下，直抵南京，稱其地爲天京。時在一八五三年。向榮率大兵，隨太平軍之後，至天京城外孝陵衛紮營，是爲「江南大營」。清朝又派琦善一支兵，屯駐防揚州，是爲「江北大營」。太平軍殊不在意。並派林鳳祥、李開芳率兵出安徽北伐，胡以晃、賴文英沿江西上。後來北伐的兵，因勢孤，從河南、山西，入直隸，退據山東，給清兵消滅。西上的，卻攻下安慶、九江，再取武漢，甚爲得勢。

太平軍之軍略失策

太平軍在軍略上的失策：㈠未能於初起時全軍北上，與清人爭一旦之命。㈡在南方又未立定規模。㈢初起時藉長江的便利，未久即下天京，後來水師之利反為清人所有。至其軍隊，初起時確甚優良。廣西軍人，強悍善戰，其紀律頗嚴，並無姦淫殺掠之事，所以人民頗為歡迎。清張德堅撰《賊情彙纂》稱：「賊至則爭先迎之，官軍至皆罷市。此等情形，比比皆然，而湖北為尤甚。」可見光復軍興時，簞食壺漿的盛況。此時太平軍軍隊未甚多，其首領的驕奢淫佚亦未甚，所破州縣，到處都有蓄積，取之已足敷用，人民亦有自動進貢以求免禍的，故其財政寬然有餘，無事誅求。（〈中國近世史前編〉，見《中國近代史八種》，第二一九頁）

此時清朝綠營、旗兵，都毫無用處，而曾國藩在湖南練成湘軍，成爲太平軍的勁敵。一出來，就攻陷武漢，進陷九江。派兵從水、陸兩路，進取安徽。先是太平軍中又有內訌。楊秀清專權，天王使韋昌輝把他殺掉，旋又使秀清餘黨，殺掉昌輝。石達開別爲一軍，剽掠湖南、兩廣，後來給清軍消滅於四川。馮雲山、蕭朝貴先已戰死。天王深居簡出，不親政事，太平天國中，遂現出中樞無主的景象。軍紀日壞，將士的暮氣亦日深，幸得英王陳玉成，破湘軍於三河集，忠王李秀成，派兵分擾贛、浙，擊破江南大營，進取蘇、松，太平軍的氣勢又一振。然而大廈非一木所能支，清朝以曾國藩督兩江，指揮諸將，國藩分兵定贛、浙。又遣李鴻章募淮軍，以攻蘇、松，湘軍以全力下安慶，水陸兩軍，沿江東下，天京遂於一八六四年失陷。天王先服毒殉國，子福瑱，殉國於江西，餘黨亦先後敗滅。太平天國共計十五年；勢力所到之地，達十六省；內地十八省，只有陝、甘兩省未到。事雖無成，亦可以算得壯烈了。

■ 太平天國失敗原因

太平軍初起時，以區區嶺南的窮寇，乘間北出，不一年而攻取江寧，振動全國；後來兵鋒所至，蹂躪了一十六省（除陝、甘二省）。攻破了六百多城，其中不可謂無才。他初起的時候，發布「奉天討胡」的檄文，也總應當得幾分漢人的同情。又這時候，外人方厭惡滿洲政府的頑固，對於太平軍，也頗有表同情的。太平軍要想成功，實在不是沒有機會。但是當時民族的自覺，勢力頗小。而君臣之義，卻頗有勢力。曾國藩生平，帶這種色彩，頗為濃厚。大概他們看了這種階級社會裡頭的道德，是維持社會所必需。當時的人的思想，自只如此。後來的人，抱民族主義的，說他為什麼要做滿洲的奴隸？已經可笑了。抱政治思想的，又說他為什麼不把滿洲政府推翻，好把政治澈底改良？這更陷於時代錯誤。推翻王室，改良政治，這件事，在大家都抱著君主思想的時代，談何容易辦到。況且曾國藩等，何嘗知道澈底改良政治來。以練兵造船為自強，正是這班中興名將的政策。太平天國的政治，都帶有西教的色彩，尤易為一般人所疾視。而且他初起兵時，軍紀嚴肅，軍中的重要人物，也都是朝氣。後來始起諸王，互相屠戮。洪秀全也漸漸荒淫。一切軍事政事，都出於他的兄弟仁福、仁達之手，日益腐敗。姦淫搶掠的事情，也一天天多了，自然人民就反對他。這是太平軍所以失敗的原因。（《白話本國史》第四冊，第二十七頁）

太平天國事變的影響

太平天國的興亡，雖不過十五年間，但其影響卻不小。政制社會的改革：太平信奉基督教理，謂人皆上帝子女，故稱男皆曰兄弟，女皆曰姊妹，一律平等。改新曆，行公田，禁止賣娼蓄妾。排斥釋道，廢廟宇偶像，重定儒書，此爲不能抓住民心之處。上海爲外人居留地，上海響應太平時，外人宣言中立，租界行政權漸歸外人，爲公共租界之起源。經此事變後，滿漢畛域消除。漢大臣多任內外大官，得有勢力，清室大權，漸漸推移。

北方的捻亂

太平天國同時，北方又有捻黨。那是無甚主義的，不過只算是流寇。捻黨初橫行於河南、山東、安徽三省之間。太平天國既亡，餘黨和他相合，聲勢驟盛。清朝派僧格林沁去打他，敗死於曹州。乃改派曾國藩，國藩創「長圍圈制」之法，於運河、賈魯河沿岸築長牆，到底給他突破，分爲東、西兩股，東捻首領任柱、賴文光入蘇、魯，西捻首領張總愚走陝西。李鴻章代曾國藩，倒守運河，把東捻逼到海邊平定。左宗棠剿西捻，西捻回竄直隸，李鴻章和他合力，把捻黨包圍在黃、運、徒駭河三河之間打平。這事在一八六七、一八六八兩年。

西北西南的回亂

同時西北、西南，又有回亂。雲南回民杜文秀，以一八五五年據大理，盡占迤西一帶，迤東也有起而創亂的。到一八七二年，才給岑毓英用回將馬如龍打平。西北回亂，起於一八六二年，直到捻匪定後，左宗棠方才回兵剿辦，其時陝、甘幾全成匪區，天山南北路，亦爲浩罕將阿古柏帕夏所據（阿古柏是浩罕的將，浩罕使他隨著張格爾的兒子東來的。後來張格爾的兒子，爲其所廢。此時天山北路，先有回酋妥得璘起兵，進取南路。又有漢人徐學功，起兵自衛，阿古柏和徐學功聯合，攻破妥得璘。徐學功亦內附。於是天山南北路爲俄所據外，餘盡入其手），想在其地建立一個回教國。英、俄、土耳其都和他通使，英人怕俄人南下，危及印度，尤其要扶助他。左宗棠先平定陝、甘，英人仍爲阿古柏求封冊。朝議因用兵勞費，也有主張封他的，宗棠力持不可，於一八七五年進兵，至一八七八年，把南北路都平定，然伊犁先已爲俄人所占，到底釀成重大的交涉。

■亞洲西北部的局勢

歷史上的匈奴、蒙古，都是從亞洲西北部，侵入歐洲的。卻從俄羅斯興起，而亞洲西北部，反受其侵略。歷史上的印度，是常受西亞高原侵略的。卻從英吉利侵入印度，而西亞高原，亦反受其侵略。而且英人的東侵從海，俄人的東侵從陸，本來是各不相謀的。乃英人從印度西北出，俄人從兩海之間東南下，而印度固斯山一帶，就作了兩國勢力的交點。這也可謂極歷史上的奇觀了。當英人侵入印度，俄人侵入兩海之間的時候，也正是清朝平定天山南北路和征服西藏之時。三國的勢力，恰成一三角式的樣子。乃英、俄兩國的勢力步步擴充。而中國的實力，則實在不能越葱嶺一步，就弄成後來日蹙百里的局面了。中國到這時候，也知道西北的形勢緊急了。前二八年（一八八四年），就把新疆改為行省。（《白話本國史》第四冊，第三十二、三十四頁）

第四十一章　英法聯軍與中俄交涉

天下事情，本來只有強權，哪裡有什麼公理？何況平心而論，我們中國弄錯的地方也很多，這「糊塗」兩個字，我們從政府起到百姓止，實在是辭不掉的。僧格林沁在天津設防，把英、法兩國的兵船打壞了，英、法兩國的公使，只得退出去逃到上海。誰知道當時的中國政府，見打了一個小勝仗，便得意非常，把去年所訂的條約廢掉了，叫他們另外派人來，到上海重議。這麼一來，把有理又變作無理了。《尼布楚條約》，中國看似勝利，然而自此以後，對於東北方，並沒有加意經營；而俄人卻步步進取，經過一世紀半之後，強弱自然要易位了。所以邊疆的不保，是壞在平時邊備的廢弛，並不能專怪哪一個人。

廣東交涉的糾紛

公元一八五八和一八六〇年，南方內亂正熾，北方又有英法聯軍和中、俄交涉，遂使外力的侵入，更深一層。先是耆英去後，徐廣縉爲兩廣總督，葉名琛爲巡撫，兩個人，都是有些虛憍之氣的。時粵人自辦團練，要想抵抗外人。英人要求入城，徐廣縉自己到他船上去阻止，英國人想把他扣留起來。團丁同時齊集兩岸，呼聲震天。英人怕肇大禍，乃將徐廣縉放還。並另訂廣東通商專約，把不入城列入約中。事聞，清朝大加獎勵，廣東人更形得意。後來徐廣縉去職，葉名琛代爲總督，對於外人，更持傲慢不理的態度。然實不知外情，亦無實力防備。一八五六年，中國水師，在掛英國旗的亞羅號船上，搜捕海盜（當時香港政府許華船向其註冊，這一隻船，實在是註冊業已滿期的，英人藉口中國搜捕海盜之際，侮辱其國旗，向葉名琛索還所拘捕的人，葉名琛即行送還，英人又不受，說要解決入城問題，遂徑行進攻省城，以爲迫脅）。英領事巴夏禮（Harry Parkes），藉此啟釁，攻陷省城。然並無本國政府的命令，旋又退出，又因印度士兵起了叛變，而粵人以爲英人懼戰易與，燒毀各國商館，反成爲巴夏禮請本國政府用兵的口實。

英法聯軍的東來

此時英想聯絡法、俄、美一致行動，而美、俄都只願改訂商約；法則因拿破崙第三野心難戢，適逢廣西西林縣，又殺掉一個法國教士，法國亦想藉此示威。於是四國各派使臣，英、法則以軍隊相隨，攻陷廣州，把葉名琛擄去，後來死在印度。英、法兵又北上，陷大沽炮臺。清朝不得已，派大臣在天津，和英、法、美三國，各訂條約，是爲一八五八年的《天津條約》。明年，英、法使臣來換約，中國方在大沽口修理防務，命其改走北塘，不聽，強行闖入，爲中國兵擊敗，逃到上海。

■木必自腐，而後蟲生

古人說得好：「木必自腐，而後蟲生之。」況且天下事情，本來只有強權，哪裡有什麼公理？何況平心而論，我們中國弄錯的地方也很多，這「糊塗」兩個字，我們從政府起到百姓止，實在是辭不掉的呢。這一次的條約，言明一年之後到中國的天津來彼此交換。這時候，英國的政府頗有些有意挑釁。咸豐八年（一八五八）五月，到了大沽口，便要硬走白河口到天津。這時候，正值中國的僧格林沁在天津設防，便照會他們改從北塘口，走薊運河裡進去。英、法的使臣不聽，帶了兵艦硬從白河裡闖進來，中國的炮臺上便開炮打他，把英、法兩國的兵船打壞了四隻。兩國上岸的兵士，不是打死，便給中國人擒住了，一個也沒有回去。英、法兩國的公使，只得退出去逃到上海。這一次的事情，本是英、法兩國錯的。要是當時的政府據著理同他們交涉，英、法兩國也未必有什麼說。誰知道當時的中國政府又是糊塗的，見打了一個小勝仗，便得意非常。下了一道上諭，說什麼「英夷狂悖無禮，此次痛加剿殺，應知中國兵威，未可輕犯」的話。把去年所訂的條約廢掉了，叫他們另外派人來，到上海重議。這麼一來，把有理又變作無理了。

（《國恥小史》，中華書局一九一七年版，第三、二十九、三十、三十一頁）

又明年，英、法兵再至，攻陷大沽，清朝再派親王講和。而親王誤信人言，說英人暗藏兵器，要想在會場上「劫我」。軍官僧格林沁，竟把巴夏禮捉起，送往北京刑部牢裡監禁。英、法兵進攻，清兵大敗，文宗逃往熱河，英、法兵脅開京城，把圓明園燒毀，才由文宗之弟恭親王奕，和兩國另訂條約，是為一八六〇年的《北京條約》。

■圓明園之毀，無足深惜

圓明園為清世宗在藩邸時賜園。即位後，亦於其中聽政。累朝繼續經營，法人稱其建築之精，珍奇之富，為歐洲之所無。一旦化為劫灰，實為我國有關文化的建築古物，遭受損失之始。此後戰事之所破壞，古董商人之所販賣，以及各地愚民因外人收買之所毀損，更不知凡幾。此次抗戰以來，淪陷區域整批的毀壞、搶劫、盜竊，更其無從說起了。幾世幾年的菁英，一朝化為烏有，言之豈不可痛？但須知：㈠文化的進退，視乎其社會的情狀，是否安和，物質所表現的文明，實在其次。㈡即捨此弗論，以現在文化的狀態，雖有寶物，亦必不能終守。此豈獨今日為然？亦豈獨中國為然？㈢所謂有關文化的建築品物，一方面固然代表學術技藝，一方面也代表奢侈的生活。後者固絕不足取，即前者，就已往的社會論，並不過一部分人能參與此等工作，大多數人，都是被擯於其外的。今後社會的組織果能改變，合全社會人而從事於此，已往的成績又何足道？所以有關文化的建築品物等，能保存固當盡力保存，如其失之，亦無足深惜。敢以此為國民進一解。（《中國近世史前編》，見《中國近代史八種》，第一八八頁）

天津北京條約

天津、北京兩條約，包含㈠賠款（英千二百萬兩，法六百萬兩）外，㈡許外國派使駐紮北京，是為中國中央政府和外人直接交涉之始。㈢沿海添開口岸，並及長江。於是內河航行權，就與人共之了。（《天津英約》，沿海開牛莊、登州、臺灣、潮州、瓊州，沿江自漢口而下，開放三口（後開漢口、九江、鎮江）。《法約》多淡水、江寧而無牛莊。《北京英約》又增開天津。）㈣領事裁判權。㈤關稅協定。㈥傳教。前此僅以上諭解禁，許在海口設教堂，至此則明認外人到內地去傳教，並可租買土地，建造房屋了。（領事裁判、關稅、傳教各協議，均在道光江寧、咸豐天津各條約中。道光二十二年（公元一八四二年）《寧約》第十款，議定英貨納稅例。咸豐八年（公元一八五八年）《津約》第二十六款，定貨物每值百兩稅五兩。又是年《中英通商善後章程》第一項，定稅則未載之貨，估價値百抽五。以上皆關於關稅者也。《津約》第十六款，英人犯事，歸英懲辦。但道光二十四年《中法條約》第二十七款，業已規定有領事裁判權。此關於法權者也。天津《英約》第八款即爲保教。天津《法約》第十款，法人可以購地建禮拜堂、書院、學堂；第十三款，保護天主教士、教民，並在內地傳教。此關於傳教者也。）

中俄劃界交涉

自《尼布楚條約》訂立以來，俄人對於東方，仍逐漸侵占；中國則以爲邊荒之地，不甚注意經營；黑龍江以北之地，遂多爲俄所據。一八五〇年，俄人要求新疆通商，中國許開伊犁和塔城。一八五七年，又在天津訂立條約，許其在海口通商。（當時中國本不許俄國在海口通商。此時想藉俄國的力量，牽制英、法，所以許其海口通商，和他訂約，反在英、法、美之前。）然俄人要求變更《尼布楚條約》，則中國仍加堅拒。一八五八年，俄人乘中國多事，迫脅黑龍江將軍奕山，訂立《瑷琿條約》，盡割黑龍江以北之地，而將烏蘇里江以東，作為兩國共管。一八六〇年的英、法和議，俄使曾居間調停，事後又藉此要功，迫中國再訂《北京條約》。將烏蘇里江以東，亦作為割讓。西北疆界，從沙賓達巴哈以西，都規定大概，訂明另行派員會勘。新疆再開喀什噶爾，又許俄人從恰克圖經庫倫、張家口到京，零星貨物亦得發賣。旋又訂立《通商章程》，陸路稅則，較海口三分減一。兩國邊界百里內，都為無稅區域。（此條看似彼此一律，但中、俄接界之處，都是中國境內繁盛，而俄國荒涼，所以中國實在是吃虧的。此事可參看拙撰《白話本國史》第四編下第一章第六節。）蒙古設官之處，都准俄人前往貿易。諸約不但東北割地，廣大可驚；就蒙古、新疆，也幾於藩籬盡撤了。

■邊備廢弛的惡果

凡事不進則退。《尼布楚條約》，中國看似勝利，然而自此以後，對於東北方，並沒有加意經營；而俄人卻步步進取，經過一世紀半之後，強弱自然要易位了。《瑷琿條約》約成後，侍講殷兆鏞，劾奕山「以黑龍江外之地，拱手讓人，寸磔不足蔽辜」。然奕山在當日，亦曾竭力爭執。而俄人以開戰相脅，這時候的情形，恰和結《尼布楚條約》時相反，儻使開戰，中國是萬無幸勝之理的，徒然弄得牽涉更廣。所以邊疆的不保，是壞在平時邊備的廢弛，並不能專怪哪一個人。（《復興高級中學教科書　本國史》下冊，第六十五、六十七頁）

中俄伊犁交涉

《北京條約》訂後，西北邊界，是逐段派員會勘的，又都略有損失，而伊犁將軍所屬，界約並未及訂成而回亂作，伊犁爲俄所據。中國向其詰問，俄人說「亂定即還」。及亂定再向追索，則又要求償還代守的兵費。中國派崇厚往俄，崇厚是不懂事的，僅收回伊犁空城，而喪失的權利，廣大無限。中國將崇厚下獄，中、俄幾至決裂。後乃彼此讓步，派曾紀澤往俄重議，將伊犁南境要隘，多索回了些。原約蒙古、新疆都爲無稅區域，新約僅新疆暫不納稅。原約許俄人在多處設領，新約僅肅州、土魯番兩處。而將蒙古貿易，擴充至不設官之處。此約訂於一八八一年。明年，中國遂改新疆爲行省。

第四十二章　中法戰爭和西南藩屬的喪失

中國歷代，所謂藩屬，是外國仰慕中國的文明，自願來通朝貢；或者君主好大喜功，喜歡招徠外國人來朝貢，以爲名高，朝聘往來，向守厚往薄來主義。在國計民生，無甚實益。所以歷代的政論家，多以弊中國、事四夷爲戒。當帝國主義侵略的時代，有一藩屬，介居其間，則本國的領土不和侵略者直接，形勢要緩和許多。所以保護藩屬，實在是國防和外交上的要義。然中國之對待藩屬，仍係遵循舊法。爲中國計，當是時，唯有採用聯邦之法，於軍事、財政、經濟、交通、外交犖犖大端，操諸中央之手，而其餘則一聽其自由。無如此等新政治，非中國秉政者所知。

越南的衰亂

藩屬就是我的屬國，而又可以作我的藩籬的意思，藩屬淪亡，內地就要危險了。安南舊阮，自給新阮滅掉後，遁居海島。因法教士的介紹，求援於法；又藉助於暹羅，將新阮滅掉。立國順化，受封於中國，爲越南國王。當越南求援於法時，曾和法國立有草約，許事成之後，割化南島爲賂，後來草約沒有簽字，約中所載的義務，法國亦沒有履行；越南亦就沒有割地，這自然是不錯的。但是與法交涉之間，殊多，南部遂爲法國所占，這事還在中國訂立《天津條約》之時。後來太平天國滅亡，餘黨又逃入越南北部，舊阮初興，對於北部，實力本來顧不到，至此遂更形混亂。

■無甚實益的藩屬在近代卻至為重要

藩就是藩籬的意思。中國歷代，所謂藩屬，是外國仰慕中國的文明，自願來通朝貢；或者專制時代，君主好大喜功，喜歡招徠外國人來朝貢，以為名高，朝聘往來，向守厚往薄來主義。從不干涉人家的內政，或者榨取什麼經濟上的利益。在國計民生上，是無甚實益的。所以歷代的政論家，多以弊中國、事四夷為戒。然當帝國主義侵略的時代，有一藩屬，介居其間，則本國的領土不和侵略者直接，形勢要緩和許多。所以當此時代，保護藩屬，實在是國防和外交上的要義。然而中國卻不能然，藩屬逐漸淪亡，本國的邊境也就危險了。（《復興高級中學教科書 本國史》下冊，第八十四頁）

中法戰爭和越南喪失

當雲南回亂時，中國曾託法商購運軍火，法人因此知航行紅河，可通雲南，又想侵占越南北部。越人聯合太平軍餘黨劉義（後來內附，改名劉永福，所領軍號黑旗軍），把他打敗。中國亦命雲南、廣西出兵，法人乃設計攻順化，脅越南立被保護之約。中國提出抗議，法國置諸不理。時中國兵出雲南、廣西的都不利，乃由李鴻章在天津，與法使訂約。中國承認法、越條約，而法允不索兵費，旋因撤兵期誤會，兩軍衝突，法國又要求償金。中、法遂開戰，時在一八八五年。法兵襲擊馬江，破壞我國的海軍，又陷澎湖、基隆，封鎖寧波、海口。然我陸軍出雲南、廣西的都勝利，臺灣淡水堅守，法軍亦不能下。是時法新敗於德，元氣未復；戰既不利，輿論譁然，主戰的內閣，因之而倒。儻使我更堅持，或者條件還可有利些，然我國亦未能利用機會，仍放棄越南成和，不過法人沒有要索賠款罷了。

緬甸和暹羅的喪失

英國和緬甸，是久有衝突的。一八二六年，就割其阿剌干和地那悉林；一八五一年，又割白古。緬人自此沒有南出的海口，屢圖恢復，終無成功。法、越交涉緊急之時，法人又誘緬甸立密約，許代監禁其爭位的王族，而緬甸人則割地以為報酬。英人大驚，趁中法交戰之時，發兵把緬甸滅掉。法人既併越南，藉口暹羅湄公河左岸之地，曾屬越南，向其索取，暹人不能拒。英人和法協議，以湄公河為兩國勢力範圍界限，湄南河流域為中立之地。暹羅因兩國的均勢，得以倖存，然亦不是我的屬國了。

疆界的糊塗不清

中國的邊界，向來是全不清楚的。當初和英國議界時，曾要求騰越所屬漢龍、天馬、虎踞、鐵壁四關。漢龍、天馬，本無問題。虎踞、鐵壁，照雲南省的地圖，亦均在中國界內。英人以為必不致誤，遂許照原界分劃，後來實行查勘，才知道二關久為緬占（據薛福成原奏，其時英所守界，越虎踞而東，已數十里；越鐵壁亦六、七十里），英人遂不肯歸還。而漢龍、天馬，雖許歸還，漢龍又不知所在，於此約中訂明「由勘界官查勘；若勘得在英國界的，可否歸還中國，再行審量」，豈非笑柄？而此約所定之界，於北緯二十五度三十五分以北，又未能分劃，訂明俟將來再定，遂為後來英人占據片馬的根本。（《復興高級中學教科書 本國史》下冊，第八十九－九十頁）

哲孟雄不丹的喪失

西藏南邊之國，亦久爲英人所覬覦，當公元一八一六年時，廓爾喀因受英國迫脅，曾求救於中國，清仁宗茫然不省。（見《東華錄》嘉慶二十一年。廓爾喀言受披楞壓迫，披楞即不列顛的異譯。仁宗降諭說：「爾國來稟之意，不過要求天朝幫助，天朝於邊外部落，彼此相爭，從無發兵偏助一國之事。爾國與披楞，或和或戰，即或竟投誠披楞，天朝總置不問。但屆至貢期，仍當按例進貢。儻至期不來，即當發兵進剿。」眞可謂昏憒糊塗，而又顔之厚了。）廓爾喀遂兼附於英，不過終清之世，仍守其五年一貢之例而已。哲孟雄則當公元一八三九年時，英人即租得其大吉嶺之地，後來又取得其鐵路敷設之權；自此西藏的藩籬就漸撤。不丹於公元一八六五年，爲英軍所敗，乞和。到公元一八九〇年，中國和英人訂結《藏印條約》，承認哲孟雄歸英保護。公元一九一〇年，不丹亦夷爲英的保護國，西南的藩屬，就幾於全失了。

西南的危機

藩屬既已喪失，本國的形勢，就漸行赤露。《法越條約》，中國許開邊界兩處通商，後來廣西開了龍州，雲南開了蒙自、河口。先是英人要求派員入藏探測，中國不能拒，允許了他，而其所派之員，行至騰沖邊界被殺，英人指爲大員主使，交涉幾至決裂，於是有公元一八七六年的《芝罘條約》。在西江沿岸，開放商埠，並許英人航行西江，而派員入藏一節，仍訂入約中。直到公元一八八六年，中國訂約，承認緬甸屬英，才將他取消。其中緬界約，則直到一八九四年方訂立，仍僅規定北緯二十五度三十五分以南，自此以北，疆界迄未勘定，遂爲英兵侵占片馬、江心坡、班洪等地的張本。又此約訂明孟連、江洪不得割讓，而一八九五年的《商務界務專條》，卻把江洪之地，割讓了一部分給法國，並許越南鐵路，接展至中國。於是英人向我詰責。一八九七年，又立《中緬條約》附款，許緬甸鐵路，和雲南鐵路相接。西南的形勢，就更形危急了。

■ 變藩屬為聯邦

中國歷代之征服外國，看似出於君主之野心，實則思患預防之意多，開疆拓土之意少，所謂守在四夷也。歷代管理外國，不外㈠就其通路，加以保護，如漢於西域設都護，以護南北兩道是也。㈡擇其要點，設官駐兵，以諸屬部加以管理，使不至漸形桀驁，寖開犯順之端，又或互相聯合，或獨立併吞，馴至富強終成坐大。如唐於屬地設都護府是也。此皆所以防此等外藩侵犯中國，而非防更有強敵侵犯此等藩屬，至近代，則情勢迥異矣。然中國之對待藩屬，仍係遵循舊法。當是時，欲圖改革，亦有難焉者，何也？中國之實力不足，則不能禦敵，欲求實力充足，必有所經營布置，而欲有所經營布置，則或非屬部所樂，轉易引起內訌矣。為中國計，當是時，唯有採用聯邦之法，於軍事、財政、經濟、交通、外交犖犖大端，操諸中央之手，而其餘則一聽其自由，㈠所求者簡，則中央易於為力。㈡變動不大，則藩屬不至反對。㈢告以我之措置，又凡事與之和衷協商，則藩屬必欣然從我矣。無如此等新政治，非中國秉政者所知。（〈中國近百年史概說〉，寫於一九四二至一九四三年間，見《中國近代史八種》，第二四六頁）

第四十三章　中日戰爭與外力之壓迫

歡迎西學，而畏惡西教；西人挾兵力以求通商，則深閉固拒，以致危辱；到外力的壓迫深了，才幡然改圖，以求和新世界適應；這是歐人東略以後，東洋諸國所同抱的態度；而日本因緣湊合，變法維新，成功得最快。中、日兩國，歷史上的關係，極為深切，當西力東侵之際，本有合作禦侮的可能。但日人則褊狹性成，專務侵略，自始即不希望和中國合作，遂轉成為東方的侵掠者。中日戰後，中國的積弱，暴露於天下，而外力的壓迫，遂紛紛而起。中國人受了一個大大的刺激，變法的動機，就勃發而不可遏了。

朝鮮日本的盛衰

日本千年以來，幕府專權，國土分裂，本在亂極思治的時候，因西洋各國，強迫通商，激起國人「尊王攘夷」之論。幕府倒，封建廢，藉王權的力量以維新，就是所謂「明治維新」，正當清同治七年，由此而漸進於憲政政制的正軌。

■日本因變法而成侵略國

歡迎西學，而畏惡西教；西人挾兵力以求通商，則深閉固拒，以致危辱；到外力的壓迫深了，才幡然改圖，以求和新世界適應；這是歐人東略以後，東洋諸國所同抱的態度；而日本因緣湊合，變法維新，成功得最快，遂轉成為東方的侵掠者。（《復興高級中學教科書　本國史》下冊，第九十三頁）

中日初期的交涉

日本和中國訂約，事在一八七一年。當時因我國與西洋各國，都是全國開放的，對於日本則僅限於通商口岸，所以我國和日本所訂的約，也和西洋各國有異。㈠領事裁判權，彼此都有。㈡關稅都照稅則完納；要稅則所無的，才値百抽五。㈢亦無所謂傳教。這是日本人很不滿意的。這一年有琉球諸人遭風飄到臺灣，爲生番所殺。琉球是兩屬於中、日之間的，中國卻並不知道，日本向我詰問，我國說：「琉球是我藩屬，琉球人被殺，與你何涉？」又說：「生番是化外之民，不能負責。」日本遂自行發兵到臺灣去攻生番。我國亦調兵渡海，日人頗爲膽怯，乃由中國給死者家屬以撫恤；並償還其修路、造屋之費而罷。但日人覬覦琉球，有加無已。公元一八七九年，日本就把琉球滅掉。我國和他交涉，始終無效。

日本自始即打侵略的主意

中、日兩國，同立國於東方，在歷史上的關係，極為深切，當西力東侵之際，本有合作禦侮的可能。但這時候，中國人對外情太覺隔閡，一切都不免以猜疑的態度出之，而日人則褊狹性成，專務侵略，自始即不希望和中國合作。中、日的訂立條約，事在一八七一年。領判權彼此皆有。進口貨物，按照海關稅則完納；稅則未定的，則值百抽五，亦彼此所同。內地通商，則明定禁止。在中國當日，未始不想藉此為基本，樹立一改良條約之基，然未能將此意開誠布公，和日本說明。日本則本不想和中國合作，而自始即打侵略的主意，於是心懷不忿。至一八七四年，因臺灣生番殺害日本漂流的人民，逕自派兵前往攻擊。一八七九年，又滅琉球。交涉屢有葛藤，而衰微不振的朝鮮，適為日本踏上大陸的第一步，遂成為中、日兩國權利衝突的焦點。一八九四年，日人預備充足，蓄意挑釁，卒至以兵戎相見。（《呂著中國通史》下冊，第五三九—五四〇頁）

日本的窺伺朝鮮

公元一八七六年，日本和朝鮮訂約，認朝鮮為自主國，後來清廷發覺，才命朝鮮又和美、英、法、德次第訂約，均申明爲我屬國，然《日約》未能追改。公元一八八二年，朝鮮國王李熙的本生父是應，和王妃閔氏爭權，作亂。中國派兵代爲戡定，自此中國兵就留駐朝鮮京城。公元一八八四年，朝鮮黨人作亂，又爲我國所鎮定。明年，日本遣使來，和我訂約：彼此都撤兵，如欲派兵，必須互相知照。中、日對朝鮮，就立於同等地位了。

■朝鮮人好結黨相爭

朝鮮李氏的開國，略和明朝同時。攘斥胡元，輸入中國的文化，一時國勢，頗蒸蒸日上。不幸，朝鮮人雖學到了中國人的好處，也沾染了宋、明時代中國人的習氣，士大夫好結黨相爭；又外戚專權，歷時甚久，政治遂大腐敗。（《初中標準教本　本國史》第三冊，第一〇六頁）

中日戰爭

一八九四年，朝鮮東南部又有亂事，求救於我，我國派兵前往，未至而亂已平。日本亦派兵雲集京畿，我國要求他撤退，日本不聽，又擊沉我國運兵的輪船，兩國遂開戰。我國陸軍敗於平壤，海軍敗於大東溝，日兵遂渡鴨綠江逼摩天嶺，別一軍進旅順，營口、海城亦相繼陷落。其海軍又北陷威海衛，南陷澎湖，中國不得已派李鴻章到日本議和。

馬關條約

和議初開時，日人的要求很為苛酷，旋因李鴻章為刺客所傷，各國輿論譁然，日人才許停戰。旋議訂條約：㈠中國認朝鮮獨立。㈡賠款二萬萬兩。㈢割遼東半島和臺灣、澎湖。㈣照歐、美現行約章，和日人改訂商約，這是日本求之多年而不得的。而㈤開放長江上流的沙市、重慶和運河沿岸的蘇州、杭州。㈥日人得在通商口岸，從事製造，貨品課稅及租棧，得享有一切豁免優權。則又是歐美各國，所求之而未能得的了。約既訂，俄、德、法勸告日本，勿割遼東；日人乃增索賠款三千萬兩，而將遼東還我。臺灣人自立民主國，和日本抵抗，到底因勢孤援絕，爲日人所滅。

中日戰後外力的壓迫

中日戰後，中國的積弱，暴露於天下，而外力的壓迫，遂紛紛而起。俄人以干涉還遼之故，於公元一八九六年，誘我與訂《密約》，許其築造東省鐵路。次年德國人強占膠州灣，迫我訂租借九十九年的條約，並得膠濟、膠沂濟鐵路的敷設權，及開採沿鐵路線三十里內的礦山。同年俄人又租借旅順、大連灣，以二十五年爲期，並得從東省鐵路，添築一支線，達於旅、大。英國則藉口均勢，於公元一八九八年，租借威海衛，租期與旅、大相同。又租借九龍半島，租期和膠州灣相同。同年法國亦租借廣州灣，租期和膠州灣相同。而法於兩廣、雲南，日於福建，英於長江流域各省，又都要求我不得割讓他國。這就是外人所謂「勢力範圍」，各於其中，攘奪築路、開礦的權利；瓜分之論，一時大熾。

美國在中國，是沒有什麼特殊權利的，其國務卿海約翰（John Hay，或譯赫伊），乃照會英、法、德、義、俄、日六國，提出「門戶開放，領土保全」主義，這就是所謂「均勢」。（照會的條件有三：一、各國對於中國已得的權利，彼此不相干涉。二、各國勢力範圍內各港，對於別國的商品，都遵照中國現行海關稅率課稅，由中國徵收。三、各國勢力範圍內各港，對他國船舶，所課入口稅，不得較其本國的船舶爲高；鐵路運費亦然，這是所以保存各國對我國條約上的權利的。要條約有效力，必須領土不變更，所以既談門戶開放，必然連帶及於領土保全。）從此以後，我國的局勢，就隨著外人瓜分和均勢的議論，而忽鬆忽緊了。

■對外認識一大變

從戊戌以前，中國人對外的認識，可分為四期：

㈠教士的譯著書籍，是從明朝就起的。然而除掉天文、算學之外，竟毫不能得中國人的注意。便看見了，也不信他。譬如紀昀修《四庫總目》，對於艾儒略的《職方外紀》，提要上就疑心他是說的假話，世界實在沒有這麼大。這是毫無認識的時代。

㈡到五口通商之後，而中國人始一警醒。於是有魏源所著的《海國圖志》，江上蹇叟所著的《中西紀事》等出來。對於外國的情形，稍稍認識。然而這時代，所抱著的，還是閉關的思想；所講求的，還是把守口岸，不給洋人攻破等等法子。這是第二個時代。

㈢太平軍的平定，在清朝一方面，實在借用一部分的外國兵力的。中興諸將，親眼看見過外國兵的，知道中國的兵力，確非其敵。於是亂平之後，就要注意於練兵。設船政局、製造局，開同文館、廣方言館，選派幼童留學美國，以至興辦鐵路、汽船、電報等事，都是如此。這是第三個時代。

㈣這種辦法的弱點，經中法之戰而暴露出來，中日戰後，更其盡情暴露。當時自然有一班比中興名將時代較後，和外國接觸較深，知道他的內情較真實的人，但是這種人，在中國社會上，不易為人所認識。到中日之戰，中國人受了一個大大的刺激，而當時主張變法的康有為、梁啟超等，又是長於舊學，在中國社會上，比較容易被人認識的人。變法的動機，就勃發而不可遏了。（《白話本國史》第四冊，第五十二、五十三、五十四頁）

第四十四章 維新運動之始末

中國自秦漢統一之後，治法無大變更。到清末，已經二千多年了，各方面的積弊，都很深了。便是沒有外人來侵略，也是應當改革的。從西力東侵以後，中國人所遭遇到的，是一個曠古未有的局面，絕非任何舊方法所能對付。值曠古未有的變局，自必有非常的手段，然後足以應付之，此等手段，其一起自中等階級，以舊有的文化爲根柢的，是爲戊戌維新。其二以流傳於下級社會中固有的革命思想爲淵源，採取西洋文化，而建立成一種方案的，則爲辛亥革命。然則士大夫階級的改革路線失敗，而起於草野者卒成；從中國的舊觀點出發的手段失敗，而順應世界大勢者卒成，我們可以說：「這可以覘世變了。」

維新的醞釀

維新運動，是適應環境的要求而生的。當鴉片戰爭時代，舉國上下，幾於茫然不知世界的情勢，一味爲盲目的排外，就到英法聯軍時，也還是如此。中國新機的開發，是從湘、淮軍中一班人物起的。他們任事久，經驗多了；又目擊西人兵力的強盛（當太平軍陷蘇州時，清朝官吏，避居上海，初募印度人防守，由西人統帶；後乃改募華兵，仍由洋將訓練統率，是爲常勝軍。英人戈登（Gordon）率之隨淮軍作戰。所以湘、淮軍諸將，實在是和西人共過事的）；知道故步自封，不能自立於今日的世界，才漸次趨向於改革。然他們的改革，直接的是軍事；間接的是製造和交通，還不外乎爲軍事起見（如改練洋操；購鐵甲船；設製造局，造船廠；築鐵路，設電報等）。這種改革，自然還是不夠應付的，再進一步，就要想把全國的政事，澈底改革一下了。這便是維新運動的動機。

■中國近代的改革

一個社會和一個人一樣，總靠新陳代謝的作用旺盛，才得健康。但是總不能無老廢物的堆積。中國自秦漢統一之後，治法可以說是無大變更。到清末，已經二千多年了，各方面的積弊，都很深了。便是沒有外人來侵略，我們種種治化，也是應當改革的。所以我們近代的改革，必待外力的刺激，作一個誘因。

中國受外力刺激而起反應的第一步，便是盲目的排斥，這可謂自宋以來，尊王攘夷思想的餘波。排斥的目的，已經非是，其手段就更可笑了。海通以後，最守舊的人，屬於這一派。拳匪亂時，守舊大臣的意見，仍屬此派。其第二步，則是中興時代湘、淮軍中一派人物。大臣如曾國藩、李鴻章，出於其幕府中的，則如薛福成、黎庶昌之類。此派知道閉關絕市是辦不到的。既已入於列國並立之世，則交際之道不可不講，內政亦不得不為相當的改革。但是他們所想仿效他人的，根本上不離乎兵事。因為要練兵，所以要學他們的技藝；因為要學他們的技藝，所以要學他們的學術；因此而要學他們的語文。如此，所辦的新政雖多，總不出乎兵事和製造兩類。當這世界更新，一切治法，宜從根本上變革的時候，這種辦法，自然是無濟於事的。再進一步，便要改革及於政治了。

但是從根本上改革，這句話談何容易？中日之戰，以偌大的中國，而敗於向所輕視的日本，這實在是一個大打擊。經這一個打擊，中國人的迷夢，該要醒了，於是維新運動以起。（《復興高級中學教科書　本國史》下册，第一〇五—一〇六頁）

咸、同、光的朝局

然而以當時的朝局論，則是很難望其振作的。前清文宗末年，宗室中載垣、端華、肅順三個人，頗爲專權。文宗死於熱河，穆宗立，年幼，三人等自稱贊襄政務大臣。穆宗生母慈禧太后，和恭親王奕訢密謀，於回京之日，把他們三個人殺掉，慈禧太后和文宗的皇后慈安太后同時垂簾聽政；而實權全在慈禧太后（鈕鈷祿氏，徽號慈安，諡孝貞，當時謂之母后皇太后。葉赫那拉氏，徽號慈禧，諡孝欽，當時謂之聖母皇太后。俗以其所居稱鈕鈷祿氏爲東宮皇太后，葉赫那拉氏爲西宮皇太后；簡稱東太后、西太后）。這時候，滿人腐敗，已達極點，肅順是主張任用漢人的，慈禧亦能守其政策，所以湘、淮軍諸將得以效力於外，把內難削平。然自此以後，慈禧就驕奢起來了，而其性質又甚專權。穆宗死，無子，強立德宗，年方四歲（清朝當高宗時，曾定立嗣不能逾越世次之例，穆宗無子，本該在其侄輩中選立，而德宗的母親，是慈禧太后的妹妹，所以慈禧獨斷立他），慈禧太后和慈安太后再臨朝。慈安死，慈禧更無忌憚。德宗大婚親政後，依舊事事要干預，德宗是頗有志於改革的，而為其所制，志不得行，就釀成戊戌政變之禍了。

■舊手段不足應付新局面

從西力東侵以後，中國人所遭遇到的，是一個曠古未有的局面，絕非任何舊方法所能對付。孝欽皇后，自亦有其相當的才具，然她的思想，是很陳舊的。試看她晚年的言論，還時時流露出道、咸時代人的思想來可知。大約她自入宮以後，就和外邊隔絕了，時局的真相如何，她是不得而知的。她的思想，比較所謂中興名臣，還要落後許多。當時應付太平天國，應付捻、回，所用的，都是舊手段，她是足以應付的。內亂既定之後，要進而發憤自強，以禦外患，就非她所能及了。不但如此，即當時所謂中興名臣，要應付這時候的時局，也遠覺不夠。他們不過任事久了，經驗豐富些，知道當時的一種迂闊之論不足用，他們亦覺得中國所遭遇的，非復歷史上所有的舊局面，但他們所感覺得的，只是軍事。因軍事而牽及於製造，因製造而牽及於學術，如此而已。後來的人所說的：「西人自有其立國之本，非僅在械器之末。」斷非這時候的人所能見得到的，這亦無怪其然。中興諸將，地醜德齊，他們多數是讀書人，既有些顧慮君臣的名義，又有些顧慮到身家、名譽，不敢不急流勇退。士大夫的風氣，在清時本是近於闒茸而好利的。湘軍的中堅人物，一時曾以堅貞任事的精神為倡。然少數人的提倡，挽回不過積重的風氣。（《呂著中國通史》下冊，第五三六—五三七頁）

戊戌維新及政變

中日之戰，中國以大國而敗於小國；而且割地賠款，創巨痛深；於是人心奮發，風氣漸變。康有爲設強學會於北京，雖然被封禁了，其弟子梁啟超，又設《時務報》於上海，鼓吹變法，風行一時。康有爲是很早就上書請變法的。其中有一次得達，德宗深以爲然。

■士大夫的改革終是無成

自西力東侵，而中國人遭遇到曠古未有的變局。值曠古未有的變局，自必有非常的手段，然後足以應付之，此等手段，自非本來執掌政權的階級所有，然則新機從何處發生呢？其一起自中等階級，以舊有的文化為根柢的，是為戊戌維新。其二以流傳於下級社會中固有的革命思想為淵源，採取西洋文化，而建立成一種方案的，則為辛亥革命。戊戌變法，康有為是其原動力。康有為的學問，是承襲清代經學家今文之學的餘緒，而又融合佛學及宋、明理學而成的。（康有為）生當清代威力已衰，政令不復有力之時，到處都以講學為事。他的門下，亦確有一班英多磊落之才。所以康有為的學問及行為，可以說是中國舊文化的復活。（《呂著中國通史》下冊，第五四二頁）

康、梁、章的學問，都是從士大夫階級產生的，孫中山的民族主義，則實從太平天國的餘波迤演而來，可謂出自平民階級。康、梁、章的改革手段，都以中國的舊見解為基本的，雖然康長素變法之見，多得之於國外的觀感。孫中山的民權、民生兩主義，則其見解，都是植基於外國學問上的，雖然到後來亦將其和中國舊說相貫通。然則士大夫階級的改革路線失敗，而起於草野者卒成；從中國的舊觀點出發的手段失敗，而順應世界大勢者卒成，我們可以說：「這可以覘世變了。」（〈從章太炎說到康長素梁任公〉）

公元一八九八年夏，德宗就擢用有爲等，下詔定國是，勵行新法。這一年，是戊戌，自四月至八月中，變法之會相繼詔示。守舊大臣，群訴於慈禧太后，請其阻止。後乃自頤和園回宮，說康有爲等要謀圍頤和園，不利於她，復行垂簾聽政。康有爲、梁啟超走海外；有爲弟廣仁等都被殺，時人謂之「六君子」（六君子，是康廣仁、楊深秀、楊銳、林旭、劉光第、譚嗣同）。德宗自是被幽於南海的瀛台，一切新政，盡行推翻，是爲「戊戌政變」。

專制政體的危害

專制政體，把全國的事情，都交給一個人做主。於是這一個人的智愚仁暴，就能使全國的人民，大受其影響。而君位繼承之法，又和家族中的承繼，並為一談。於是家庭間的爭奪，亦往往影響於國事。這是歷代都是如此的，到晚清仍是其適例。專制君主的權力，在法律上是無制限的，在事實上則不盡然。歷代有志改革的君主，為舊勢力所包圍，以致遭廢弒幽禁之禍的，正自不乏。這期間，由於意見的不同者半，由於保存權位之私者亦半。（《復興高級中學教科書　本

國史》下冊，第七十八、一〇七頁）

政變後的情形

新政雖然推翻，人心卻不能復舊了。太后深惡康有為、梁啟超，要想拘捕他，而外人以其為國事犯，加以保護。太后要想廢掉德宗，立端郡王載漪之子溥儁為大阿哥以覘人心，而各國公使，表示反對。太后說德宗有病，則海外華僑，和上海新黨，都電請聖安，以表示擁戴。太后要拿辦他們，又不能得。於是新舊乖迕，內外猜疑，義和團的事變，乘之而起；而立憲革命的氣勢，亦漸次旺盛了。

第四十五章　八國聯軍之役

中國自和外國交涉以來，種種的吃虧，有些不忿，想要振作圖強，原也是人情。然而圖強的方法，卻就很難說了。「蹈常襲故」之世，「讀書明理」的人，尚且想不出一個適當的法子來，何況一班毫無知識的人？民本思想，在中國歷史上，也由來很久。不過在實際上，限制君權以成立憲，或除去君主而成共和，則不曾想得到辦法。一旦和西洋人接觸，看到他的政治組織，合於中國人固有的理想，自然易於激動。故庚子以後，立憲、革命兩種思想就大盛。清朝並沒有實行君主立憲的誠意，敷衍搪塞，所行的政治，又事事足以激起人民的反對，庚子以後，更其急轉直下，而革命之禍，就因之激起了。

義和團的起源

義和團是八卦教中的一派，和白蓮教同源的。自西人東來傳教，中國積受欺陵，人心未免忿恨；而教民倚勢橫行，教士又加以庇護，辭訟不得其平，尤爲人民切膚之痛。一般社會心理，以爲西洋人所長，惟在槍炮；士著齊心，即可將少數客籍打退；這種觀念，亦與日俱深。加以平話、戲劇、荒誕不經的教育，遂有練神拳可禦槍炮的怪說。而民間的祕密團體，本以反清復明爲宗旨的，亦就一變而爲扶清滅洋了。

■義和團興起的社會心理

中國自和外國交涉以來，種種的吃虧，自然是不待言而可知的了。有些不忿，想要振作圖強，原也是人情。然而圖強的方法，卻就很難說了。「蹈常襲故」之世，「讀書明理」的人，尚且想不出一個適當的法子來，何況處前此未有的變局，再加以揎拳勒臂的，又是一班毫無知識的人？專制之世，人民毫無外交上的常識，是不足怪的。卻又有一種誤解，很以一哄的「群眾運動」為可靠。像煞交涉的吃虧，是官吏甘心賣國，有意退讓的。儻使照群眾運動的心理，一哄著說：「打打打！」「來來來！」外國人就一定退避三舍的了。這種心理，不但下流社會如此，就號稱讀書明理的人，也多半如此（在庚子以前，怕竟是全國大多數人的心理）。所以總說官怕外國人，外國人怕百姓。這便是相信義和團的根源。（《白話本國史》第四冊，第五十五—五十六頁）

義和團的擾亂及聯軍入京

義和團盛於一九〇〇年，其初起於山東。巡撫袁世凱痛加剿辦，其眾遂流入直隸。此時中樞大臣，還有極其迂謬，全不曉事的；親貴中又有想廢德宗而立溥儁的人，利於亂中行事（見惲毓鼎《崇陵傳信錄》，中華書局《中國近百年史資料》本）。慈禧太后因洋人庇護康、梁，亦生仇恨，乃亦加以獎勵，其眾遂大盛，京、津之間，到處設壇練拳。拆鐵路、毀電線；燒教堂，殺教士；甚至見著洋服和用洋貨的人，都加以殺戮；秩序大亂。而德國公使和日本書記官都被戕〔德使克林德（Ketteler），日書記官杉山彬。後議和條約中，定派親王大臣赴德、日，表示惋惜之意〕。迂謬的親貴大臣，又令駐京的甘軍，合著他去攻公使館，幸有暗中令甘軍緩攻的，使館才得不破。親貴又僞造西人的要求條件，激怒太后，對各國同時宣戰；而不知英、美、德、法、奧、義、俄、日八國的聯軍已到，大沽先已失陷了〔與各國宣戰的上諭，在庚子五月二十五日，大沽口的失陷，在二十一日〕。當時的拳民，亦有相當的勇氣。〔當聯軍未來之前，英國提督西摩（Seymour）帶著各國海軍陸戰隊，進京援救，爲義和團所阻。孫中山《三民主義》民權第五講載西摩的話，說：「當時義和團的勇氣，如果他們所用，是新式槍炮，聯軍一定全軍覆沒。他們總是用大刀肉體，和聯軍相搏，雖然傷亡枕藉，還是前仆後繼，其勇銳之氣，再令人驚奇佩服。」〕然既無訓練，又專恃血肉之軀，自不足以當大敵。聯軍一到，就都潰散了。專靠一個聶士成，力戰抗敵，到底因衆寡不敵陣亡，聯軍進逼，德宗及太后走太原，旋又走西安。聯軍的兵鋒，東到山海關，西到保定。

東南的互保和東三省失陷

儻使當時外省的督撫，亦像中央政府一般，輕舉妄動，則戰禍的蔓延，勢必及於全國。幸而東南各督撫，不奉亂命，和各國領事立互保之約。（當時兩江總督爲劉坤一，兩廣爲李鴻章，湖廣爲張之洞。三人會商，飭上海道和各國領事立約：租界歸各國保護，內地歸各督撫保護。閩浙總督許應騤、山東巡撫袁世凱，亦取一致態度。）然黑龍江省，遵奉僞諭，攻入俄境，俄人從旅順和阿穆爾省兩路出兵，攻陷三省要地，挾奉天將軍，以號令所屬，三省遂幾同淪陷。

辛丑和約

京城既陷，清朝乃再派李鴻章和各國講和。各國要挾清朝，懲辦排外的親貴大臣，然後開議，議未竟而李鴻章死，代以王文韶。明年，和約成。其中要點：㈠劃定使館區域專由外人管理，禁止華人居住。㈡拆毀大沽口及從北京到海口路上的炮臺。㈢許各國駐兵於一定地點，以保護北京到海口的交通。㈣賠款四萬五千萬兩。年息四釐，分三十九年還清。還要按市價易成金款，於是按其實，就連九萬萬都不止了。

亂後的形勢

和議訂後，太后和德宗還京，實權仍在太后之手。排外失敗，一變而為媚外，時時和各公使夫人等相聯絡，那更可笑了。闖下滔天大禍，貽累國民，未免有點說不過去。知道輿論主張維新，乃又偽行新政，以為掩飾之計，又誰不能窺其虛偽？人民到此，對清朝就絕望，而立憲的議論，革命的氣勢，就要日盛一日了。

■ 立憲與革命思想的更替

民本思想，在中國歷史上，也由來很久。中國人看著皇帝，本來當他是公僕，好就承認他，不好就可以把他趕掉；這種道理，差不多是人人承認的。不過在實際上，限制君權以成立憲，或除去君主而成共和，則不曾想得到辦法罷了。一旦和西洋人接觸，看到他的政治組織，合於中國人固有的理想，自然易於激動。因此故，庚子以後，立憲、革命兩種思想就大盛。清朝人自然是贊成立憲的，但是其初，還沒有爽爽快快就答應人民立憲，直到日俄之戰，俄國敗了；於是「日以立憲而強，俄以專制而敗」的議論大盛，乃有派五大臣出洋考察憲政之舉。以中國人民本思想蓄積之久，一朝覺悟，原不是區區君主立憲所能滿足的。況且清朝也並沒有實行君主立憲的誠意（卻又不是一味專制，硬和人民反對；不過是毫無實力，既不能強，又不能弱；看輿論傾向在哪一面，就把些不澈底的辦法，來敷衍搪塞罷了）。而從戊戌以後，所行的政治，又事事足以激起人民的反對，庚子以後，更其急轉直下。一班親貴愚昧無知，上頭不自知其毫無實力，而還想把持朝權。中央一班人，鑒於前清末年，外權頗重，不知道是由於中央政府的無能為，積漸而致的，不是頃刻可變。要想中央集權，卻又不知集權之法，誤以壓制施之人民。而革命之禍，就因之激起了。（《白話本國史》第四冊，第七十二、七十三、七十四頁）

第四十六章　日俄戰爭與東北移民

俄國強占東三省，是各國都不願意的，而尤其不願意的是日本。一九〇四年，就和俄國開戰。日俄戰後，日本將所得東省鐵路的支線，改名南滿洲鐵路；並將所得租借地，改稱關東州，爲關東都督府。東北的形勢變爲日南俄北，分劃勢力範圍，不准他國插足了。日俄之戰，又有影響於我國之內政者，則立憲之論是也。是役也，日勝而俄敗，而日之政體爲立憲，俄之政體爲專制。我國民方渴望立憲，遂以政體之異，爲其致勝負之最大原因。其說確實與否且勿論。而日、俄之戰，實與我國主張立憲者以極大之奮興。公元一九〇七年，中國亦知東三省形勢的危急，將其地改建爲行省，努力於開荒拓墾事宜。

俄國占據東三省

當各國和約，在京開議時，俄人藉口東三省事件有特別關係，要求另議，於是向中國肆行要挾；而各國又警告中國不得和俄國另立密約；中國乃處於左右爲難的地位。後來各國和約，大致磋商就緒，俄人迫於公議，乃和中國訂約，分三期撤兵。從庚子年九月十五起，每半年爲一期，第一期撤盛京以西南的兵，第二期撤奉天省裡其餘地方和吉林省的兵。第三期撤黑龍江的兵。第一期照辦了；第二期就不但未撤，反有增加；

第三期更不必說了。

日俄戰爭

俄國強占東三省，是各國都不願意的，而尤其不願意的，自然是日本。日本這時，國力還非俄國之敵。一九〇二年，日、英訂結同盟，以共同對敵俄國南侵。然尚未敢貿然和俄國開釁，乃向俄國提出「滿、韓交換」的辦法，而俄人對於東三省，絲毫不容日本過問；對於朝鮮，亦不肯放棄。日人迫於無可如何，一九〇四年，就和俄國開戰。中國反宣告中立，劃遼河以東為戰區。日本當宣戰之前，業已襲敗俄艦於旅順及仁川。俄艦均蟄伏不能活動，日人遂得縱橫海上。於是日人以第一軍渡鴨綠江，逼摩天嶺。第二軍攻金州，第三軍攻旅順。後來又組織第四軍，和一、二兩軍相合，攻下遼陽。俄國精銳的兵，多在西方，運輸較難（因西伯利亞鐵路甚長，又係單軌，運輸需時日。而海路又因英日同盟關係，俄艦只能繞好望角來，所以迂緩）。遼陽陷後，西方的精銳才漸集，反攻不克，而為時已迫冬季，乃彼此休戰，而日人於其間，以全力攻下旅順。明年，日軍三十四萬，俄軍四十三萬，大戰七日，俄兵敗退。日兵陷奉天，北據開原、鐵嶺。俄人調波羅的海艦隊東來，又被日人在對馬海峽襲擊。乃由美國調停，在該國的朴資茅斯島議和。

俄敗日勝之原因

戰之勝敗在兵，而其勝敗之原因，則不在於兵也。關於此點，當時海內外議論甚多。今歸納之，得如下之三事。㈠日本於此戰，迫不得已，俄國則否。㈡則日本之政治，較俄國為整飭。㈢則日本戰士之效命，非俄國所及。抗軍相加，迫不得已者勝，似矣。然從古亡國敗家相隨屬，當其敗亡之時，孰非處於迫不獲已之境？為國民者，亦孰願其國之亡？然而終已不救，則知徒有志願而無實力，終無濟於事也。日人則不然。當封建之時，有所謂武士道者，其為人則重然諾，輕生死，抑強扶弱，忠實奉令。又以立國適值天幸，千餘年來，未嘗被外敵征服；其皇室亦迄未更易，故其忠君愛國之念極強。夫禍福倚伏，事至難言。日人今後，此等偏狹愛國之心，愚魯忠君之念，或且為其前途之障礙，亦未可知。然在當日，則固足以一戰矣。（《日俄戰爭》，商務印書館一九二八年版，第一二五、一二六、一二七頁）

日俄和議

此時日本兵力、財力，都很竭蹶，求和的心，反較俄人爲切。所以和約的條件，日本是吃虧的。俄人僅㈠放棄朝鮮；㈡將旅順、大連灣轉租於日本；㈢東省鐵路支線，自長春以南，亦割歸日本；㈣並割庫頁島的南半；而賠款則絲毫未得。當日俄議和時，中國曾聲明：「關涉中國的條件，不得中國承認，不能有效。」就《日俄條約》，也說㈡、㈢兩條，要得中國承認的。然而事實上何能不承認？於是由中國和日本訂結《會議東三省事宜條約》。除承認㈡、㈢兩項外；並開放商埠多處（鳳凰城、遼陽、新民、鐵嶺、通江子、法庫門、長春、吉林、哈爾濱、寧古塔、三姓、齊齊哈爾、海拉爾、瑷琿、滿洲里）；又許日人將軍用的安奉鐵路，改築爲普通鐵路。

日俄戰後東北的形勢

日、俄戰後，日本將所得東省鐵路的支線，改名南滿洲鐵路。並將所得租借地，改稱關東州，爲關東都督府。中國要借英款建造新法鐵路；又想借英、美款項，建造錦愛鐵路，都遭日本反對。日本卻又獲得新奉和吉長線兩路的建造權。後來又要求將吉長延長到朝鮮的會寧，稱爲吉會鐵路。吉林延吉廳，有韓人越墾，稱其地爲間島。日人即指爲韓地，派官駐紮，經再三交涉，然後撤去。美人提議「滿洲鐵路中立」。其辦法：係由各國共同借款與中國，將東三省鐵路贖回；在借款未還清時，禁止政治上、軍事上的使用。日、俄二國，共同反對。旋訂《新協約》，聲明「維持滿洲現狀，現狀被迫時，兩國得互相商議」。於是變爲日南俄北，分劃勢力範圍，不准他國插足的形勢了。

■日俄戰爭對內政之影響

日、俄之戰，又有影響於我國之內政者，則立憲之論是也。是役也，日勝而俄敗，而日之政體為立憲，俄之政體為專制。我國民方渴望立憲，遂以政體之異，為其致勝負之最大原因。其説確實與否且勿論。而日、俄之戰，實與我國主張立憲者以極大之奮興，要求立憲者以有力之口實，則無疑之事實也。於是清廷不能拒，乃有派五大臣出洋考察憲政之舉，光緒三十一年（一九〇五年）六月。其後遂下詔預備立憲。行之不得其道，卒致釀成革命焉。我國政體之改變，原因雖多，而日、俄戰爭亦為懸崖轉石中，加以助力之一事，則眾所公認也。（《日俄戰爭》，第一〇八頁）

■中日間島交涉

中國和朝鮮，是以鴨綠江和圖們江為界。二水同發源於長白山，而長白山一帶，清人視為發祥之地，加以封鎖，遂成為荒涼寂寞之區。隔江的韓人，漸有渡江開墾的。一八八五和一八八七兩年，清朝派員和朝鮮會勘邊界。在圖們江沿岸，設立界碑。將越墾的朝鮮人，編入民籍。並禁此後再行越界。朝鮮亦經承認。然其後仍有越墾的。延吉縣東南夾江地方（亦稱通江），朝鮮人呼為間島。朝鮮屬日本保護後，日人遂強指延吉一帶，均為間島，派官駐紮其地。交涉再三，乃於一九〇九年，訂立《圖們江中韓界務條款》。日人認圖們江北為中國之地，把派出的理事官撤退。中國則開龍井村、局子街（即延吉縣）、頭道溝、百草溝（今汪清縣）為商埠。許朝鮮人仍在江北耕種。並許吉長鐵路，將來展接至朝鮮的會寧。（《初中標準教本　本國史》第四冊，第四十九—五十頁）

■中國的移民

中國亦知東三省形勢的危急。公元一九〇七年，將其地改建為行省，努力於開荒拓墾事宜，並開拓到蒙古東部。遼河、洮兒河流域，新設縣治不少。吉、黑兩省，亦漸見繁盛。據近來的調查：十九世紀末年，東三省只有人口七百萬；一九一一年，增至一千八百萬；一九三一年，增至三千萬。現在東三省的居民，十五個人中，有十四個是漢人。（二十一年國際聯盟調查團《報告書》的話）

第四十七章 清代之政治制度與末年之憲政運動

清朝的官制，是大體沿襲明朝，亦以內閣爲相職。惟雍正時，因對西北用兵，特設軍機處，後來就沒有裁撤。重要的奏章，都直達軍機處，實際上，是軍機處親而內閣疏了。外官：明時廢元行省，改設布政、按察兩司，而區域則略沿元代行省之舊。清朝於兩司之上設督撫。區域大則行政不易細密；而上級官的威權，自然加增，下級官受其抑壓，格外不易展布；這是清代官制極壞之處。學校、科舉合一，是明朝的一個特色，而清朝也沿襲他。所考的四書義，體裁是要逐段相對的，「謂之八股」。所考的東西雖多，其實只注重八股。而八股到後來，另成爲一種文字，就連「四書」都不懂，也是可以作的。這是從前科舉之士，學識淺陋的原因。

清代之官制

清朝的官制，是大體沿襲明朝，而又加以改變的。明太祖廢宰相，天子自領六部，後世殿、閣學士，逐漸握宰相的實權，謂之內閣，清朝亦以內閣爲相職。惟雍正時，因對西北用兵，特設軍機處，後來就沒有裁撤。重要的奏章，都直達軍機處，廷寄亦由軍機處發出；事後才知照內閣，在實際上，是軍機處親而內閣疏了。六部之外，清朝又有理藩院，以管理蒙、回、藏的事情，名爲院，設官亦與六部相同。六部長官，都滿、漢並置。咸豐末年，因天津、北京兩條約，設總理各國事務衙門，委派王大臣任其職。前代的御史臺，明代稱爲都察院，有左、右都、副御史，和監察御史，又有巡按御史，代天子巡守。清朝設有巡按御史，右都、副御史，爲總督、巡撫的兼銜。

外官：明時廢元行省，改設布政、按察兩司，而區域則略沿元代行省之舊。清朝於兩司之上設督撫。兩司的官，分駐在外面的，就是所謂道，又若自成爲一級，於是㈠督撫，㈡司，㈢道，㈣府，㈤縣，幾乎成爲五級了。（中國官治的最下一級喚作縣，從秦朝到現在沒有改。縣以上的一級喚郡，郡以上的一級喚作州，隋唐時把州郡併爲一級，唐於州郡之上設道。宋改道爲路，又把大郡升爲府，府州之名，遂相錯雜。元於行省之下置路府軍州。明清於道之下，只有府州，州分兩級，領縣的爲直隸州，與府同級。不領縣的爲散州，與縣同級。同知、通判，另有駐地的，清朝謂之廳，亦有散廳和直隸廳的區別。直隸廳除四川敘永廳外，沒有領縣的。）區域大則行政不易細密；而上級官的威權，自然加增，下級官受其抑壓，格外不易展布；這是清代官制極壞之處。奉天省，清朝視爲陪京，於其地設府尹及戶、禮、兵、刑、工五部。還有錦州一府，是沿襲未廢的。此外就只有將軍、副都統等治兵之官了。蒙、回、藏之地，也只以將軍、副都統、辦事大臣等駐防的官駐紮。（中法戰後，曾改臺灣爲行省。後來失掉，新疆、關東，後來亦都改省制。惟蒙、藏、青海始終沒有改省。）

■官俸至近代而大薄

官俸，歷代雖厚薄不同，而要以近代之薄為最甚。古代大夫以上，各有封地。家之貧富，視其封地之大小、善惡，與官職的高下無關。無封地的，給之祿以代耕，是即所謂官俸。古代官俸，多用穀物，貨幣盛行以後，則錢穀並給。又有實物之給，又有給以公田的。明初尚有此制，不知何時廢墜，專以銀為官俸。而銀價折合甚高。清朝又沿襲其制。於是官吏多苦貧窮。內官如部曹等，靠印結等費以自活，外官則靠火耗及陋規。上級官不親民的，則誅求於下屬。京官又靠外官的饋贈。總而言之，都是非法。然以近代官俸之薄，非此斷無以自給的。而有等機關，收取此等非法的款項，實亦以其一部分支給行政費用，並非全入私囊。所以官俸的問題，極為複雜。清世宗時，曾因官俸之薄，加給養廉銀，然仍不足支持。（《呂著中國通史》上冊，第一一八－一一九頁）

清朝的科舉

學校、科舉合一，是明朝的一個特色，而清朝也沿襲他。明制：各府、縣都設學，京城則設國子監。府、縣學生，升入國子監的，謂之監生。監生和府、縣學生，都可以應科舉。科舉隔三年一開，先在本省考試，中式的謂之舉人。進京，由禮部考試，中式的再加殿試，謂之進士。監生，除應科舉中式外，亦可有入仕之途，不過差一些，府、縣學生卻沒有；而非學生也不能應科舉。所以《明史》說：明制是「學校儲才，以待科舉」的。清朝的制度，和明朝大致相同。

明清科舉之弊

明清的科舉制度，有可評論者兩端。其㈠學校科目，歷代都是兩件事。明朝令應科目的必由學校，原是看重學校的意思。然其結果，反弄得入學校的，都以應科舉為目的，學校變成科舉的附屬品。入學校的目的，既然專在應科舉，而應科舉的本事，又不必定要在學校裡學；則學校當然可以不入。到後來，學校遂成虛設。生員並不真正入學，教官也無事可做。其㈡唐宋時代的科舉，設科很多。應這時代的科舉，一人懂得一件事就行了。這是可能的事情。從王荊公變法之後，罷「諸科」而獨存「進士」，強天下的人而出於一途，已經不合理了。然而這時候，進士所試的只是經義、論、策。經義所試的，是本經、兼經。一人不過要通得一兩經，比較上還是可能的事情。到明清兩朝，則應科舉的人：㈠於經之中，既須兼通「四書」、「五經」。㈡明朝要試論、判、詔、誥、表，清朝要試試帖詩，這是唐宋時「制科」和「詩賦進士科」所試的事情，一人又要兼通。㈢三場的策，前代也有個範圍的（大抵時務策居多）。明清兩朝，則又加之以經子，更其要無所不通。這種科舉，就不是人所能應的了。法律是不能違反自然的。強人家做不能做的事情，其結果，就連能做的，人家也索性不做。所以明清兩朝的科舉，其結果，變成只看幾篇「四書」文，其餘的都一概不管；就「四書」文也變成另外一種東西，會作「四書」文的人，連「四書」也不必懂得的。於是應科舉的人，就都變作一物不知的。人才敗壞，達於極點了。

（《白話本國史》第四冊，第八十五—八十六頁）

所考的四書義，體裁是要逐段相對的，「謂之八股」（不是一句句對，而是一段段對的。最正規的格式，是分作八段四對（但其前後仍有不對的起結），所以謂之八股）。其體式，爲明太祖和劉基所創。五經義，和策、論等，都不重視，只要沒有違犯格式的地方就算了。所考的東西雖多，其實只注重八股。而八股到後來，另成爲一種文字，就連「四書」都不懂，也是可以作的。這是從前科舉之士，學識淺陋的原因。（戊戌維新時，曾廢八股，改試論、策、經義。政變後復舊，辛丑回鑾後又改。後遂廢科舉，專行學校教育。）

■「八股」的由來

這種奇怪的文體，也有個發生的原故。因為考試時候，務求動試官之目。然應考的人多，取錄的人少。出了題目，限定體裁，無論怎樣高才博學的人，也不敢說我這一篇文章，一定比人家作得好。而又定要動試官之目，就只有兩種法子：㈠是把文章作得奇奇怪怪，叫試官看了，吃其一嚇，不敢不取。㈡是把文章作得很長，也是嚇一嚇試官的意思。這兩種毛病，是宋朝以來就極盛的。要限制這種弊病，就於文章的格式上，硬想出種種法子：第一種辦法，就是所以預防㈠的弊病。第二種辦法，則是所以預防㈡的弊病的。因為要代古人說話，就是限定了，只准說某時代某一個人的話。其所說的話，就有了一定範圍。自然不能十分奇怪，散文可以任意拉長（所謂

「汗漫難知」），駢文卻不容易。然而文體卻弄得奇怪不堪了。（《白話本國史》第四冊，第八十四—八十五頁）

清朝的兵制

清朝的兵制，入關以前有八旗（初止正黃，正白，正紅，正藍。後有鑲黃，鑲白，鑲紅，鑲藍，共八旗。這時候，漢人、蒙古人，都和滿人合在一塊編制。後來分出，稱爲蒙古八旗，漢軍八旗，合滿洲八旗，實在有二十四旗了），入關以後，收編的漢兵，謂之綠營。乾隆以前，大概出征用八旗，平內亂用綠營。嘉慶以後，八旗、綠營，都不足用，於是有勇營（湘、淮軍亦稱勇營）。咸同以後，才有改練洋操的。末年又要實行徵兵制度，就各州縣挑選有身家的壯丁，入伍訓練，爲常備兵。三年退爲續備，又三年退爲後備，共九年，而脫軍籍。現在的一師，當時謂之一鎮，想練陸軍三十六鎮，沒有練成，就滅亡了。水軍：本有內河、外海兩種。承平既久，都有名無實。曾國藩練長江水師，和太平軍角逐，當時稱爲精銳。然講到新式的戰爭，還是無用的。咸同以後，乃購買鐵甲船，又設造船廠、水師學堂，創造新式海軍。法、日戰爭，兩次喪敗；港灣又都給外國租借去；就幾於不能成軍了。

■ 清朝之兵力

以兵力論，則中國承平時代，只可謂之無兵，何者？凡事必有用，人乃能聚精會神以赴之。

> 若其為用渺不可知其在何時，未有不以怠玩出之，而寖至於腐敗者也。此為心理作用，受時勢之支配，無可如何之事。歷代注重軍政，若宋、明之世者，其兵力雖云腐敗，兵額尚能勉強維持。清代則文恬武嬉，兵額多缺，而為武員侵蝕其餉。存者亦不操練，一以武員之怠荒，一以兵餉太薄，為兵者不得不兼營他業以自治，更無操練之餘暇也。近代火器發明，實非人力所能敵，亦為兵事上一大變。兵事如此，邊防自更廢弛，對於藩屬之控制，亦自更粗疏矣。又中國近代，富力與西洋各國相差太遠，社會經濟落伍，賦稅之瘠薄隨之。清代經常收入，恆不過四千數百萬，即其末造，亦不過七八千萬，尚安能有所舉措耶？（〈中國近百年史概說〉，見《中國近代史八種》，第二三六頁）

清朝的刑法

中國歷代的法律，都是大體相沿的，已見本書第二十章。法律僅規定大概，實用之時，不能不參考判例，這個歷代都是如此。清朝將兩者合編一處稱爲《律例》（例是隨時修纂的，把新的添進去，舊的刪除）。刑法亦歷代相沿，惟明朝有所謂充軍，係將犯罪的人，勒令當兵，實爲最不合理的制度。清朝既不靠這法子取兵，卻也沿襲其制（清朝的充軍，實際上是較重的流刑），那就更爲荒謬了。通商以後，外人藉口中國法律不完備，刑罰殘酷，於是有領事裁判權。清末，想將此權收回，仍將刑法加以修改（笞、杖改爲罰金，徒、流改爲工作）。預備立憲時，又改大理寺爲大理院，以爲最高審判機關，其下分設高等、地方、初等三級審判廳，檢察廳，亦未能實行。

■ 法律太簡的弊端

中國歷代的所謂法典，只有行政法、刑法兩種。而這兩種法典，只有唐、明、清三代編纂的較為整齊。法律要隨時勢為變遷。中國歷代，變更法律的手續太難；又當其編纂之始，沿襲前代成文的地方太多，以致和事實不大適合，於是不得不補之以例。到後來，則又有所謂案。法學家的議論大抵謂「律主於簡，例求其繁」，「非簡不足以統宗，非繁不足資援引」，「律以定法，例以準情」。這也是無可如何之勢。但是例太多了，有時「主者不能遍覽」，人民更不能通曉，而幕友吏胥等，遂至因之以作弊。這正和漢朝時候，法文太簡，什麼「比」同「註釋」等，都當作法律適用，弊竇相同。都由法律的分類，太覺簡單，不曾分化得精密的原故。（《白話本國史》第四冊，第八十九—九十頁）

清朝的賦稅

明初，定「黃冊」、「魚鱗冊」之法。黃冊載各戶人口及當差丁數，所有田地之數，據之以定賦役。魚鱗冊記土田字號、地形、地味，及其屬於何人，以便田地有所稽考，其法頗爲精詳。但到後來，兩種冊子，都失實了。人戶丁口，及其所有田地之數，都不能得實，賦役就不能平均。歷代的田賦，徵收是有定額的

（加賦還是有定限的。浮收是事實問題）。派人民當差，或折收實物、貨幣，則係量出為入，徵收的數目和次數，都沒有一定。所以役的病民，更甚於賦。役的負擔，是兼論人丁和資產的。人的貧富不均，以丁的多少，定負擔的輕重，本非公平之法。況且調查不易得實，資產除田地外，亦是不易調查的。於是徵收之法，漸變為計算一年需用之數，並作一次徵收，謂之「一條鞭」。負擔之法，名為專論丁糧，實則不查其丁，但就有糧的人，硬派他負擔丁稅，謂之「丁隨糧行」。（丁稅既不按人丁徵收，所以各地方略有定額，並不會隨人口而增加的，清朝的免收新生人丁丁稅，實在是落得慷慨。許多無識的人，相信他真是仁政，那就上他的當了。）實際上，變為加田稅而免其役了。所以到公元一七一二年時，清聖祖便下詔說：此後新生人丁，不再收賦，丁賦之數，即以該年為準。如此，新丁不收賦，舊丁是要死亡的，現有的丁稅，不久就要無法徵收了。所以世宗以後，就將丁銀攤入地糧，加田賦而免丁稅，是賦稅上自然的趨勢，歷代都是照此方向進行的，至此而達於成功。

■「永不加賦」的真相

（明）一條鞭之法總算一州縣每一年所需用之數，按闔境的丁糧均攤。自此以外，不得再有徵收。而其所謂丁者，並非實際的丁口，乃係通計一州縣所有的丁額，攤派之於有田之家，謂之「丁隨糧行」。明朝五年一均役，清朝三年一編審，後亦改為五年，所做的都係此項工作。質而言之，乃因每隔幾年，貧富的情形變換了，於是將丁額改派一次，和調查丁口，全不相干。役法變遷至此，可謂已行免役之法，亦可謂實已加重田賦而免其役了。加賦偏於田畝，是不合理的。

因為沒有專令農民負擔的理由。然加農民之田賦而免其役，較之唐宋後之役法，猶為此善於彼。因為役事無法分割，負擔難得公平，改為徵其錢而免其役，就不然了。況且有丁負擔賦稅的能力小，有產負擔賦稅的能力大，將向來有丁的負擔，轉移於有糧之家，也是比較合理的。這是稅法上自然的進化。

一條鞭之法，起源於江西，後漸遍行於全國，其事在明神宗之世。從晚唐役法大壞至此，約歷八百年左右，亦可謂之長久了。這是人類不能以理智支配事實，而聽其自然遷流之弊。職是故，從前每州縣的丁額，略有定數，不會增加。因為增丁就是增賦，當時推行，已覺困難；後來徵收，更覺麻煩；做州縣官的人，何苦無事討事做？清聖祖明知其然，所以落得慷慨，下詔說：康熙五十年以後新生的人丁，永不加賦。到雍正時，就將丁銀攤入地糧了。這是事勢的自然，不論什麼人，生在這時候，都會做的，並算不得什麼仁政。從前的人，卻一味歌功頌德。不但在清朝時候如此，民國時代，有些以遺老自居的人，也還是這樣，這不是沒有歷史知識，就是別有用心了。（《呂著中國通史》上冊，第一五四—一五五頁）

「地丁」是全國農民的負擔。此外江、浙、兩湖、安徽、江西、河南、山東八省，又有「漕糧」。初徵本色，後來亦改徵折色。地丁、漕糧而外，重要的，要算關、鹽兩稅。關分新、舊。舊關是明朝因爲收爲畝鈔而設的，後來就沒有撤廢，所以又稱「鈔關」。新關是和外國通商之後，設立於水陸各口的。鹽法，由有引的鹽商承銷（鹽多引少，臨時招商承銷的，謂之「票鹽」），各有一定區域，謂之「引地」。引地是看水陸運道，計營銷之便而定的，每一區域中所銷的鹽數，則視其地的人口多少而定，兩者都不能沒有變更，而引地引額，卻不能隨之而變，於是官鹽貴而私銷盛了。「釐金」起於太平軍興以後，設卡多而徵收的方法不一律，更為惡稅（釐金是欽差幫辦軍務雷以諴在江北創行的。沿途設卡，凡商人貨物過境的，照物價抽收幾釐，故名釐金。嗣後各省仿行，至民國國民政府成立後，始行裁撤）。

清末的憲政運動

清朝的政治制度，大體都是沿襲前代的，只好處閉關獨立之世，不足以應付新局面。至於實際的政治，則當咸、同之間，清朝實已不能自立，全靠一班漢人，幫他的忙，才能削平內亂，號稱「中興」。這一班中興將帥，本也是應付舊局面則有餘，應付新局面則不足的；而清朝的中央政府，又極腐敗；如此，國事自然要日趨於敗壞了。戊戌維新，是清朝一個振興的機會，不但未能有成，反因此而引起義和團之亂，人民對清政府就絕望，而立憲、革命的運動就日盛。立憲之論，起於拳亂以後。到日、俄戰爭，日以立憲政體而勝，俄以專制政體而敗，就更替主張立憲的人，增加了一種口實。清朝鑒於民氣之盛，也就假意敷衍。於公元一九〇六年，下預備立憲之詔。公元一九〇八年，又定以九年，為實行之期。這一年冬天，德宗和孝欽后，先後死了，溥儀繼立。其父載灃攝政。一班親貴握權，朝政更形腐敗，人民多請願即行立憲。清朝勉強許將預備期限，縮短三年。再有請願的，就都遭驅逐。又因鐵路國有之事，和人民大起衝突，革命軍乘機而起，清朝就要入於末運了。

第四十八章　清代之文化與社會狀況

明末學術，有兩方面：一是經世致用，一是讀書考古。清朝處於異族專制之下，有許多社會上、政治上的問題，都不敢談；士大夫也有些動極思靜了；於是經世致用之學，漸即消沉，而專發達了讀書考古的一派。清朝所謂考據之學。古代不明白的事，經他們考據明白的很多。他們要求正確的古書，所以盡力於辨僞，盡力於校勘，盡力於輯佚，業經亡失、錯誤、竄亂的古書，經他們整理好的亦不少。清代是一個動極思靜的時代，所以其風氣，是比較沉悶的。到後來，所以始終沒有慷慨激昂，以國事爲己任的人，以致建立不出一個中堅社會來，實由於此。總而言之，近代的讀書人，是不甚留意於政治和社會的事務的。所以海通以來，處從古未有的變局，而這一個階級反應的力量並不大，若在宋明之世，士子慷慨好言天下事之時，則處士橫議，早已風起雲湧了。此等風氣，實在到現在，還是受其弊的。

學風的轉變

明末諸儒的學術，本有兩方面：一是經世致用，一是讀書考古。清朝處於異族專制之下，有許多社會上、政治上的問題，都不敢談；而且從宋到明，士大夫喜歡鬧意氣，爭黨見，這時候，也有些動極思靜了；

於是經世致用之學，漸即消沉，而專發達了讀書考古的一派。

■清朝的士風

士人本有領導他階級的責任，中國士人最能盡此責任的，要算理學昌明時代，因為理學家以天下為己任，而他們所謂治天下，並不是專做政治上的事情，改良社會，在他們看得是很要緊的。他們在鄉里之間，往往能提倡與修水利，舉辦社倉等公益事業。又或能改良冠婚喪祭之禮，行之於家，以為民模範。做官的，亦多能留意於此等教養之政。他們所提倡的，為非為是，姑置勿論，要之不是與社會絕緣的。入清代以後，理學衰落，全國高才的人，集中其心力的是考據。考據之學，是與社會無關係的。次之，則有少數真通古典主義文學的人，其為數較多的，則有略知文字，會作幾篇文章，幾首詩，寫幾個字，畫幾筆劃的人。其和社會無關係，亦與科舉之士相等。總而言之，近代的讀書人，是不甚留意於政治和社會的事務的。所以海通以來，處從古未有的變局，而這一個階級反應的力量並不大，若在宋明之世，士子慷慨好言天下事之時，則處士橫議，早已風起雲湧了。（〈中國近世史前編〉，見《中國近代史八種》，第一五七—一五八頁）

清代的考據學

清朝所謂考據之學，是以經學爲中心的。因爲要讀經，所以要留意古代的訓詁名物、典章制度。古代不明白的事，經他們考據明白的很多。他們要求正確的古書，所以盡力於辨僞，盡力於校勘，盡力於輯佚，業經亡失、錯誤、竄亂的古書，經他們整理好的亦不少。他們的大本營雖在經，然用這一種精密的手段，應用於子、史等書，成績也是很好的。清朝對於經學，是宗漢而祧宋的，所以其學亦稱爲「漢學」。但是漢學之中，仍有區別。清初如顧炎武等，還是兼採漢、宋，擇善而從的，不過偏重於漢罷了。專以發揮漢人之說爲主的，在乾、嘉兩朝，實爲漢學極盛時代。惠棟、戴震、錢大昕，爲此時鉅子。嘉慶年間，開始有人從漢學中，分別「今文」、「古文」之說，道、咸以後，主張今文，排斥古文的風氣漸盛。漢朝的今文家，本是主張經世致用的，所以清學到末期，經世致用的精神，也就有些復活了。

■史事何以要考證？

大抵原始的史料，總是從見聞而來的，傳聞的不足信，人人能言之，其實親見者亦何嘗可信？人的觀察本來容易錯誤的。即使不誤，而所見的事情稍縱即逝，到記載的時候，總是根據記憶寫出來的，而記憶的易誤，又是顯而易見的。況且所看見的，總是許多斷片，其能成為一件事情，總是以意聯屬起來的，這已經摻入很大的主觀的成分。何況還有沒看見或忘掉的地方，不免以意補綴呢？這還是得之於見的，其得之於聞的，則傳述者又把這些錯誤一一加入。傳述多一次，則其錯誤增加一次。事情經過多次傳述，就無意間把不近情理的情節刪除或改動，而把有趣味的情節擴大起來。看似愈傳述愈詳盡，愈精彩，實則其不可信的成分愈多。這還是無意的，還有有意的作偽。那便是：㈠偽造假的事實，㈡抹殺真的事實，㈢無所為而出於遊戲性質的。以上所述，實在還都是粗淺的，若論其精微的，則憑你一意求真，還是不能免於不確實，雖然你已小心到十二分。因為人的心理，總有一個方向，總不能接受和這方向相反的事情。所以又有許多真確而有價值的事情，為你所視而不見，聽而不聞了。心理上這種細微的偏見，是沒有澈底免除的可能的；就要洗伐到相當的程度，也很不容易。史事的不足信如此，無怪史學家說「歷史只是大家同意的故事」了。史學家為求真起見，在這上面，就得費掉很大的工夫。（《歷史研究法》，第五十六－五十七頁）

清代的義理辭章之學

宋學在清代，也仍保守其相當的分野。人們對於講考據的人，而稱其學爲義理之學；至於作文章的人，則稱爲辭章之學；儼然成爲學術界上的三大派別。義理和辭章之學，聲光都遠不如考據之盛，這是風氣使然。以古文著名的桐城派，創於方苞，成於姚鼐，都是安徽桐城縣人。主張義理、考據、辭章三者不可缺一，立論頗爲持平。以他自己的立場論，則在漢、宋之間，是偏於宋的；而其所長，則尤在辭章。在宋時，浙東一派學術，本是注重史學的。此風經明、清兩代，還能保存。會稽章學誠，史學上的見解，尤稱卓絕，和現代的新史學，相通之處頗多。清代的學術界，可以說是理性發達，感情沉寂的時代，所以其文藝，和歷代比較起來，無甚特色。桐城派號稱古文正宗，不過是學的唐、宋人，此外也不過或學周、秦，或學漢、魏；詩亦是如此，非學唐，即學宋。詞則中葉的常州派，嫌元、明的輕佻成薄，而要學唐、五代、宋；書法則鄧完白、包世臣嫌歷代相傳的帖，漸漸失眞，而要取法北碑；都有復古的傾向；然亦不過摹仿古人罷了。

清代的社會狀況

因爲清代是一個動極思靜的時代，所以其風氣，是比較沉悶的。清朝的管同曾說：「明之時，大臣專權；今則閣、部、督、撫，率不過奉行詔命。明之時，言官爭競；今則給事，御史，皆不得大有論列。明之時，士多講學；今則聚徒結社者，渺焉無聞。明之時，士持清議；今則一使事科舉，而場屋策士之文，及時政者皆不錄。」（見管同撰〈擬言風俗書〉）把明、清風氣，兩兩比較，可謂窮形盡相了。清朝到後來，所以始終沒有慷慨激昂，以國事爲己任的人，以致建立不出一個中堅社會來，實由於此。此等風氣，實在到現在，還是受其弊的。以上是指士大夫說。至於人民，則歷朝開國之初，大抵當大亂之後，風氣總要勤儉樸實些。一再傳後，生活漸覺寬裕，貧富的不均，亦即隨之而甚。明清時代，各省還有「賤民」，在最低階級，爲「良民」所不齒的。如山西的「樂籍」，廣東的「蜑戶」，浙江的「丐戶」，清朝曾免去樂籍、丐戶，使爲良民。但如蜑戶等，雖經解放，仍舊守其故俗。

■傳統政治與社會的特點

(一)當時中國的政治，是消極性的，在閉關時代，可以苟安，以應付近世列國並立的局面則不足。(二)當時中國的人民和國家的關係是疏闊的，社會的規則都靠相沿的習慣維持，所以中國人民無其愛國觀念，要到真有外族侵入時，才能奮起而與國家一致。㈢中國社會的風俗習慣，都是中國社會的生活情形所規定的，入近世期以後，生活情形變，風俗習慣亦不得不變。但中國疆域廣大，各地方的生活，所受新的影響不一致，所以其變的遲速，亦不能一致，而積習既深，變起來自然也有相當的困難。（〈中國近世史前編〉，見《中國近代史八種》，第一六一頁）

第四十九章　清代之經濟狀況

中國的經濟狀況，清朝是一個大轉變的時期。鴉片戰爭以前，中國實在還保守其閉關獨立之舊。此時的農人，是各安耕耨。工業大都是家庭副業。商人亦不過較之農工，贏利略多，生活略見寬裕而已。到五口通商以後，情形就大變了，外國的貨物，源源輸入，家庭工業和手工業，逐漸爲其所破壞，又收買我國的原料而去。我國對於新式事業，雖亦略有興辦。亦因資本微末，技術幼稚，不能和外廠競爭，遏止外貨的輸入。中國財政，向來持量入爲出主義；所以進款雖少，收支是足以相抵的。即當叔季之世，橫征暴斂則有之，卻無所謂借債。其恃借債以救急，實在從近代同西洋各國交通後起。

閉關時代之經濟狀況

中國的經濟狀況，清朝是一個大轉變的時期。鴉片戰爭以前，外人雖已來華通商，然輸出入的數目並不大；輸入的也不是什麼必需品；所以當這時代，中國實在還保守其閉關獨立之舊。此時的農人，是各安耕耨。他們的收入並不大，然而他們的支出，也是很節省的。工業：除較困難的，要從師學習，獨立而成爲一藝外，其餘大都是家庭副業。出品並不甚多，營銷的區域，也不很遠。天產品亦係如此。所以當時的商人，除鹽商由國家保護其專利，獲利最厚外，只有典當、錢莊、票號等，資本較大，獲利較豐。此外，亦不過較之農工，贏利略多，生活略見寬裕而已，並沒有什麼可以致大富的人。總之，生產方法不改變，社會的經濟情形，是不會大變的。

傳統社會的農工商

中國的人民，百分之八十是農民，農民的知識，大概是從經驗得來的。其種植的方法，頗有足稱。但各地方的情形，亦不一律，這是因地利之不同，歷史之有異，如遭兵荒而技術因之退步等，所以其情形如此。但以大體論，中國的農民是困苦的。這因㈠水利的不修，森林的濫伐，時而不免於天災。㈡因田主及高利貸的剝削，商人的操縱。㈢沃土的人口，易於增加。所種的田，因分析而面積變小。所以農民的生活，大多數在困苦之中。設遇天災人禍，即遭流離死亡之慘，抑或成為亂源。工業：大抵是手工。有極精巧的，然真正全國聞名的工業品並不多。即使有，其銷場實亦仍限於一區域中。流行全國的，數實有限。此因製造的規模不大，產量不多，又運輸費貴，受購買力的限制之故。普通用品，大抵各有營銷的區域。工人無甚智識，一切都照老樣子做，所以改良進步頗遲；而各地方的出品，形式亦不一律。商人在閉關時代，可謂最活躍的階級，這因為社會的經濟，既進於分工合作，即非交換不能生存。而生產者要找消費者，消費者要找生產者極難，商人居其間，卻盡可找有利的條件買進，又可盡找有利的條件賣出。他買進的條件，是只要生產者肯忍痛賣。賣出的條件，是只要消費者能勉力買，所以他給予生產者的，在原則上，只有最低限度。取諸消費者的，在原則上，卻達於最高限度。又且他們手中，握有較多的流動資本。所以商人與非商人的交易，商人總是處於有利地位的。中國的商業，雖有相當的發達，但受交通及貨幣、度量衡等制度發達不甚完美的影響，所以國內商業，還饒有發展的餘地。商人經營的天才，亦有足稱。但欲以之與現代資本雄厚、組織精密的外國商人為敵，自然是不夠的。加以他們㈠向來是習於國內商業的，對於國外商業的經營，不甚習熟。㈡資本又不夠雄厚。㈢外國機器製品輸入，在中國饒有展拓之地，即居間亦有厚利可圖。所以海通以來，遂發達而成為買辦階級。（〈中國近世史前編〉，見《中國近代史八種》，第一五五—一五七頁）

五口通商後的經濟狀況

到五口通商以後，情形就大變了，外國的貨物，源源輸入，家庭工業和手工業，逐漸爲其所破壞，又收買我國的原料而去。於是中國的農人，也有爲外國的製造家而生產的，經濟上彼此的連結，就漸漸密切了。資本主義，是除掉低廉的原料以外，還要求低廉的勞力的；而勞力也總是向工資高的地方而移動。於是華工紛紛出洋謀生，遂成爲外國的資本和商品輸入，而中國的勞力輸出的現象，其初是很受外國歡迎的，後來又爲其工人所妒，到處遭遇禁阻，於是中國人謀生的路更窄了（排斥華工，起於美國，其事在一八七九年，後來南洋亦有繼起的）。

清末的經濟狀況

資本主義，發達到一定的地步，是要將資本輸出的。既要將資本輸出，就要謀其所輸出的資本的安全；就不免要干涉後進國的政治。於是資本主義，和傳統的武力主義相結合，而成為帝國主義了。我國一通商，而沿海和內河的航權，即隨之而俱去。㈠航業遂成為外人投資的中心。㈡又外國的銀行，分設於通商口岸，亦能操縱我的金融。（《天津條約》訂時，實際上，外船早在沿海自由航行了）至中日戰後，則㈢通商口岸，既得設廠；㈣又得投資於我國的路礦；㈤而各種借款，又多含有政治意味。於是我國的輕工業、重工業，都受到外力的壓迫；就是政治，也不免要受其牽制了。

我國對於新式事業，雖亦略有興辦。然如製造局和船政局，只是為軍事起見。開平煤礦，大權旁落於英人。漢冶萍煤鐵礦廠，因欠外債而深受日人的束縛。一個招商局，既不足和外輪競爭，鐵路又多借外債。官私所辦的紡織事業，亦因資本微末，技術幼稚，不能和外廠競爭，遏止外貨的輸入。再加以屢次戰敗，賠款之額，超過全年收入數倍（清朝光緒年間，全國的歲入，是七千萬兩。所以中、日之戰的賠款，是當時歲入的三倍。庚子賠款四萬五千萬兩，易成金款，實際上要加倍，那就十倍不止了。中國的借外債，是起於左宗棠征新疆時的。然自中日之戰以前，所借甚少，且都隨即還清），非借外債，無以資挹注；而借外債則既要負擔利息、折扣，還要負擔鎊虧。國際收支，遂日趨於逆勢，除掉華僑匯歸的款項外，非靠外人投資，不能彌補；而外國資本，就競以我國為尾閭了。

■清末的借款

中國財政，向來持量入為出主義；所以進款雖少，收支是足以相抵的。即當叔季之世，橫征暴斂則有之，卻無所謂借債。預借租調等，還只算是征斂。其恃借債以救急，實在從近代同西洋各國交通後起。然而這不過濟一時之急；在大原則上，收支還是相合的。其負擔實在超出於財政能力之上，而靠借款以為彌縫，則從甲午、庚子兩戰役後起。然仍是為應付賠款起見，在內政上，仍持量入為出主義。至一變而為量出為入主義，而又不能整頓收入，乃靠借債以舉辦內政，則從勝清末葉的辦新政起。這時候的危險，在於藉口借債以興利，其實所借的債，能否應付所與的利的本息，茫無把握。儻使借債甚多，而所興的利，毫無成效，便要一旦陷於破產的悲境了。至於一國的大柄，倒持在特權階級手裡。他要花錢，便不得不花。而國家的大局如何，前途如何，再無一人肯加以考慮。（《白話本國史》第四冊，第一一二八頁）

第五十章　本期結論

從清室滅亡之日，追溯西人東來之初，爲時約四百年，是中國歷史起一個大變動的時代。這四百年中的變動，比上一期的二千年，還要來得厲害；而尤以五口通商後的七十年爲劇烈。這七十年之中，向來以天朝自居的，至此不得不紆尊降貴，和外國講平等的交際。向來以爲中國的學問，是盡善盡美的，至此而有許多地方，不能應付。總而言之：是環境變動劇烈，而我們的見解，一時來不及轉變。見解的轉變，本來要有相當的時間，七十年的時間不算長；以中國之大，舊文化根底的深厚，受了幾十年的刺激，居然能有維新運動，立憲運動，甚至於革命運動，去求適應，也並不能算慢。不過方面太多了，不容易對付，所以到如今，還在艱難困苦之中奮鬥。

環境的變動

本期是中國歷史起一個大變動的時代。從清室滅亡之日，追溯西人東來之初，爲時約四百年。這四百年中的變動，比上一期的二千年，還要來得厲害；而尤以五口通商後的七十年爲劇烈。在這七十年以前，內而政治、風俗，外而對外的方針和手段，都還是前一期的舊觀。到這七十年之中，就大變了，向來以天朝自居的，至此不得不紆尊降貴，和外國講平等的交際。向來以爲中國的學問，是盡善盡美的，至此而有許多地方，不能應付。對外則屢戰屢敗，而莫知其由。看了外國人所製的東西，只是覺得奇巧，而也莫名其妙。當鴉片戰爭之後，外力初突破閉關的局面時，眞有這種惶惑無主之概。

■ 中國文化的三大期

中國的文化，可以劃分為三大時期：即㈠中國文化獨立發展時期。㈡中國文化受印度影響時期。㈢中國文化受歐洲影響時期。近幾百年來，歐洲人因為生產的方法改變了，使經濟的情形大為改變。其結果，連社會的組織，亦受其影響，而引起大改革的動機。其影響亦及於中國。中國在受印度影響的時代，因其影響專於學術思想方面，和民族國家的盛衰興亡，沒有什麼直接的緊迫的關係。到現在，就大不相同了。交通是無法可以阻止的。既和異國異族相交通，絕沒有法子使環境不改變，環境既改變，非改變控制的方法，斷無以求興盛而避衰亡。所以在所謂近世期中，我們實有改變其文化的必要。而我國在受著此新影響之後，亦時時在改變之中，迄於今而猶未已。（〈中國近世史前編〉，見《中國近代史八種》，第一四六、一四七頁）

適應的困難

所以這七十年中的失敗，總而言之，可以說是環境驟變，而我國民族，還未能與之適應。譬如對外，中國向來是以不勤遠略爲宗旨的，因爲從前既無殖民政策，除攻勢的防禦外，勤遠略確是勞民傷財。然而外力侵削之秋，還牢守這種主義，藩屬就要喪失，邊疆也要危險了。又如經濟，中國向來是以節儉爲訓條，安貧爲美德的。在機械沒有發明，生產能力有個定限的時代，自然也只得如此。然當外國貨物源源輸入，人民貪其「價廉物美」不得不買的時候，就非此等空言，所能抵拒外貨，遏止「入超」了。諸如此類，不一而足。總而言之：是環境變動劇烈，而我們的見解，一時來不及轉變。見解的轉變，本來要有相當的時間，七十年的時間不算長；以中國之大，舊文化根底的深厚，受了幾十年的刺激，居然能有維新運動，立憲運動，甚至於革命運動，去求適應，也並不能算慢。不過方面太多了，不容易對付，所以到如今，還在艱難困苦之中奮鬥。

■社會改革之難

世界所以有大事，正和我們的屋子，住了一年要大掃除一次一樣。灰塵垃圾，都是平時堆積下來的。堆積了一年，掃除自然費力了。誰能使它不堆積起來呢？天天掃除，使其絕不堆積，或者也並非辦法，誰能按著堆積的情形，決定掃除的次數，並把它排列在適當的日期，使掃除亦成為生活的節奏呢？屋子住了一年要掃除，是沒人反對的，而且大多數人認為必要。社會上堆積著千萬年的灰塵垃圾，卻贊成掃除的人少，反對掃除的人多，甚而至於把灰塵垃圾，視為寶物，死命地加以保存。世界之所以多事，豈不以此？（《兩年詩話》，原刊《文藝春秋叢刊》之一《兩年》，一九四四年十月十日出版）

社會是時時需要改革的，然其改革卻極不易。所希望的目的，未曾達到，因改革而來的苦痛，倒不知凡幾了，人們當此之際，就要嚣然不寧。苦於社會的體段太大了，其利害複雜而難明。還有一班私利害和公利害相違反的人，不惜創為歪曲之論。於是手段和目的，牽混為一。目的本來好的，因其手段的不好，而連帶被攻擊；替目的辯護的人，明知其手段的不好，亦必一併加以辯護；遂至是非淆亂，愈說愈不清楚了。（〈從章太炎說到康長素梁任公〉）

第四編　現代史

第五十一章　孫中山先生與革命運動

凡事積之久則不能無弊。這個積弊，好像人身上的老廢物一樣，非把他排除掉，則不得健康。人類覺悟了，用合理的方法，把舊時的積弊，摧陷廓清，以期達於理想的境界，這個就喚作革命。但是因爲地大人多，一時沒有實現的方法。每到政治不良，人民困苦的時候，雖然大家也能起來把舊政府推翻，然而亂事粗定之後，就只得仍照老樣子，把事權都交給一個人。於是因專制而來的弊害，一次次地複演著，而政治遂成爲一進一退之局。這種因政體而來的禍害，我們在從前，雖然大家都認爲無可如何之事，然而從海通以來，得外國的政體，以資觀摩，少數才智之士，自然就要起疑問了。當戊戌變法時，國人所希望者，爲以專制君主之力，變法圖強。庚子後，國人對清廷之希望漸薄，民族、民權思想亦漸昌明。

革命的醞釀

中國革命的醞釀，潛藏得是很久的。清朝入關以後，漢人看似爲其所壓伏，實則革命的種子迄未嘗絕。從西人東來以後，國人懍於民族的危機，愈見深切，因而發生許多反清的舉動；至於「民貴君輕」之論，「不患寡而患不均」之說（「民爲貴，社稷次之，君爲輕」見《孟子・盡心下篇》。「不患寡而患不均」見《論語．季氏》），孔孟早發之於二千年以前，所以西洋的民主政體、社會學說，我們均極易契合。民族、民權、民生主義，在人人心坎中，久已潛伏著了。不過沒有適宜的環境，不能發榮滋長出來；沒有領袖的指導，其運動也不易入於正軌罷了。

■革命思想勃興之原因

當戊戌變法時，國人所希望者，為以專制君主之力，變法圖強。庚子後，國人對清廷之希望漸薄。民族、民權思想亦漸昌明。激烈者主張革命，緩和者遂主張君主立憲。清廷迫於輿論，乃有派五大臣出洋考察憲政之舉。然清廷實無立憲誠意，加以溥儀幼稚，攝政昏庸，皇族專權，朝政益紊。反欲壓制輿論，妄圖集權。革命之勢，遂日益蓬勃。革命思想之勃興原因：㈠由民族主義。北族入主中國，雖其治法大體沿中國之舊，然於民族主義，終欠光晶；而歐人東侵，又有以激起中國人之民族思想。㈡由民權主義。民視民聽，本已鬱積於數千年之前；明末，得黃梨洲等為之提倡；加以歐西現代政治之觀感。㈢由民生主義。因歐人之經濟侵略，逐漸加緊，人民感於生計之困苦，漸覺有改革之必要。凡此皆時勢所迫，勃興之原因。（《高中複習叢書　本國史》，第一六七、一六八頁）

孫中山先生

孫中山先生，廣東香山縣人（現在改為中山縣，就是因紀念孫先生改名的），名文，字逸仙，中山是他的自號。他生於公元一八六六年，就是前清同治五年。他少有大志，懷抱民族、民權思想。公元一八八五年，中法戰事起，先生鑒於政府的腐敗，就決定顚覆清廷，創建民國的宗旨。公元一八九二年，在澳門創立興中會，由少數的同志，連結會黨，運動當地防營，以為革命的準備。會黨雖以反清為宗旨，團結實甚散漫，當地駐軍的思想更是腐舊不堪，所以成效很少。公元一八九五年，先生在廣州謀起義，因運輸軍火事洩，不克。先生乃經檀香山赴美洲，和其地的會黨聯絡（太平天國滅亡後，餘黨逃亡海外的很多，檀香山、美洲一帶更盛），又赴歐洲。此時清朝已知先生為革命首領，其駐英公使，把先生計誘到使館裡，拘禁起來，想解送回國；先生感動了使館裡的侍役，把消息洩漏出去，英國輿論大嘩，先生乃得釋放。此即所謂倫敦蒙難。先生在歐洲數年，考察其國勢民情，覺得單講民族、民權，還不能「進世界於大同，畀斯民以樂利」，乃重加民生主義一說。合民族、民權、民生而完成其三民主義。

同盟會成立

義和團亂起，先生分遣同志，謀襲廣州、惠州，都不克。此時風氣漸開，出洋留學的人漸多，尤群聚於日本；其中也頗有懷抱革命思想的。一九〇五年，先生乃親赴日本，改興中會為同盟會。入會的人，很為踴躍。革命團體，到此才有中流以上的人士參加。有了這輩人參加，則可以文字運動；主義的傳布，更易迅速而普遍；而且指揮組織，也都有人才了。所以先生說：「到這時候，我才相信革命事業，可以及身看見其成功。」

■革命的心理動機

「民為貴，社稷次之，君為輕。」「賊仁者謂之賊，賊義者謂之殘，殘賊之人，謂之一夫。聞誅一夫紂矣，未聞弑君也。」在紀元前四世紀時，就有人說過了。（《孟子．梁惠王下篇》和〈盡心下篇〉）但是因為地大人多，一時沒有實現的方法。每到政治不良，人民困苦的時候，雖然大家也能起來把舊政府推翻，然而亂事粗定之後，就只得仍照老樣子，把事權都交給一個人。於是因專制而來的弊害，一次次地複演著，而政治遂成為一進一退之局。這種因政體而來的禍害，我們在從前，雖然大家都認為無可如何之事，然而從海通以來，得外國的政體，以資觀摩，少數才智之士，自然就要起疑問了。這是潛伏在人心上的動機。（《復興高級中學教科書　本國史》下冊，第一五〇——一五一頁）

當時海內外的情勢

先是康有為從出亡後，就在海外組織保皇黨，以推翻慈禧太后，使德宗重攬大權為目的。此時乃改而主張君主立憲，和同盟會為對立的機關。海內的立憲運動，見本書第四十七章。然革命運動，氣勢亦頗盛；其以筆舌鼓吹的，則有章炳麟著《訄書》，鄒容著《革命軍》，都因此下獄，鄒容竟死在獄中。謀以實力解決的，則有劉道一等的起事於萍、醴（劉道一亦是同盟會會員，但這一次舉義，卻不是同盟會發動的），清朝調蘇、贛、湘、鄂四省的兵，才把他打平；又有安徽候補道徐錫麟槍殺巡撫恩銘，據軍械局謀起事，事雖無成，清朝已為之膽落了。

同盟會的革命運動

同盟會的革命運動，最壯烈的，要算一九〇八年的河口之役，和一九一一年黃花崗之役。前一役初起事於欽州，因軍械不足，退入越邊，再從越邊進兵，大敗清軍於河口，直迫蒙自，因無援而退。後一役則運動廣東的新軍，謀在廣州起事，而黨人組織敢死隊，以為之領導。因事機洩漏，未能按照預定的計畫行事。黨人攻督署，事後覓得屍體，叢葬於黃花崗的七十二人，海內外聞訊震動。這時候，各地方的人心，日益傾向革命，新軍也多有受運動的。清室越發瀕於危亡。

何謂革命

凡事積之久則不能無弊。這個積弊，好像人身上的老廢物一樣，非把他排除掉，則不得健康。人類覺悟了，用合理的方法，把舊時的積弊，摧陷廓清，以期達於理想的境界，這個就喚作革命。（《復興高級中學教科書　本國史》下冊，第一四九頁）歷代之革命，有自外而入者，有即行之於內者。行之於內者，又可分為二：㈠本係在內之權臣，如王莽是。㈡則在外之強臣或軍人，入據中央政府，如曹操、劉裕是。大抵內重之世，革易多在中朝。外重或內外俱輕之世，則或起於外而傾覆舊政府；或先入據舊政府，造成內重之局，而後行革易之事焉。以王步雖改，朝市不驚論，則起於內者為優。然以除舊布新論，則起於外者，為力較大也。（《中國社會史》，第三二八頁）

第五十二章　辛亥革命與中華民國之成立

中國國土大，邊陲的舉動，不容易影響全局。要能夠振動全國，必得舉事於腹心之地。但是登高一呼，亦必得四山響應，而其聲勢方壯。此種情勢，亦是逐漸造成的。革命黨的運動，固然是最大的原因。黨人乃於十九日，即陽曆的十月十日，起義於武昌。革命軍既起，清朝的官吏，都逃走。（一九一一年）陽曆十二月，孫中山先生從海外歸國。二十九日，十七省代表，公舉先生爲中華民國臨時大總統。通電改用陽曆，以其後三日，爲中華民國元年元月元日。清朝乃授權袁世凱，和民國議訂皇室和滿、蒙、回、藏優待條件，於二月十二日退位。從一六二二年明桂王被弒，清朝占據中國，共二百五十年而滅亡。

清末的形勢

清朝從德宗和慈禧太后死後，格外失其重心。一九一一年，說是預備立憲組織責任內閣，而閣員十三人（當時內閣總、協理外，有外務、民政、陸軍、海軍、度支、學法、農工商、郵傳、理藩十部，及軍諮府。內閣總理慶親王奕劻，是清末宗室中久握政權的），滿族居其九；九人之中，皇族又居其五。人民稱爲「御用內閣」，不合立憲精神，請願改組，遭清廷拒。又以鐵路國有之事，與人民大起爭執。其時國民鑒於外人攘奪我國的路權，實寓有瓜分危機，群謀收回自辦。川漢、粵漢，都組有公司（粵漢鐵路，清末本借美國合興公司的款項建築，因該公司逾期未曾興工，乃廢約收回自辦）。而清廷忽將鐵路幹線，都收歸國有。人民起而爭執，川省尤烈。清朝的四川總督，一味用高壓手段，將代表拘押，群眾驅逐。省城人民，聚眾請求釋放；外縣人民，亦有續至的；彼竟縱兵殘殺。清朝還要派滿員端方，帶兵入川查辦，人心大憤。

■ 革命的導火線

中國國土大，邊陲的舉動，不容易影響全局。要能夠振動全國，必得舉事於腹心之地。但是登高一呼，亦必得四山響應，而其聲勢方壯。此種情勢，亦是逐漸造成的。革命黨的運動，固然是最大的原因，而清廷的失政，亦有以自促其滅亡。清廷到末造，是無甚真知灼見的，只是隨著情勢為轉移。當時的輿論，頗有主張中央集權的。政府亦頗想設法挽回。但不知道集權要能辦事，其舉動依然是凌亂無序，不切實際，而反以壓制之力，施之於愛國的人民，就激成川、鄂諸省的事變，而成為革命的導火線。（《復興高級中學教科書　本國史》下冊，第一五七—一五八頁）

革命軍的起事

此時革命黨人，鑒於屢次起事，都在邊陲之地，不能振動全局，乃謀易地起義，武漢的新軍，業已運動成熟，定於是年舊曆中秋起事，旋改遲十日，未及期而事洩，清廷的湖廣總督瑞澂，大肆搜殺。黨人乃於十九日，即陽曆的十月十日，起義於武昌。革命軍既起，清朝的官吏，都逃走。革命軍推黎元洪為中華民國軍政府鄂軍都督，收復漢口、漢陽。照會各國領事，各國都認我為交戰團體（按國際公法，列國承認一國革命軍，既為「交戰團體」（Belligerency），即為爾後承認為合法的革命政府之先聲，關係甚重）。清廷聞變大震，即派陸軍大臣蔭昌，率近畿陸軍南下。這「近畿陸軍」，原來是袁世凱在直隸時所練（辛丑和議訂後，袁世凱任直隸總督，練新兵，共成六鎮，後來第一、第三、第五、第六四鎮，改歸陸軍部直轄，稱為近畿陸軍。世凱後入軍機，溥儀立後，罷居彰德）。蔭昌無威望，不能指揮。清廷不得已，起用袁世凱督軍。攻陷漢口、漢陽，然各省次第反正；停泊九江、鎮江的海軍亦響應。清廷以袁世凱為內閣總理，載灃旋罷攝政職，大權全入世凱之手。乃由英領事斡旋，兩軍停戰，在上海議和。

中華民國成立

是年陽曆十二月，孫中山先生從海外歸國。二十九日，十七省代表（江蘇、安徽、江西、浙江、福建、湖北、湖南、廣東、廣西、四川、雲南、河南、山東、山西、陝西、直隸、奉天），公舉先生為中華民國臨時大總統。通電改用陽曆，以其後三日，為中華民國元年元月元日，中山先生，即於是日在南京就職。中華民國於是成立。

清朝的滅亡

先是上海和議，議決開國民會議，解決國體問題。至是，清朝的代表，以和議失敗，電清政府辭職。和議由袁世凱和中華民國的代表，直接電商。孫中山先生提出「如袁世凱贊成共和，則自己辭職，推薦袁世凱為臨時大總統」的條件。袁世凱也接受了。其時清朝以吳祿貞為山西巡撫。祿貞屯兵石家莊，截留清朝運赴前敵的軍火，雖然給清朝遺人暗殺，然滿人中最持排漢主義的良弼，也給革命黨人炸死。灤州的軍隊，既表示贊成共和；前敵將領，又有要帶隊回京，向親貴剖陳利害的。清朝乃授權袁世凱，和民國議訂皇室和滿、蒙、回、藏優待條件，於二月十二日退位。從一六二二年明桂王被弒，清朝占據中國，共二百五十年而滅亡。

■ 清室之優待條件

清室之退位也，民國與訂《優待條件》。其中第一款，許其存尊號，民國以外國君主之禮待之。第二款，與以歲費四百萬。第三款，許其暫居宮禁，日後移居頤和園。第四款，許其奉祀宗廟陵寢，民國為之保護。第五款，民國許代完德宗崇陵工程。第六款，宮內執事人員，許其留用。惟以後不得再閹人。第七款，民國許保護清室私產。於清皇族，亦許仍其世爵，公私權同於民國國民，而不服兵役，且保護其私產。於旗民，許為代籌生計。未籌定前，八旗兵弁俸餉，照舊發給。亦可謂仁至義盡矣。乃清室仍居宮禁，迄不遷移。違背條件之事，尤不一而足。民國六年，又有復辟之役。京師既復，民國本應加以徹究。徒以是時執政柄者，為清室舊臣，自謂不忍於故君，遂忘服官民國應盡之責任。多數議員，醉心祿利，縱橫捭闔，日爭政權，但圖苟全一己生命財產，不復計綱紀順逆，無能督責政府者。（《中國社會史》，第三四三—三四四頁）

臨時政府北遷

清朝既亡，孫中山先生即向參議院辭職，並推薦袁世凱。參議院即舉袁爲臨時大總統，派人歡迎其南下就職。袁氏不欲南來，故意暗唆兵變，不能離開，乃許臨時政府移設北京。參議院亦隨之而北遷。當民軍起義之後，各省都督府，曾派出代表，組織聯合會議，議決《臨時政府組織大綱》。參議院即是據此而設立的。至此，乃由參議院將《臨時政府組織大綱》修改爲《臨時約法》，並制定《國會組織法》、《參眾兩院選舉法》，據以選舉、召集，於二年*四月八日開會。

■ 都邑選擇當首重社會風紀

都邑的選擇，我是以為人事的關係，重於地理的。古人有治，首重風化。以今語言之，即國家之所注重者，不徒在政治、軍事，而尤重視社會風紀，人民道德，此義論政之家，久已視

* 即一九一三年。下文「×年」，均爲民國紀年。

為迂腐，然在今日國家職權擴大之時，似亦不可不加考慮。欲善風俗，必有其示範之地，以理以勢言之，自以首都為最便，故京師昔稱首善之區。自教化二字，國家全不負責以來，人口愈殷繁，財力愈雄厚之地，即其道德風紀愈壞，京師幾成為首惡之地。人總是要受社會影響的，居淫靡之地，精神何能振作？所耗費既多，操守安得廉潔？吏治之不飭，道德和風紀之敗壞，實為之厲階。值此官僚政治為舉世所詬病之秋，安可不為改弦更張之計？然欲圖更化，舊都邑實不易著手，則首都所在，似以改營新都為宜。昔時論建都者，多注重於政治軍事，而罕注重於化民成俗，有之者，則惟漢之翼奉，唐之朱朴，宋之陳亮。翼奉當漢元帝時，他對元帝說：文帝稱為漢之賢君，亦以其時長安的規模，尚未奢廣，故能成節儉之治，若在今日，亦「必不能成功名」，他主張遷都成周，復位制度，「與天下更始」。朱朴，當唐末亦說「文物資貨，奢侈僭偽已極」，非遷都不可。陳亮當宋高宗時，上書說：「錢塘終始五代，被兵最少，二百年之間，人物繁盛，固已甲於東南，而秦檜又從而備百司庶府，以講禮樂於其中，士大夫又從而治園囿臺榭，以樂其生；干戈之餘，而錢塘遂為樂國矣。」窺其意，宴安鴆毒，實為不能恢復的大原因。三家之言，皆可謂深切著明，而陳亮之言，實尤為沉痛。（〈南京為什麼成為六朝朱明的舊都〉，原刊一九四六年五月五日《正言報》）

第五十三章　民國初年之外交

講起民國初年的外交來，是很可痛心的，那便是俄蒙、英藏交涉，和大借款的成立。當前清末年，中國曾向英、美、法、德「四國銀行團」，訂借改革幣制和東三省興業借款。這是因爲日、俄兩國，在東北的勢力，太膨脹了，所以想引進別國的經濟，去抵制他們的。四國怕排除日、俄不妥，而「六國銀行團」遂以成立。提出的借款條件，極爲苛酷，頗有干涉我國財政之嫌，美國政府令該國的銀行退出，六國團又變爲五國。二次革命將起，袁世凱急於需款，遂向「五國銀行團」借得英金二千五百萬鎊，是爲「善後大借款」。本來興業的借款，變爲政治借款；本來想藉英、美、法、德抵制日、俄的，變爲五國聯合以對我了。

俄蒙外交

講起民國初年的外交來，是很可痛心的，那便是俄蒙、英藏交涉，和大借款的成立。當民國紀元之前兩年，日、俄訂立新協約。據說別有密約，俄國承認日本併呑韓國，日本承認俄國在蒙、新方面的舉動。果然，韓國於這一年爲日本所併；而俄國於明年，亦就對清朝提出蒙、新方面的要求，並以最後通牒相脅迫。約未及訂，而革命軍起，清朝就更無暇及此了。清朝對於藩屬，向來是取放任主義的，其末年，忽要試行干涉，而行之不得其法，遂至激起藩屬的反對。因俄國的慫恿，遂乘辛亥革命的時候，公然宣告獨立，驅逐駐蒙大臣，稱大蒙古帝國日光皇帝。俄人和他訂約許代他保守自治，而別訂《商務專條》，攫取農工商業，和交通、通信上廣大的權利。民國成立，輿論頗有主張征蒙的，這自然是空話，如何辦得到？仍由政府以外交方式，和俄人磋商，到二年，才訂成所謂《聲明文件》。俄國承認中國對外蒙古的宗主權，中國承認外蒙古的自治權。所謂自治，就是中國不設官、不駐兵、不殖民。其範圍，則以前清庫倫辦事大臣、烏里雅蘇臺將軍、科布多參贊大臣的轄境為限。四年，根據此旨，訂成《中俄蒙條約》。其呼倫貝爾，亦因俄人的要求，改為特別區域（中、俄訂有條件：呼倫貝爾的收入，全作地方經費。軍隊只能以本地人組織；如有變亂，中國派兵代定，須知照俄國；並須事定即撤。中國人在呼倫貝爾僅有借地權）。

英藏交涉

中國的開放西藏，起於公元一八九〇年的《藏印條約》。是約把當印藏交通要衝的哲孟雄認為英的保護國。三年後（公元一八九三年）又訂《藏印續約》，強闢亞東關為商埠。而藏人不肯實行，俄人乘機染指，藏俄日親。會日俄戰起，英遂於一九〇四年進兵侵入拉薩。達賴喇嘛逃奔庫倫，英人迫班禪立約：㈠開放江孜、噶大克。㈡非經英國許可，不得許他國派官和駐兵。㈢土地、道路，及其餘財產，不得讓與及抵押於外國或外國人。中英交涉再三，終因俄、德、美、義四國反對，於公元一九〇六年，再締《修訂藏印條約》，承認前《藏印條約》為附約。只認中國對西藏有宗主權。其時清廷因駐藏大臣為藏人所戕害，以趙爾豐為川滇邊務大臣，將川邊土司改流。又派聯豫為駐藏大臣。聯豫和達賴不協，電調川兵入藏。達賴逃奔印度，自此，反和英國人一起了。革命軍起，藏人驅逐華兵。達賴回藏，宣告獨立，藏番並進攻川邊，川、滇出兵恢復，英人又提出抗議。中國不得已，停止進兵。三年，中、英、藏三方代表，會議於印度的西摩拉，訂成草約：英國承認中國對西藏的宗主權，中國承認外藏的自治權。所謂內外藏的界限，則將紅藍線畫於所附的地圖上，中國對此項界線，不肯承認，此問題遂至今為懸案。

■ 西藏本無內外之分

如今的海藏高原，在地文地理上，可以分作四個區域。㈠後藏湖水區域。其地高而且平。㈡前藏川邊傾斜地。雅魯藏布江以東，巴顏哈喇山脈以南，大慶河以西，諸大川上游的縱谷。兼包四川、雲南的一部。㈢黃河上游及青海流域。㈣雅魯藏布江流域。喜馬拉雅、岡底斯兩山脈之間。㈡、㈢都是羌族棲息之地。㈣是吐蕃發祥之地。㈠就是藏族的居地了。原來康之與藏，本不能並為一談。舊界係以江達以東為康，以西為藏。所以雍正四年會勘劃界案內，於江達特置漢藏兩官。清末改康為川邊。其境域，亦係東起打箭爐，西至江達。然則姑無論西藏本無內外；即欲強分為內外，而所謂內外藏者，亦應統限於江達之西。乃英國人之所謂藏者，幾於包括川邊，分割青海；還要在其中劃分內外，把外藏的範圍，擴充得極大。陳貽範屢次交涉無效，只得就英使原提出的草案所附地圖的紅藍線，略加伸縮，竟於草約簽字。（《白話本國史》第二冊，第二十六—二十七頁；第四冊，第三十一頁）

善後大借款

當前清末年，中國曾向英、美、法、德「四國銀行團」，訂借改革幣制和東三省興業借款，以各省新課鹽稅，和東三省煙酒生產、消費稅爲抵押。這是因爲日、俄兩國，在東北的勢力，太膨脹了，所以想引進別國的經濟，去抵制他們的。因革命軍興，其約遂未成立。民國既成，四國怕排除日、俄，畢竟不妥，又勸誘他們加入。日、俄提出借款不得用之滿、蒙的條件，四國銀行不許，交涉幾次，乃決定將此問題，改由外交解決。而「六國銀行團」遂以成立。對我提出的借款條件，極爲苛酷，頗有干涉我國財政之嫌。美國政府不以爲然，令該國的銀行退出，於是六國團又變爲五國。民國二年，二次革命將起，袁世凱急於需款，遂以關、鹽餘的全數爲抵押，向「五國銀行團」借得英金二千五百萬鎊。以四十七年爲期，於北京鹽務署設稽核所，用洋人爲會辦；各產鹽地方設稽核分所，用洋人爲協理。鹽款非經總會辦會同簽字，不得提用。其用途則於審計處設外債稽核室，以司稽核。是爲「善後大借款」。本來興業的借款，變爲政治借款；本來想藉英、美、法、德抵制日、俄的，變爲五國聯合以對我了。

■滿蒙五路建築權問題

民國初年，還有一件重要的交涉，那就是所謂滿、蒙五路的建築權。當民國成立以後，國人頗關心於承認問題。外國中有好幾國，是在正式國會成立之後承認的。有許多國，則在正式大總統選出之後承認。而日、英、俄三國，都附有條件。俄國要求外蒙古自治。英國要求外藏自治。

日本則提出所謂開海、四洮、洮熱、長洮、海吉五路的建築權。這要求的提出，還和二次革命時張勳兵入南京，殺害日本人三名有關，但其提出恰在選舉正式總統之前一日。中國政府也承認了。日本自此覬覦蒙古之心就更切。（《復興高級中學教科書　本國史》下冊，第一七三頁）

第五十四章　軍閥政治與內戰

革命是要把一切舊勢力，從根本上打倒，這是談何容易的事？辛亥革命，不過四個月就告成功，自然不是眞正的成功。但是政治既未上軌道，則藉爲政爭武器的，自然不是議會中的議席，而是實力。以實力論，自然北政府爲強。革命尙未成功，國內到處充滿著舊勢力。於是孫中山先生另行組織中華革命黨，以達到民權、民生主義，掃除專制政治，建設眞正民國爲目的。袁世凱本不是眞心贊成共和的，所以推翻清室，無非想帝制自爲，所以才被舉爲總統，而反動的跡象，就逐漸顯著。凡事總免不了有反動的。中國行君主制度二千餘年，突然改爲共和，自不免有帝制的回光反照，然不過八十三日而取消，這也可見民意所在了。

二次革命

袁世凱本不是眞心贊成共和的，所以推翻清室，無非想帝制自爲，所以才被舉爲總統，而反動的跡象，就逐漸顯著。孫中山先生知道政治一時不會上軌道，主張革命黨人，都退居在野的地位，而當時的黨人，不能服從首領的命令。同盟會改組爲國民黨，由祕密的革命團體，變爲公開的政黨；和接近政府的進步黨對峙。因組織內閣及外交問題，和政府屢有齟齬。二年，國民黨理事前農林總長宋教仁，在上海車站遇刺。搜查證據，和國務院祕書有關。民黨益憤激。時安徽、江西、廣東三省的都督，尙係民黨，袁世凱乃將其免職。於是民黨起討袁軍於湖口，安徽、湖南、福建、廣東、上海、南京，先後響應，袁世凱早有布置，民黨不久即失敗。是爲二次革命，亦稱贛寧之役。

■ 革命尚未成功

革命是要把一切舊勢力，從根本上打倒的，這是談何容易的事？辛亥革命，不過四個月就告成功，自然不是真正的成功了。但是政治既未上軌道，則藉為政爭武器的，自然還不是議會中的議席，而是實力。以實力論，自然北政府為強。革命尚未成功，國內到處充滿著舊勢力。於是孫中山先生另行組織中華革命黨，以三年七月八日成立於日本的東京。以達到民權、民生主義，掃除專制政治，建設真正民國為目的。時因清朝政府，業已推翻，故未提民族主義。其實行的方法，仍和從前所定相同。如分軍法、約法、憲法三時期等。因鑒於前此黨員多有自由行動的，黨的紀律未免鬆弛，所以此次組織，以服從黨魁命令為重要條件。（《復興高級中學教科書　本國史》下冊，第一六三、一六五、一六七頁）

帝制運動和護國軍

照《臨時約法》規定，憲法由國會制定，大總統選舉法，係憲法的一部分。二次革命之後，國會議先選總統，後制憲法。乃將大總統選舉法提出，先行制定，據以選舉。袁世凱被舉爲大總統。袁世凱被舉之後，即解散國民黨，取消國民黨議員和候補人的資格。國會因之不足法定人數，袁世凱遂將其解散。並解散省議會，停辦地方自治。旋開約法會議，將《臨時約法》修改爲《中華民國約法》（衆稱此爲「新約法」，而《臨時約法》爲「舊約法」），將責任內閣制改爲總統制。又設參政院，命其代行立法院職權。四年，北京有人發起籌安會，說是從學理上研究君主、民主，孰爲適宜。通電各省軍民長官，派員參與。旋有自稱公民團的，請願於參政院，要求變更國體。參政院建議，開國民會議解決。其結果，全體贊成君主立憲；並委託參政院，推戴袁世凱爲皇帝。袁世凱即下令允許。而前雲南都督蔡鍔，起護國軍於雲南，通電宣布袁世凱政府僞造民意證據，率兵入四川。袁世凱派兵拒戰，不利。貴州、兩廣、浙江、四川、湖南，先後響應。山東、陝西亦有反對帝制的兵。袁世凱不得已，於五年三月，下令將帝制取消。要求護國軍停戰。護國軍要求袁世凱退位；並通電，恭承副總統黎元洪爲大總統。彼此相持不絕。六月，袁世凱病歿，一場帝制風波，才算了結。

■有權位者難以覺悟

凡事總免不了有反動的。中國行君主制度二千餘年，突然改為共和，自不免有帝制的回光反照，然不過八十三日而取消，這也可見民意所在了。一場帝制的風波，表面上總算過去了。然而暗中隱患，還潛伏著。原來天下大事，都生於人心。當袁氏帝制自為時，雖然彿逆民心，而中外有權力的人，卻多持著觀望的態度。所以護國軍初起時，通電各省說：「麾下若忍於旁觀，堯等亦何能相強？然長此相持，稍亙歲月，則鷸蚌之利，真歸漁人，萁豆相煎，空悲轢釜。言念及此，痛哭何云。而堯等與民國共存亡，麾下為獨夫作鷹犬，科其罪責，必有攸歸矣。」這真可謂語長心重了。然而誰肯覺悟？談何容易覺悟？而其餘各方面的人，也無甚覺悟。就近之釀成復辟之役，和護法之戰，遠之則伏下軍閥混戰的禍根了。（《復興高級中學教科書　本國史》下冊，第一七六、一七七—一七八頁）

復辟之變

袁世凱既病歿，黎元洪入京繼任，恢復《臨時約法》和國會，國會再開。六年春，歐戰已歷三載。德國因形勢不利，宣布無限制潛艇戰爭。我國提出抗議，不聽，遂與德交。更謀對德宣戰。國務總理段祺瑞，主持甚力；而黎總統懷疑。《對德宣戰案》，提出於眾議院，有自稱公民團的，包圍議院，要求必須通過；閣員又有辭職的。眾議院說：「閣員零落不全，宣戰案應俟政府改組後再議。」時段祺瑞召集各督軍、都統，在京開軍事會議。各督軍、都統，分呈總統、總理：指摘議員所定《憲法草案》不合，要求不能改正，即行解散。旋赴徐州開會。黎總統下令免段祺瑞職。各省紛紛，多和中央脫離關係。黎總統令安徽督軍張勳入京，共商國是。張勳帶兵到天津，要求黎總統解散國會，然後入京，七月一日，突擁廢帝溥儀復辟。黎總統避入日本使館，下令由副總統馮國璋代行職務，以段祺瑞爲國務總理。段祺瑞誓師馬廠，以十二日克復京城。

護法之役

京城既復，黎總統通電辭職。馮副總統入京，代行職務。當時國會解散時，廣東、廣西即宣告軍民政務，暫行自主；重大政務，徑行秉承元首；不受非法內閣干涉。及復辟之變既平，北方又有人主張：「民國業經中斷，當仿元年之例，召集參議院。」不肯恢復國會。於是兩廣、雲、貴，和海軍第一艦隊，宣言擁護《約法》。國會開非常會議於廣州。議決《軍政府組織大綱》：「在《臨時約法》未恢復以前，以大元帥任行政權。」選舉孫中山先生爲大元帥。至七年，復將《組織大綱》修改：「設政務總裁。組織政務會議；以各部長爲政務員，組織政務院，贊襄政務會議，行使軍政府的行政權。」舉孫中山先生等七人爲總裁，推岑春煊爲主席。北方則召集參議院，修改《大總統選舉法》，選舉徐世昌爲大總統，於七年七月十日就職。先是南北兩軍，嘗衝突於湖南之境，及徐世昌就職後，下令停戰議和，在上海開和平會議。至八年五月而決裂。

北方的混戰

九年，北方駐防衡陽的第三師長吳佩孚，撤防北上。先是北政府於六年八月，布告對德、奧宣戰，以段祺瑞爲參戰督辦，編練「參戰軍」。歐戰停後改爲「邊防軍」，仍以段祺瑞爲督辦。至是，段祺瑞改邊防軍爲「定國軍」。兩軍衝突於近畿。定國軍敗。段祺瑞辭職。是爲皖直之戰。皖直戰後，曹錕爲直魯豫巡閱使，吳佩孚爲副使。王占元爲兩湖巡閱使，張作霖爲東三省巡閱使，兼蒙疆經略使，節制熱、察、綏邊區。

十年，湖南的兵攻入湖北，吳佩孚將其打退，因代王占元爲兩湖巡閱使。十一年奉軍駐關內的，和直軍衝突，奉軍敗退出關。是爲直奉之戰。直奉戰後，東三省宣布獨立，徐世昌辭職，曹錕等請黎元洪復位，取消六年解散國會之令，國會在北京再開。十二年，北京軍警，包圍總統府索餉，黎元洪走天津。十月，曹錕當選爲總統。

惟山西最安穩

民國成立以後，內爭之禍，也可謂很厲害了。最安穩的，要算山西。他從民國十四年以前，簡直沒有參加過戰爭。閻錫山提倡用民政治，定出六政、三事，以為施政的第一步。六政，謂：(一)水利，(二)蠶桑，(三)種樹，(四)禁煙，(五)天足，(六)剪髮。三事，謂：(一)造林，(二)種棉，(三)牧畜。教育、實業，都定有逐年進行的計畫。又竭力提倡村自治。在當時，亦頗有相當的成績。惜乎到後來，牽入戰爭漩渦，以前些微的成績，也就不可得見了。次之，倒還是新疆。從民國十七年楊增新被殺以前，大體也還算安穩。（《復興高級中學教科書　本國史》下冊，第二○○頁）

陳炯明的叛變

先是陳炯明以粵軍駐紮於福建的漳、泉。九年，軍政府主席總裁及廣東督軍，通電取消軍政府及自主。時中山先生在上海，通電否認。命炯明率軍回粵，中山先生亦赴廣州，重開國會。十年，國會議決《中華民國政府組織大綱》，選舉中山先生爲總統。於五月五日就職。這一年，粵軍平定廣西。中山先生設大本營於桂林，籌備北伐。明年，大本營移設韶關。因陳炯明懷異心，不接濟軍用，免陳官職。炯明走惠州，使其部下包圍總統府，實行叛變。中山先生避難軍艦，旋復到上海，陳炯明再入廣州。這一年冬天，在廣西的滇軍和桂軍討陳，粵軍亦有響應的。陳炯明再走惠州。明年，中山先生回粵，以大元帥名義，主持軍政事務。

第五十五章　歐戰後之外交

當歐戰之初，我國宣告中立。日本則藉口與英同盟，派軍攻陷青島。事後竟對我提出五號二十一條的要求，並以最後通牒相脅迫。八年一月，開和會於巴黎。山東問題，在和會中，交由英、法、美專門委員核議。卒因英法的袒日，依照日本的意思，將德國在山東的權利，讓與日本。消息傳到我國，輿情大爲激昂。於是有所謂「五四運動」。五四運動的價值，倒不在於政治上，而在於文化上。到這時候，才專提出這兩種主義來。因爲認識了科學的價值，所以肯埋頭研究學問的人漸多，不再抱淺薄的應用主義。因爲尊重科學的方法，所以有許多舊材料，也要用新方法來整理。因爲認識了民治的價值，而國家社會諸問題，亦非復少數人的專業。

二十一條的要求

歐戰起於民國三年，至八年而告終。當歐戰之初，我國宣告中立。日本則藉口與英同盟，派軍攻陷青島。日軍的攻青島，是從龍口上陸的。我國不得已，劃龍口和膠州灣接近的一帶爲戰區。日軍又越出範圍，占據膠濟鐵路全線；並據青島海關。事後我國要求撤去，日本竟於民國四年一月十八日，對我提出五號二十一條的要求，並以最後通牒相脅迫。我國不得已，於五月九日，覆牒承認，旋訂約二十五條。然日兵在膠濟路的，仍未撤退。六年，又在青島設行政署，並在濟南、濰縣設分署。七年，我國駐日公使，和日本訂立《濟順高徐借款預備契約》，附以照會，許膠濟路所屬確定後，由中日合辦。日本乃允將膠濟路軍隊，除留一部分於濟南外，餘均撤至青島，並允將所設行政署撤廢，我國覆文中，有「欣然同意」字樣，遂為巴黎和會失敗的一大原因。

■二十一條的內容

二十一條的要求，分為五號。第一號：㈠承認日後日、德政府協定德國在山東權利、利益讓與的處分。㈡山東並其沿海土地及各島嶼，不得租借割讓。㈢許日本建造由煙臺或龍口接連膠濟的鐵路。㈣自開山東各主要城市為商埠。應開地方，另行協定。第二號：㈠旅順、大連灣、南滿、安奉兩鐵路的租借期限，均展至九十九年。㈡日人在南滿，得商租需用地畝，以三十年為限。㈢日人得在南滿居住、往來、經營工商業。㈣日人得在南滿開礦。㈤南滿、東蒙許他國人建造鐵路，或向他國人借款建造鐵路，及以各項課稅，向他國人抵借款項，均須先得日本同意。㈥南滿、東蒙聘用政治、財政、軍事、員警各顧問、教習，必須先向日政府商議。㈦從速改訂吉長鐵路借款合同。第三號：漢冶萍公司附近礦山，未經該公司同意，不得准公司以外的人開採。第四號：中國沿岸沿港灣及島嶼，概不得租借割讓。第五號：㈠中國政府，聘用日本人為政治、財政、軍事顧問。㈡日人在內地設立病院、寺院、學校，許其有土地所有權。㈢必要地方的警察，作為中、日合辦，或聘用多數日本人。㈣由日本採辦所需半數以上的軍械，或在中國設合辦的軍械廠，聘用日本技師，並採買日本材料。㈤接連武昌與九江、南昌的鐵路，及南昌、杭州間，南昌、潮州間鐵路的建造權，許與日本。㈥福建籌辦路礦，整理海口（船廠在內），如需用外資，先向日本商議。㈦允許日人在中國傳教。其最後通牒，將第五號中，除關於福建業行協定外，餘撤回，俟後日再行協議。

巴黎和會

八年一月，歐戰各國，開和會於巴黎。當我國參加歐戰時，日本怕中國因參戰而與協約國親切，不利於彼繼承德國在山東的權利之故，所以和英、法、俄、義訂密約，以四國承認上項權利，爲日本許中國參戰的交換條件。至此，我國要求膠州灣由德國直接交還，日本則主張由德國交給他，再由他還我。因英、法已受密約拘束；我國的主張，遂至失敗。消息傳至北京，人心大憤，於是有「五四運動」。〔五號二十一條要求，係由陸徵祥、曹汝霖與日本公使磋商；後由陸徵祥與日使訂立條約；「欣然同意」的覆文，則由駐日公使章宗祥送交，故當時北京專門以上學校學生罷課，要求罷免曹、陸、章三人（曹、章及前駐日公使陸宗輿）。他處學校繼之，商店亦罷市，政府乃於六月十日，將三人免職。時曹爲交通部長，章爲駐日公使，陸爲造幣廠總裁。〕

■巴黎和會中的山東問題

當時山東問題，在和會中，交由英、法、美專門委員核議。卒因英、法的袒日，依照日本的意思，將德國在山東的權利，讓與日本。時中國代表，亦提出一讓步案。「德人在山東權利，移讓英、美、法、義、日；由英、美、法、義、日交還中國。中國償日攻青島兵費。其額，由英、美、法、義議定。」因英、法袒日，未能有效。惟美國委員，另遞一節略於威爾遜，說：「實行《中日條約》；或照《中德條約》，將德國所享權利，移轉於日本；均不甚妥。不如照中國所提讓步案。」但亦未能生效。中國代表提出保留案。聲明中國可以在《和約》上簽字，但關於山東條項，須保留另題——始而要求於《和約》內山東條項之下，聲明保留，不許。繼而要求於《和約》全文之後，聲明保留，不許。改為《和約》之外，聲明保留，不許。再改為不用保留字樣，但聲明而止，不許。最後要求臨時分函聲明，不能因簽字有妨將來的提請重議，不許。代表電告政府，說：「不料大會專橫至此，若再隱忍簽字，我國將更無外交之可言。」二十八日，《和約》簽字，我國代表就沒有出席。（《復興高級中學教科書　本國史》下冊，第一九一頁）

■五四運動及其價值

關於山東問題，我國要求由德國直接交還，而日本則主張德國無條件讓與日本，相持不絕。到四月二十四日，最高會議開會，招我國代表出席。威爾遜朗誦英、法兩國和日本的《祕密換文》。又誦《中日條約》和《換文》的大要。問為什麼有這條約？我國代表說：「是出於強迫。」威爾遜又問：「七年九月，歐戰將停，日本絕不能再壓迫中國，為什麼還有欣然同意的換文？」這消息傳到我國，輿情大為激昂。於是有五月四日，北京專門以上學校學生停課，要求懲辦曹汝霖、章宗祥、陸宗輿之舉。風聲所播，到處學校罷課，商店罷市，又有鐵路工人將聯合罷工之說。是之謂「五四運動」。（《復興高級中學教科書　本國史》下冊，第一九〇頁）

五四運動的價值，倒不在於政治上，而在於文化上。西洋近世的富強，看似由於工業的發達，軍備的擴張，其實真正的根源，還在科學發達上。因科學發達，所以對於天然的認識真確，而其利用天然之力，亦即隨之而加強。推科學的方法而施諸人事，對於社會的認識，也就真確；應付各種問題，自然也有計畫、有條理、有組織、有效率了。至於社會的風習，中西固各有所長，而現在相形見絀的，則是他們為民治的，而我們非民治的。因為是民治的，所以人人能夠自動，而其思想也極自由。民氣自然發揚，民力自然充實。非民治的，就適與相反了。中國的改革，始而注重於製造、軍事，既而注重於政治，可說是都沒搔著癢處。到這時候，才專提出這兩種主義來，而中國的文化，就要煥然改觀了。因為認識了科學的價值，所以肯埋頭研究學問的人漸多，不再抱淺薄的應用主義。因為尊重科學的方法，所以有許多舊材料，也要用新方法來整理。因為認識了民治的價值，所以學藝要求其普及於大眾，於是提倡新文學，提倡語體文；又由教育部制定注音符號頒行；近來又頒布簡體字；以求工具的簡易。而國家社會諸問題，亦非復少數人的專業，要用宣傳方法，「大吹大擂的，抬到眾人面前」了（梁啟超的話）。（《初中標準教本　本國史》第四冊，第九十五頁）

我國要求對《和約》中山東條件，加以保留，不許；要求不因簽字故，妨害將來的提請重議，不許。我國遂未簽字於《對德和約》。後來由大總統以命令布告對德戰爭終止。對於《奧約》，則仍簽字的。當議和之初，美國總統威爾遜氏（Woodrow Wilson），曾提出和平條件十四條，各國都認為議和的基本條件，其中有組織國際聯合會一條。後來《國際聯合會規約》，經各國同意，插入《和約》中，作為《和約》的一部，我國曾對《奧約》簽字，故仍為國際聯合會的一員。

華盛頓會議

十年，美國召集會議於華盛頓。與會的有中、英、法、義、荷、比、葡、日等國。會中所議，一為遠東問題，一為限制軍備問題。遠東問題，成立《九國公約》，承認羅德氏四原則。時我國代表，提出大綱十條，美代表羅德氏（Elihu Root）綜括為此四原則。又訂《九國間中國關稅條約》，許開關稅會議（會議後由段政府召集，見第五十七章）。我國要求取消領事裁判權，各國亦許派員調查（會議後由段政府召集，見第五十七章）。又要求收回租借地，則英於威海衛，法於廣州灣，均聲明願交還；惟英於九龍，日於旅順、大連灣則均不肯放棄；《五號二十一條案》，亦經我國提出，日本準備取消第五號，並允交還青島，由中國贖回膠濟鐵路。

限制軍備問題為成立《海軍協議》，限制英、美、日的主力艦，為五：五：三比率，其滿期，在一九三六年底。又由英、美、日、法四國訂一協約，互認四國在太平洋所占島嶼、領土、屬地之地位。英日同盟，即因此約而取消。

太平洋的新格局

歐戰以前，日、俄、英、美、德、法，在太平洋上，本來都有勢力的。歐戰以後，德國在海外的屬地，業已喪失淨盡。俄國承大革命擾攘之餘，法雖戰勝而疲乏已極，亦都無力對外。在歐洲方面，只有英國向來是稱霸海上的，而和東方的關係最為密切，所以雖當大戰之後，對於太平洋的權利，還是不肯放棄。美國和日本，則是大戰期間，都得有相當利益的。所以這時候，太平洋上，遂成為此三國爭霸的世界。

講起地位來，則日本是立國於太平洋之中的。自中日、日俄兩戰後，南割臺灣，北有旅、大租借地和南滿、安奉等鐵路。又承俄國革命之時，加以侵略。而德屬太平洋中赤道以北的島嶼，戰後議和，又委任他統治。其在西太平洋的勢力，可謂繼長增高。所以這時候，美國要召集這個會，主要的意思，就是對付他。

民國十二年，英、美、法、義、日五國，又有《海軍協定》。十九年，又有《海軍公約》。規定英、美、日三國海軍的比例為五：五：三。雖然如此，日本在太平洋中形勢，還較英、美為優勝。《海軍協定》和《公約》的期限，都到一九三六年為止，所以大家都說：一九三六年是世界的危機，然而苟非中國強盛，誰能保證太平洋上風雲的穩定。（《復興高級中學教科書　本國史》下冊，第一九四—一九五、一九七頁）

山東問題的解決

當《巴黎和約》簽字後，日本認爲膠州灣問題，業經解決，即照會我國，要求辦理交收事宜。我國輿論，主張提出國際聯合會。政府遂拒日人，未與直接交涉。華盛頓會議既開，乃由英、美調停，在會外交涉。英、美都派員旁聽，其結果：膠濟路由我發國庫券贖回，以十五年爲期。膠州灣由我國宣告開放。至二十一條問題，則由兩院通過無效案。十二年，由政府照會日本，聲明廢棄。

德奧俄三國新約

歐戰以後，我國對德、奧、俄三國所訂條約，都是平等的。但俄約的權利，我國仍未能享受。德約在十年，奧約在十一年，都將關稅協定、領事裁判等不平等的條文取消，俄約則最遲延。先是俄國自六年革命以後，爲各國所封鎖，深願得一國與之親交，曾於八年、九年，兩次宣言，願放棄舊俄政府，用侵略手段，在中國所取得的一切權利。中國因與協約國取一致態度，未能與俄進行交涉。外蒙從歐戰以後，即失所倚賴；俄國革命以後，更備受騷擾。八年，乃籲請取消自治。呼倫貝爾的特別區域，亦隨之而取消。九年十一月，白俄軍陷庫倫，我國未能收復。至十一年，乃爲赤俄所陷。外蒙先已在恰克圖設有政府，至此，遂移於庫倫，推活佛爲皇帝。後來活佛死，外蒙就不再立君了。其《中俄解決懸案大綱》，則直到十三年才成立。協定：㈠俄國放棄帝俄時代所得的特許和特權。㈡取消領事裁判權。㈢和關稅協定。㈣東省鐵路許我贖回。㈤

承認外蒙古爲我國領土的一部分。協定簽字後一個月，開會解決贖回東省鐵路，外蒙撤兵問題。然此會遲至十四年八月始開，又因東三省獨立，一切事無從議起。俄人乃別和奉天訂成《奉俄協定》，而中央對俄的交涉，始終未有結果。

第五十六章　國民革命之經過

二次革命失敗後，孫中山先生又組織中華革命黨，後決定「以國民造黨，以黨建國，以黨治國，然後還之國民」之義，乃將國民黨改組。（國民黨）以黨治國之事，在中國可行與否，尙屬疑問。蓋中國之政治，必加督責、考核，定其功罪，明其賞罰而後可。由是政治之系統，自必當清楚。黨之爲物，不過用以發動社會之力量而已，行政大綱，則固有正式機關在也。黨之根本存在之需要與否，則尙待問題解決後決定；苟認爲無益，則可取消之，而代以嚴肅之官僚政治。

國民黨的改組

二次革命失敗後，孫中山先生又組織中華革命黨，以三年七月成立。其本部設於日本的東京，以掃除專制政治，建設眞正民國爲目的。袁世凱死後，本部移於上海。八年，改爲中國國民黨。十二年，中山先生決定「以國民造黨，以黨建國，以黨治國，然後還之國民」之義，乃將國民黨改組。十三年一月，開第一次全國代表大會。發表《宣言書》及《建國大綱》。會中推中山先生爲總理。並議決將大元帥府，改組爲國民政府。

■以黨治國，是否可行？

（國民黨）以黨治國之事，在中國可行與否，尚屬疑問。蓋中國之政治，必加督責、考核，定其功罪，明其賞罰而後可。由是政治之系統，自必當清楚。黨之為物，不過用以發動社會之力量而已，行政大綱，則固有正式機關在也。國民黨初起時，綱紀頗佳，然於北伐後遂漸壞，其職權與行政機關相混淆，或且掣肘；社會視之，亦無異於一類行政機關之組織。至真為黨效忠者已寡，因黨而起之兵爭，亦不過為地盤勢力而已。苟於實力問題解決後，此等黨之紛爭，可無問題。而黨之根本存在之需要與否，則尚待問題解決後決定；苟認為無益，則可取消之，而代以嚴肅之官僚政治。（〈本國史（元至民國）〉，第一〇五頁）

江浙直奉之戰及段政府

是年九月，江浙、直奉戰爭復起，南方亦出兵北伐。孫傳芳自閩入浙，浙軍敗退，而馮玉祥、胡景翼、孫岳在北方組織國民軍，入北京。吳佩孚自海道南下，經長江至湖北，入豫南。奉軍入關，並南據江蘇。馮玉祥、張作霖共推段祺瑞為臨時執政。段祺瑞邀孫中山先生北上，共商大計。中山先生主開國民會議，解決時局。議未能行。（當時段執政亦擬先召集善後會議，以解決時局糾紛；次召集國民代表會議，以解決根本問題。孫中山以其兩會議，人民團體，無一得與，故不贊成。中山所主張的國民會議，係現代實業團體、商會、教育會、大學、各省學生聯合會、工會、農會、政黨及反對曹、吳各軍組成。）十四年三月十二日，中山先生卒於北京。段執政以張作霖為東北邊防督辦，馮玉祥為西北邊防督辦。後又以馮玉祥督甘肅。直隸、山東、江蘇、安徽的督理（當時裁督軍，管理各省軍務的，都稱「督理某省軍務善後事宜」），亦均奉軍中人。是年十月，孫傳芳自浙江入江蘇。江蘇、安徽的奉軍均退走，吳佩孚亦起兵於湖北，攻奉軍於山東。馮玉祥與奉軍戰於直隸。駐關內的奉軍郭松齡，又回軍出關，因中途受阻礙敗死於巨流河。直隸的奉軍走山東，和山東的奉軍，合組為直魯聯軍。吳佩孚旋與奉軍合攻馮玉祥。十五年三月，馮軍退出北京，段執政走天津，直、奉二軍，又合攻馮軍於南口。馮軍退向西北。

■廢督裁兵與聯省自治

因為一切紛爭，都起於軍隊太多和軍人擁兵自重、爭奪權利之故，於是有廢督裁兵的呼聲，並有聯省自治的議論。聯省自治之說，其由來也頗早。原來行省的區劃，還沿自元朝。明、清兩代的省區，雖然逐漸縮小，然而其區域，還是很大，猶足以當聯邦國的一邦而有餘。而自清末以來，已漸成外重之局。辛亥革命，亦是由各省響應的。民國成立以來，中央事權，迄未能真正統一。而以中國疆域的廣大、交通的不便、政務的叢脞，一個中央政府，指揮統馭，也頗覺得為難。於是有創聯省自治之議，希望各省各自整理其內部的。當民國八、九年間，也頗成為一部分有力的輿論。於是有起而實行的，省各自制憲法。其中以浙江省成立為最早，於十年九月九日公布。湖南省制憲最早，而公布較遲，事在十一年一月一日。既已公布省憲，自然用不著什麼督軍。於是浙江於布憲之日，即同時宣布廢督。即未制省憲的省分，也有宣布廢督的，如雲南省是。事在九年六月一日。然而名為廢督，而軍隊仍未能裁，即督軍之實，亦仍舊存在，不過換一個總司令或督辦善後軍務等等的名目罷了。所以還是無濟於事。（《復興高級中學教科書　本國史》下冊，第二〇〇—二〇一頁）

國民革命軍的北伐

國民政府以十四年討平東江，又平定廣東全省，廣西亦來歸附。乃組國民革命軍，十五年，以蔣中正爲總司令，出兵北伐。時湖南軍隊，有歸附國民政府的，亦有仍附北政府的。國民革命軍先入湖南，擊走其地的北軍，遂入湖北，敗北軍於汀泗橋，克武、漢。左軍下荊、沙。右軍入江西。至十一月而江西畢定。留守東江的兵，亦定福建。國民革命軍乃以湖南、湖北的兵入河南；命福建的兵入浙江；在江西的兵，分爲江左、江右兩軍，沿江東下。十六年二月，江左、江右兩軍，和入浙江的軍，會於南京。時馮玉祥亦自甘肅經陝西出潼關。五月，與入河南的兵，會於開封。這時候，國民革命軍的兵勢，已極順利，而清黨事起，北伐因之停頓。直軍曾以其間，攻占揚州、浦口，並渡江據龍潭，爲國民革命軍所擊退。十七年一月，蔣中正再起爲北伐軍總司令。四月，連下兗州、泰安，五月一日，入濟南，三日，慘案作，日軍據濟南（日人於十六年，即以保僑爲名，運兵到山東，後因北伐停頓撤退，此時又調兵到濟南。五月三日，和我無端開釁，將我徒手軍民殺死無數，並闖交涉公署，殺死交涉員蔡公時，我軍爲避免枝節起見，大部退出濟南，只留一團駐守，日兵又用大炮攻城。初十日，我軍奉命退出。十一日，日兵遂入城占據。並將津浦路截斷。膠濟路沿線二十里內的行政機關，亦均被占據。直至十八年三月間，才訂議撤兵，至六月間，才實行撤退）。我軍乃繞道德縣北伐。六月三日，張作霖出關，四日，至皇姑屯遇炸，至十二月而東三省通電服從國民政府，北伐之事，至此告成。

第五十七章　國民政府成立後之內政與外交

中國的自治制度，看似頹廢，其實人民自治的能力，是最強的。不論什麼事情，總是自己解決，倚賴官府的地方很少。這實在是社會改進唯一的道路。《建國大綱》以縣爲自治單位。一縣自治完成時，人民即得行使選舉、罷免、創制、複決四權，選舉縣長。一省的縣都自治時，在該省即爲憲政開始，省長亦由民選。全國過半數的省開始憲政時，就召開國民大會，制定憲法，選舉政府，由國民政府將治權交還。國民政府奠都南京後，即發出廢除不平等條約宣言。中國自海通以來，和外國所訂的不平等條約，可謂極多，而其最甚的，則無過於關稅稅率的協定。關稅自主，本係國家應有的權利，而一經喪失，更圖恢復，其難如此。此可見外交之不可不慎，而民國創業的艱難，後人也不可不深念了。

訓政的工作和憲政的預備

中山先生的革命方略，係軍政、訓政、憲政三時期。軍政時期，由黨取得政權。訓政時期，代國民行使政權。憲政時期，則還政權於國民。在訓政時期中，代人民行使政權的爲國民黨；行使治權的，爲國民政府。國民政府，以十四年在廣東組織成立。十六年四月，遷都南京。先是國民黨改組時，共產黨員曾申明以個人資格加入。然其後仍圖在國民黨中，擴充其黨勢，於是南京政府有清黨之舉。寧、漢之間，遂呈分裂之勢。至是年七月中，武漢方面亦清黨，才再合一。北伐於十七年完成。然十八、十九兩年，兩湖、兩廣，和河南、山東，仍有戰事；黨務亦有糾紛；幸皆漸告平定。

《國民政府組織法》，係十七年制定。五院的組織，逐漸告成。二十年，又制定《訓政時期約法》。依《建國大綱》所定的程序，是要縣的自治完成，省的憲政才開始，全國中有過半數的省，開始自治時，才得召集國民大會，議決憲法選舉政府。然近年亦有主張提早召集國民大會的。二十四年，第五次全國代表大會宣言：「國民大會，盡二十五年年內召集。」旋經第五屆第一次中央全體委員會議決：「《憲法草案》，於是年五月五日公布，國民大會，於十一月十二日開會。」

■《建國大綱》中的自治制度

中國的自治制度，看似頹廢，其實人民自治的能力，是最強的。不論什麼事情，總是自己解決，倚賴官府的地方很少。這實在是社會改進唯一的道路。孫中山先生有鑒於此，所以也定以自治制度為政治的基礎。《建國大綱》，本以縣為自治單位。現行的制度：縣以下分區，區以下分鄉、鎮，鄉鎮以下為閭、鄰（鄉指村莊，鎮指街市，大略在百户以上，不得超過千户。鄰五家，閭二十五家）。鄉鎮和區，各設公所，其長，均以人民自選為原則（未實行自治前，區長得由民政廳就考試合格人員中委任。鄉、鎮長由人民加倍選出，縣長擇一委任）；閭、鄰長則純由民選。一縣自治完成時，人民即得行使選舉、罷免、創制、複決四權，選舉縣長。一省的縣都自治時，在該省即為憲政開始，省長亦由民選。全國有過半數的省開始憲政時，就要召開國民大會，制定憲法，選舉政府，由國民政府將治權交還。（《初中標準教本　本國史》第四冊，第九十九—一〇〇頁）

條約的改訂

廢除不平等條約，爲國民黨重要的政綱。國民政府奠都南京後，即發出此項宣言。十七年，又照會各國，擬定改訂的辦法三條（舊約期滿的，當然廢除重訂。未滿期的，以相當手續，解除重訂。已滿期而未訂新約的，另訂臨時辦法）。嗣後改訂的，已有許多國。至於公約，我國參加的亦很多，尤以十七年所簽訂的《非戰公約》爲重要。此約初發起於美、法二國間，後來擴大之而及於全世界，約中訂明各締約國所起糾紛，不問其原因及性質如何，概不得用和平以外的方法解決，批准的共有五十餘國，日本亦是其中之一。

關稅自主的交涉

我國關稅改革之議，起於《辛丑和約》後和英、美、日、葡等國所訂的商約。因賠款太重之故，許我於裁釐後，加抽入口稅至百分之一二·五，出口稅百分之七·五；並得加收出產、消場、出廠三稅，以爲裁釐的抵補。後來裁釐延未實行，加稅亦遂成空話。華盛頓會議，我國提出關稅自主案。然《九國間中國關稅條約》，仍只許開一會議，籌劃實行《中英商約》而已；其後此會由段政府於十四年召集。我國又提出關稅自主。各國承認其原則，許我國定稅率，於十八年一月一日施行，而我國政府宣告於同日裁釐。國民政府首與美國訂立《關稅條約》，申明前此各約中，關涉關稅的條文作廢，應用自主的原則，後來德、挪、荷、英、瑞、法六國的關稅條約，先後訂成。比、義、丹、葡、西五國的商約，亦有相同的規定。政府乃於十八年二月，將段政府所定七級稅則，實際得各國承認的，先行公布。二十年一月，裁釐告成，乃廢七級稅，另行制定稅則。關稅自主，在形式上就算完全實現了。但是實際運用的毫無障礙，還是要看外交上全局的形勢啊！（我國初廢七級稅時，所定稅則，最得保護本國產業之意。其時惟中日間有關稅協定，日貨進口，課稅有極輕的。二十二年五月，因關稅協定，業經期滿，乃加以訂正。然二十三年七月間所頒布的新稅則，反失掉保護之意，這就是受外交別一方面的牽制呀。）

■外交事務不可不慎

中國自海通以來，和外國所訂的不平等條約，可謂極多，而其最甚的，則無過於關稅稅率的協定。現在世界上，經濟競爭，日烈一日。貿易上的自由主義，久成過去，各國都高築關稅壁壘，以保護本國的產業。獨稅率受限制的國，則不能然。所以舊式和新興幼稚的產業，日受外力的侵略壓迫，而無以自存。中國所以淪入次殖民地的地位，這是一個最大的原因。關稅自主，本係國家應有的權利，而一經喪失，更圖恢復，其難如此。此可見外交之不可不慎，而民國創業的艱難，後人也不可不深念了。（《復興高級中學教科書　本國史》下冊，第二一七、二二一頁）

撤銷領判權的交涉

撤銷領判權的交涉，亦是起於辛丑後的商約的，外人許俟我法律和司法制度改良後實行。華盛頓會議，我國將此案提出，各國允派員調查後再議。其後此會亦由段政府於十五年召集。調查的結果，仍以緩議爲言。國民政府所訂條約，義、丹、葡、西均定十九年一月一日放棄，比約規定另訂詳細辦法，尙未訂定，而各國有過半數放棄，則比亦照辦。五約均附有㈠內地雜居，和㈡彼此僑民捐稅，不得有異於他國的條件。此案因東北事變，迄今未能施行。惟墨西哥於十八年十一月，自動申明將領判權放棄。二十六年，開第六屆三中全會，中委張繼、覃振等提議，談判撤廢領判權，已由國府飭主管機關照議進行。

租借地和租界的收回

租借地在華會中，英於威海衛，法於廣州灣，均聲明放棄，後來威海衛於十九年四月間交還，廣州灣則法人尙在觀望。租界：德、奧、俄在天津、漢口的租界，業因條約改訂而收回。當十四年五月間，上海日人所設棉織廠停工，工人要求復工，日人遽開槍將工人槍殺，學生因此遊行演講，爲公共租界捕房所拘捕；群衆要求釋放，捕房又開槍轟擊，死傷多人。此即所謂「五卅慘案」。並延及漢口、重慶，及廣州的沙基等處。民氣大爲激昂。國民軍到達長江流域，英人乃將九江、漢口租界交還，後來比於天津，英於鎭江、廈門，亦自動將租界放棄。

東北的事變

外交中最可痛心的，爲東北的事變。十八年七月，我國因撤換東省鐵路職員，和俄國起有糾紛，俄軍侵犯吉、黑，旋將東路回復舊狀，而兩國的邦交，則至二十一年十二月才恢復。民國二十年九月十八日，日兵占據東三省，二十一年一月，又和我國在上海開釁，至五月間，才成立《停戰協議》。明年三月，日軍陷熱河，侵犯長城一帶，亦到五月末，成立《塘沽協議》，戰事才終止。二十三年三月，日人遂擁立溥儀於長春。此項交涉，直到現在還未了結。

第五十八章　最近之文化經濟與社會狀況

現代國家的盛衰強弱，是以經濟為其根本的。我國因生產方法落後，以致備受帝國主義的剝削。近二十餘年，因為內戰不息，以致一切實業都走不上振興的路；而舊有的反更遭破壞。一國的命脈是經濟，而經濟的榮枯，往往表現於財政上。民國的財政，驚心動魄。革命軍興，財政的系統，一時破壞，現出艱窘的樣子。經過兩三年的整頓，漸漸上軌道了。不意帝制運動發生，中央威信墜地，各省應解的款項，多數都被截留。一九三一年，政府提倡國民經濟建設運動，設立全國經濟委員會。各省設分會，研究救濟農村，發達商工，改良物產。實行興水利，開公路，整理棉業茶業，建築穀倉，已有成效。

最近的經濟狀況

誰都知道：現代國家的盛衰強弱，是以經濟為其根本的。我國最近的經濟，卻是怎樣呢？我國因生產方法落後，以致備受帝國主義的剝削，這已非一朝一夕之故了。可是到近二十餘年來，而此等情勢，更為惡劣。近二十餘年，因為內戰不息，以致一切實業都走不上振興的路；而舊有的反更遭破壞。歐戰時代，日本、美國，都因此大獲其利，我國則仍未能挽回入超的頹勢。

民國以後的財政狀況

一國最重要的命脈是經濟，而經濟的榮枯，往往表現於財政上。民國以來的財政，卻是很驚心動魄的。革命軍興，財政的系統，一時破壞，自然要現出艱窘的樣子。經過兩三年的整頓，漸漸的有些上軌道了。不意帝制運動發生，中央威信墜地，各省應解的款項，多數都被截留。中央除關、鹽餘外（付給所擔保的賠款、外債的餘額），乃專靠借債以自活。除大借款外，還有許多較小的借款。歐戰期間，則專借日本債。歐戰既停，並日本債而不能得，則又專借內債。這是北京政府的情形。國民政府成立後，所借內債亦不少。現在中央政府的收入，以關、鹽、煙酒、印花、統稅為大宗。（《初中標準教本　本國史》第四冊，第九十六—九十七頁）

歐戰以後，反而備受各國傾銷之害；而尤以一九二九年世界大恐慌爆發後爲甚。農業：因兵燹的破壞；水旱的頻仍；租稅的苛重；出口的農產品，既因世界恐慌而減少；外國的農產品，反要侵奪我們的市場；遂至全國的農村，都淪於破產的景象。工業：舊有的既遭破壞，新興的，必備受外國及外人在我國境內所經營的工業壓迫，不論輕工業、重工業，都陷於困苦掙扎之中。（我國現在的輕工業：紡織事業，受日本的傾擠最甚；捲煙製造，受英國英美煙公司的傾擠最甚。煤，日本人所開撫順煤礦，名爲合辦而實在是日人所獨占。英國人所開開灤煤礦營銷最暢，也是大權屬於英人。我國人自開的煤礦，反不容易和他們競爭。生鐵的出產，像大冶鐵礦等差不多全和日資有關係；而且我國鐵的儲量，有百分之七十五在遼寧，又有百分之九在察哈爾，這是我國前途最嚴重的問題呀。）沿海航業，外國船舶，有百分之九十強；長江中亦超過百分之六十。鐵路既多欠外債，航空亦係和外國合辦（中國航空公司，是中、德合辦，德資居三分之一），凡外力所及的通商口岸都有較便利的交通連結著，而內地則直到最近，才開闢公路，而國貨亦漸次興起。並且國民政府，於十八年，自動取消釐金，收回關稅自主權，是對外亦有進步了。

最近的經濟政策

中山先生的民生主義，是包含平均地權、節制資本兩大中心問題。而節制資本之中，又包含節制私人資本，和發展國家資本兩義。平均地權一項，近來政府對土地有強制徵收，或實行徵收地價，也算一端。對於佃農，定了二五減租之法（此案係十五年國民黨所提出。原意謂減百分之二十五。其後各地解釋，頗有歧異。有地方，先將農產物減去百分之二十五，再將所餘的七十五，由業主佃戶平分。有地方，先將收穫量平分，即業主佃戶各得百分之五十，再從業主所得的五十分中，減去其二十五。浙江是照前法行的。其餘各地方減租之事，實在並沒有普遍實行）。近來又設立農民銀行，提倡合作事業，希冀農困的漸舒。節制資本，一時也談不到，因為現在正是苦於無資本呢！不過全國勞動大會，十一年在廣州業已召開，後來又開過兩次。十六年國民革命軍北伐，達到長江流域時，各地方的工會，風起雲湧，組織最盛。後來因其不能盡上軌道，又逐漸加以整理。關於勞動的法規，亦已頒布多種（其重要的，為工會、工廠、工廠檢查、勞資爭議處理、團結協約等法）。

政府並提倡國民經濟建設運動，於二十年，設立全國經濟委員會。各省設分會，研究救濟農村，發達商工，改良物產。實行興水利，開公路，整理棉業茶業，建築穀倉，已有成效。又於二十四年十一月四日，頒布法幣政策，現銀集中，專用紙幣，不但貨幣數量的伸縮可以自由，幣價易於穩定；而且外匯專由國家所指定的銀行辦理，則某種貨物，我們要限制其進口的，就可以限制商人購買外匯，入超就可減少；而國幣價值，不至較外幣爲高，輸出又可以增加了。至於利用外資，一時也還不易著手。但是二十年全國經濟委員會設立以來，業經國際聯合會行政院，許我技術合作，連年委派專家來華，業已幫助我們不少。世界各國，在這不景氣的局面下，其困苦都是和我們一樣的；而我國疆域的廣大，天產的豐富，人口的衆多，國民性質的勤儉，在世界上都是數一數二的；而又値各國經濟，既經發達之後，可以利用其最新的技術，防止其已有的流弊；一時雖然困苦，將來實在是有很大的希望的啊！

第五十九章　本期結論

從西力東侵以來，中國人早已處於另一個世界中了，然中國人迄未覺悟。中國人感覺到遭逢曠古未有的變局，實自鴉片戰爭以來。其中又當分為兩期：自五口通商以來，為我國飽受外國壓迫的時代。從革命運動發生以來，則為我國受外力壓迫而起反應的時代。歷來議論的人，不論是中國人、外國人，大多數都說中國人進步遲緩，這是蔑視了歷史上社會進化的規律，其實以中國之大，文化根柢的深厚，內地偏僻之處和現代的新文化接觸的少，僅僅一百年，而能有如此的成績，也不算壞了。至於其效迄今似尚未能見，則因大器晚成之故。

現代史的性質

自西力東侵以來，中國歷史，就發生一個大變局，這是誰都知道的了。可是其中又當分為兩期：自五口通商以來，為我國飽受外國壓迫的時代。從革命運動發生以來，則為我國受外力壓迫而起反應的時代。我們革命的成績，是怎樣呢？我們試自己檢查檢查看。

■現代史是由外力壓迫到起而反應的時代

自五口通商以來，可以說是我民族受外力壓迫的時代。自戊戌變法以至於今，可以說是我民族受外力壓迫而起反應的時代。前此固非全不認識西洋人的長處。買槍炮、買兵輪，進而至於自己立船廠，設製造局……也算覺得西洋人的長處了。然而總以為西洋人的長處，不過如此。此等一枝一節之事，民族間互相仿效，是常有的事（中國最切於生活之物，如木棉的栽種、紡織，來自南洋；蔗糖的煎熬，出自摩揭陀國。見《唐書》本傳），算不得文化的大變動；所以也算不得我們民族的有覺悟。到中日之戰以後，就不然了。我們知道他們之所以強，並不在於這些械器之末，而另有其根本的。於是始而想變法維新，仿效其政治。繼而擬議及於政體。再後來，就知不僅是政治、軍事一部分的關係，實在整個社會，都是有關係的。於是所擬議的，遂及於社會組織、學術思想……根本的問題。到這時代，我們可謂承認我們的文化，有改造的必要了。我們也可以說：業經走上改造的路了。我們的覺悟，並不算遲；我們所走的路線，也並沒有錯；至於一時未能見效，則事情的體段大了，原非旦夕所能奏功，這並不算無成效。我們不必因此灰心，反當益勵其勇氣。（《中國民族演進史》，第一九〇—一九一頁）

民族主義的成績

從近代以來，中國的民族主義，受著兩重的壓迫：一是清朝的專制，一是列強的侵略。從辛亥革命以來，專制的壓迫，可算是擺脫掉了。至於列強的壓迫，則現今仍在掙扎苦鬥之中。從前清末年，我們就是靠著列強的均勢以偷安的。民國初年，還是這個趨勢。可是四國團變為五國團，已經有些協以謀我的現象了。歐戰以後，更併這最小限度的均勢，而亦不能維持。於是有「五九」的國恥。一時外交上的形勢，緊張到極度。華盛頓會議時代，似乎要寬弛些。從世界大恐慌爆發以來，列強都無暇他顧，而最近形勢的嚴重，又遠過於「五九」時代了。民族的危機，是沒有人能夠援助我們的，只有靠我們自己奮鬥呀！

民權主義的成績

中國行專制政體數千年，辛亥革命，幾於兵不血刃，不過百日，就給我們推翻；以後雖有帝制、復辟等反動，亦都不崇朝而敗。軍閥的混戰，凡不得民心的，亦無不以失敗終；這眞是民意的發揮，算得世界革命史上的奇蹟了。但是我國的民權，在消極方面，雖已能充分發揮，在積極方面，即進而運用四權，參與國事，則還正在訓練期中，凡我國民，都不可以不勉。

■官僚階級是民權主義的大敵

官僚階級，乃合下列幾種人而組織成功的，即：㈠做官的人。㈡輔助官的人。其中又分（甲）高級、參與謀議的，或有專門技術的，即幕僚。（乙）辦例行公事的，即胥吏。（丙）供奔走使令的，即差役。㈢與官相結托的人，即士紳。這三種中，固然都不乏好人。然雖有好人，改變不了階級的性質。以階級的性質論，總是要求自利的。自利的方法，從理論上言，是權力求其大，收入力求其多，辦事力求其少。在上級監督，社會制裁的力量所不及之處，便要盡力行之。社會的文化，因得官力的輔助而發展是例外，事業遭其壓迫，財力被其榨取，人才被其吸收，以致萎縮，倒是通常的現象。所以官僚階級，實在是社會文化發展向上的大敵。欲救此弊，唯有發展地方自治，其根本又在增加人民的知識能力。中國向來，亦未嘗不看重地方自治，但治者階級的理論，根本有一個偏蔽之處，以為天生人而有智愚，愚者必不能自謀，非靠智者為之代謀不可。其實國家的事務，有些複雜的、艱難的，非有特殊的才能，不易應付，若社會的事務，則根本不離乎日常生活，人民有何不能辦？而且向來也總是人民自行聯合，自行辦理，自行立法，自行制裁，何嘗真靠官家的力量來？所以提高人民的知識能力而擴大其自治權限，乃是民權主義的真諦。對於官僚階級，其效用不過如此的，卻深寄其希望。這便是民權主義的大敵，把這種思想打倒，民權主義的前途，就現出光明來了。（〈中國現階段文化的特徵〉，原刊一九四〇年四月五日《中美日報》）

民生主義的成績

民生主義，在將來是可以發生驚人的成績的。因為我們可以利用資本主義的長處，而避掉它的短處了。可是現在，我們還正在艱苦奮鬥之中。我們當這內憂外患交迫，天災人禍迭乘的時候，我們還能夠很堅苦地維持其生活，我們的一切事業，實際仍在進行。對外的不平等條約，當以關稅協定為最甚，我們在短時間內，居然將其解除。技術合作，也已在開始。我們看似困苦，實已走上光明的路了。

成績的總批評

我國的全面積，大於歐洲；我國的人口，居世界四分之一；愈是進化的社會，其內部的情形，就愈複雜，短時間如何整理得來？古語說得好：「大器晚成。」正惟晚成，才成其為大器。況且區區二十餘年的時間，在歷史上論起來，算得什麼？我們回顧已往的成績，我們要自壯，不要自餒。

中華民族大器晚成

從西力東侵以來，中國人早已處於另一個世界中了，然中國人迄未覺悟。中國人感覺到遭逢曠古未有的變局，實自鴉片戰爭以來。此戰爆發於民國紀元前七十二年（一八四〇年），距今恰足百年。此一百年之中，中國的變化比之以前任何一個時期，都要來得大，來得快。歷來議論的人，不論是中國人、外國人，大多數都說中國人進步遲緩，這是蔑視了歷史上社會進化的規律，其實以中國之大，文化根柢的深厚，內地偏僻之處和現代的新文化接觸的少，僅僅一百年，而能有如此的成績，也不算壞了。至於其效迄今似尚未能見，則因大器晚成之故。製造一種器具，必須將各部分合攏起來，裝置成功，然後其用乃見。社會的進化，亦係如此。各方面零零碎碎點點滴滴所做的工作，不到合攏的時候，其功是不見的。而今則正是一種合攏的工作，所以近百年來的歷史，在現今看來，固然只覺得其黑暗，然到將來看起來，則一定覺得其光明，因為它是光明的前驅。所以中國的歷史，特別是近百年來的歷史，不論在哪一方面，都有追溯和檢討的價值。民族主義是國民活力的源泉，其發展的情形自然更值得追溯和檢討。（〈中國民族精神發展之我見〉）

第五編　綜論

第六十章　歷史與人類生活之關係

歷史是記載社會進化現象的。所以社會進化，爲歷史的重心；有進步的國民，才能使社會進化。人類的進步，爲什麼如此遲緩，而在進化的中間，還要生出許多紛擾來，以致阻礙進化呢？其最大的毛病，就在無所用其心，而凡事只會照老樣做。古人稱君爲元首，就是頭腦的意思。一身的指導者是頭腦，一群亦不可以無頭腦，這意思是對的。惜乎局面廣大，情勢複雜，更無人能當此重任了。人類的舉動，所以不能合理，而往往闖下大禍，就是由於或無足稱爲首腦部的一群人，或則雖有之，而其行動先自誤謬，導其衆以入於盲人瞎馬，夜半深池之境。

歷史與人類生活

歷史是記載社會進化現象的，而社會的進化，不外乎人類生活的轉變。所以孫中山先生說：「民生爲社會進化的重心，社會進化，爲歷史的重心。」

民生爲社會進化的重心

人類從用石進化到用銅、用鐵，從採拾食物，進化到漁獵、畜牧、農耕，再從農耕進化到工商時代。人類由家族而成民族，由部落而成國家，種種組織，都離不開社會。一言以蔽之：是人類要求生存，才有種種進化，而且離開社會，就不能夠生存。

社會進化是歷史的重心

封建時代，列國分立，秦始皇把他統一。漢武帝更開拓疆土，東南到海，西過蔥嶺，北過大漠。唐初武功，稱雄東亞。明朝派三保太監鄭和遍歷南洋、印度洋，直到非洲東岸。中國聲名從此很遠。但須知那時的中國社會，大有進步，才能在歷史上顯著光榮。所以社會進化，爲歷史的重心；有進步的國民，才能使社會進化。

■人類的進步為什麼遲緩

人類的進步，為什麼如此遲緩，而在進化的中間，還要生出許多紛擾來，以致阻礙進化呢？其最大的毛病，就在無所用其心，而凡事只會照老樣做。

人類的行動，不容盲目。而在一群之中，總有較為聰明的人，大家的行動，都受這種人的指導，是合宜的，其結果必然有益。在古代小國寡民的社會中，此等需要，易於察知；而其功績亦易於見得；所以才智出眾的人，易於受人的推戴。古代的民主政治，所以能著成效者以此。到後世，就不是這麼一回事了。國大民眾，利害關係複雜，斷非一人或少數人所能盡知。而我們還只會用老法子，希望有一個人或少數人，出而當指導之任，而我們大家都跟著他走。所以凡百事情，利弊都很難明瞭，興利除弊，更不必說了。古人稱君為元首，就是頭腦的意思。一身的指導者是頭腦，一群亦不可以無頭腦，這意思是對的。惜乎局面廣大，情勢複雜，更無人能當此重任了。然而沒有一個能做首腦的人，卻不能說一群之中，不能有一個首腦部，現在人類的舉動，所以不能合理，而往往闖下大禍，就是由於或無足稱為首腦部的一群人，或則雖有之，而其行動先自誤謬，導其眾以入於盲人瞎馬，夜半深池之境。前者一切衰微之國都屬之，後者好侵略以致陷入泥淖，不能自拔者，便是個好例。（〈塞翁與管仲〉，原刊一九四〇年五月二十四日《中美日報》）

從怎樣生活的到該怎樣生活

從前的人，以爲歷史不過記載偉人的事蹟，與大多數國民無干。殊不知有怎樣的社會，才能有怎樣的人物。孔子若非生於周代文化最盛之時，豈能成爲博學的大聖人，爲儒教之祖。如來若不生於印度，或者那時印度文化不發達，豈能創立一種偉大的宗教，傳布到中國來？所以偉人只是時代的產物。固然，偉人的能力，超過常人數十百倍，不是社會進化，已經達到一定的階段，偉人亦是無可成其偉的。偉人只是時代的結晶。了解了該時代的社會，就什麼都了解了。舊見解的紕繆，在於不知道古今社會的變遷。他們總以爲古今的社會，是一樣的；一切不同的事，只是幾個特殊的人做出來，倒像不同的人，在同一舞臺上做不同的戲一般。如此，就要摹仿古人，演成時代的錯誤。從西力東侵以來，我們這種錯誤，不知道鬧過多少次。你們試想想看：從你們有知識以來，社會上的現象，有什麼改變沒有？你們或者年紀小；或者生在偏僻地方，覺不著什麼；試問問年紀大的人，據他們的經驗，社會上的現象，有什麼改變沒有？吃的東西，價格騰貴麼？衣服的式樣變換麼？住的房子怎樣？交通的器具和路線怎樣？人情風俗又怎樣？這許多，固然是一事一物之微；一個人所看見的，也只是社會的一小部分；然而社會全體的變動，就是一事一物之積；就部分，就可以推想出全體來。社會是變了。社會是時時刻刻在變的，拘守老法子，是不對的。該走什麼路呢？社會爲什麼要變，必有其所以然之故。看清這所以然之故，應付的方法，就出來了。所以然之故，是要從事實上看出來的，所以史學是社會學的根柢。

■社會科學是人人必需的知識

我們所以要研究社會學，乃因現在的社會，不可以不革命。唯有社會學，能昭示我們以㈠革命的理由，㈡革命的可能，㈢革命的途徑。我們現在所奉為革命的方針的，是三民主義。然三民主義，乃是一種主義。若不求其了解，而只責以誦讀，則是宣傳而非教育。專靠宣傳，是最危險的事。

不但如此，就是研究自然科學的人，對於社會學，亦不可以不知道。我國向來重視社會科學而輕視自然科學，這就是重視人與人的關係，而輕視人與物的關係。近幾世紀來，因為靠自然科學之力，使世界煥然改觀，大家視我國人的舊觀念為陳腐，甚至視為背謬了。其實這個舊觀念，是沒有錯的。物的道理，在未曾發明以前，我們固無如物何。然既經發明之後，亦斷不會更有什麼為難的問題，斷不會根據業經有效的方法，裝置電燈，而電燈忽然開不亮；製造火車，而火車忽然開不動。人和人的關係則不然。可以對付這個人的方法，未必能對付那個人。可以治理這個時代，這個地方的方法，未必可以治理那個時代，那個地方。然則從實用方法說起來，社會科學上智識，較諸自然科學上智識，獲得確更艱難，價值確更寶貴。而且從應用方面說，自然科學實不必人人皆通，社會科學則不然。因為以一個人兼通各種學問，事實上絕無此理，總不過享受他人所發明的成果。自然科學，是全不懂得這種學問，亦可以應用的。譬如全不懂電學的人，亦可以點電燈，打電話。電車不會開，則可以靠他人開。人與人的關係則不然。父子、兄弟、夫婦、朋友的交際，不能說我不會應付了，而請懂得倫理學的人代為應付。然則人與人的關係，確是人人所必需的知識，而人與物的關係則不然。所以我們的舊觀念，重視人與人的關係，視為首要，輕視人與物的關係，視為次要，實在並沒有錯。即謂二者的重要當相等，而人與人的關係的教育，當較人與物的關係的教育，更為普遍，總是一個不磨的道理。而在現代一切人與人關係的科學，都須明白了社會學，才能夠認識其原理，而批判其是非。更顯豁言之，則相傳的道德、倫理、哲學、宗教等等，均須根據於現在的社會學，而重新估定其價值。（〈為什麼成人的指導不為青年所接受〉，原刊《青年（上海）》一九四〇年第六、七、八期）

第六十一章　中華民族之逐漸形成與前途

天下本無不變的事物，民族亦何獨不然。民族，就是代表一種文化的。文化，只是一種生活的方式。生活的方式變，即文化變；而人所遭遇的環境變，即其生活方式，不得不因之而變。凡事窮則變，變則通，通則久，所以民族本來是要求其能變的。惟能變才有生機。惟一種文化，發達到一定的程度，就要發生均衡的現象。此時非加之以外力，則不能大變。自西力東侵以來，中國遇著一曠古未有的變局。前此所遇的異族，至多武力爲我所不逮；到現代，便文化的優劣，也發生問題了。所以近世和歐洲趨向相異的文化接觸，實給我們民族以甚大的進展的機會。一個民族的文化，當其發生劇變之時，總不免相當的犧牲和苦痛。當這時代，對於新文化，深閉固拒愈甚，則其所受的犧牲和苦痛愈深。

中華民族的形成

中華民族，是怎樣形成的？我們試追溯到歷史上。我們最初，只是黃河流域的一個民族。我們進而將其他民族同化。我們再進而開拓長江流域，我們再進而開拓遼、熱、察、綏，我們再進而開拓粵江流域。中華民族大一統的規模，就於此確立。自此以後，爲我所同化的：北有匈奴、鮮卑、突厥；東北有女眞、蒙古；

西北有深目高鼻的西胡；西南有氐、羌、苗、傜、倮羅等高地民族。每經一次同化作用，我們的疆域就擴張一步。我們的文化，亦時時兼收異族之長。我們吃西方來的瓜，我們著南方來的棉。我們會坐胡床，我們會玩胡琴和羌笛。我們也崇拜從西方來的胡天。我們吸收、融化了這些，而仍不失其爲我。天下只有能兼容並蓄，是偉大的；只有能兼容並包，而仍不喪失其自己的，是偉大的。誠然，中華民族是偉大的。

■民族惟能變才有生機

天下本無不變的事物，民族亦何獨不然。民族是怎樣變化的呢？民族的成因，總說起來，可以說是原於文化。一民族，就是代表一種文化的。文化的差異不消滅，民族的差異，也終不能消滅。而文化之為物，並不是不變的。文化，只是一種生活的方式。生活的方式變，即文化變；而人所遭遇的環境變，即其生活方式，不得不因之而變。環境是無時無小變的，所以人類社會，也不絕地在漸變。到環境生大變化時，人類要求適應他，乃罄其潛力（即平時儲蓄之力）以應之，就發生所謂突變了。凡事窮則變，變則通，通則久，所以民族本來是要求其能變的。惟能變才有生機。惟一種文化，發達到一定的程度，就要發生均衡的現象。此時非加之以外力，則不能大變。但微細的漸變，仍是有的。因和異民族交通，而效法其所為，這亦可以說是一種環境的改變。民族之互相衝突亦然。所以異民族之相接觸，於民族亦是有利的，因為這亦是一種文化的刺激。（《中國民族演進史》，第十—十一頁）

中華民族前途的希望

中華民族，已往的事蹟，留於歷史上的，已顯著光榮。但在將來，更有很大的希望。為什麼呢？凡是一國的興亡，全視國民的強弱，國民能振奮則強，倘墮落就弱。像古代的羅馬大帝國，強盛的時候，全部歐洲，和非洲北部，亞洲西部，都在其統轄之下。只因羅馬人民，因強盛而奢侈、放縱，貪佚樂，怕當兵，養成懶惰的社會，外族交侵，羅馬大帝國從此瓦解而滅亡。自古以來，文化最早曾經強盛的民族，因國民墮落而衰亡的，不知其數。我中國有五千年的文化歷史，國民向以勤儉耐勞著稱，又有孔子諸聖賢著書立說，勸導國民，力戒貪樂懶惰，要奮發有為，崇道德，求知識。如此則國民元氣常新，已往歷史上的強盛，可以復見了。

■打破文化的平衡

自西力東侵以來，中國遇著一曠古未有的變局。前此所遇的異族，至多武力為我所不逮；到現代，便文化的優劣，也發生問題了。民族既以文化為特徵，與優等的異民族相遇，自然我們的民族，也感受著重大的威脅。文化進展到一定的程度，便要發生平衡的現象。所謂平衡，便是樂於保守，憚於改革；非加之以外力，則不能大變。中國文化，在東亞的一個區域中，其發展，可說是已達於高度。向來同我們接觸的民族，其文化程度，都較我們為低。其文化的趨向，與我相異，而足給我們以一種刺激的，只有印度。但是印度的佛教，自漢代輸入中國以來，經過魏晉、南北朝、隋唐時代的攝取，再加以宋、明時代（理學時代）的改造，業已與我國的文化融合為一；又成平衡的現象了。當此情勢之下，非環境大變，我們的文化是不會有急劇的改進的。所以近世世界大通，和歐洲趨向相異的文化接觸，實給我們民族以甚大的進展的機會。一個民族的文化，當其發生劇變之時，總不免相當的犧牲和苦痛。當這時代，對於新文化，深閉固拒愈甚，則其所受的犧牲和苦痛愈深。中國民族，是以「易」為其哲學思想，以「中庸」為其踐履的標準的。所以對於新文化，最能歡迎和吸受。（《中國民族演進史》，第一六七—一六八頁）

第六十二章　中國文化之演進及其未來

古語說：殷憂所以啟聖，多難所以興邦。國家如此，民族亦然。復興民族，不是虛憍之氣所能濟事的。我們既要復興民族，就得深切認識：現在民族的病根在哪裡？我們不該自諱，中國所最缺乏的是科學。在中國人的意思，或者以為人和人的關係，弄明白了，對於物的措置，自然不成問題。而不知受了物質方面的牽制，人與人的關係，也是不能盡善的。「倉廩實而知禮節，衣食足而知榮辱。」然生產之法不精，防患之法不周，不能戰勝天然的災害，何法使之倉廩實、衣食足呢？所以中國今日，對於西洋人的科學方法，是應該無條件接受，迎頭趕上去的。

中國文化的演進

中國的文化，是怎樣演進的呢？中國古代的文化，是以農業社會的文化，為其根柢的。其對內對外，都極和平。這就是孔子所謂大同世界。同時，我們因立國大陸，對四圍民族的鬥爭，極其劇烈，所以我民族又發達了武德，看古人多少慷慨激昂的舉動，就可以知道。同時，我國因所處環境的優良，和我國民族天才的卓越，又發達了高深的學術。至周秦之際，諸子百家，爭奇競秀，而達於極點。這是我國固有的文化。秦漢以後，我國和異族接觸更多。異族的文化有能夠裨益我們的，我們也都把他吸收著。其中關係最大的，尤其要推印度，從南北朝到隋唐，正是我國努力吸收印度文化的時代。到宋朝以後，我國的舊文化，就要和印度輸入的文化相調和，而別生一種新文化了。宋學的精微奧妙之處，確能吸收佛學之長，而其切於民生日用，則仍不失我國固有文化的特色。

中西文化的比較

我國現在的文化，比起西洋來，似乎自愧弗如了。然而西洋文化之所長，只是自然科學的發達；他們現在的社會科學，固然也極精深，然而都是自然科學發達了，借用其研究方法的。所以說到根本，西洋近來的發達，還是受科學之賜。而自然科學的發達，乃是特殊的環境使然，並不是在先天上，他們有什麼特長。這話怎說呢？科學在粗淺之處，是世界上任何民族，都懂得的；所爭的，只是發達與不發達。歐洲的海岸線，是很曲折的，因此他們長於航海，海外的貿易就興盛。輸出之物，求過於供，就不得不想到用機器代人力。機器的使用廣了，自然研究的人多，研究的人多，發明就多了。所以我們現在，似乎比西洋人落後了許多，而推其相異之由，實在只差得初的一步。迎頭趕上，決不是難事。

■中國最缺乏的是科學

古語說：殷憂所以啟聖，多難所以興邦。國家如此，民族亦然。歷史上的事實，證明我們著著成功。短時間的挫折怕什麼？我們便該鼓起民族復興的勇氣。

但是復興民族，不是虛憍之氣所能濟事的。我們既要復興民族，就得深切認識：現在民族的病根在哪裡？是怎樣的病情？病狀既明，然後從根本上施以救治。

民族的特徵，既是文化；那我們的文化，自然總有缺點的。我們不該自諱。然則中國文化的劣點，到底在哪裡呢？中國人是注重於人與人的關係的。所以自古以來，所苦心研究的，是修身、齊家、治國、平天下之道。其於實際的應付，則注重於治人。西洋人所注重的，是人與物的關係。苦心研究，專想闡明事物的真相，求得其不變的法則。因此上發明了科學，及其實際的應付，則注重於治法。人是較為活動的，物是較為呆板的。中國人以為呆板之物，生不出什麼問題來，不肯用心去研究，所以不會發明科學。西方人則習慣於研究「物」。其治社會科學，分明所研究的對象是人；是人所做出來的事情；然而亦想以研究「物」的方法行之，於紛紜蕃變的人事中，求得其不易的定則。二者可謂各有所偏。物，誠然是呆板的，不會有意與人為難。然而對於物的性質不明白，因而駕馭物的方法不盡善，則這呆板之物，已盡足作人類發展的障礙了。在中國人的意思，或者以為人和人的關係，弄明白了，對於物的措置，自然不成問題。而不知受了物質方面的牽制，人與人的關係，也是不能盡善的。譬如老話說：「倉廩實而知禮節，衣食足而知榮辱。」然生產之法不精，防患之法不周，不能戰勝天然的災害，何法使之倉廩實、衣食足呢？如此，中國民族和西洋各民族的異同優劣，就可以了然；而中國民族復興所應取的途徑，也就可以不煩言而解了。中國所最缺乏的是科學。惟其有科學，對付起「物」來，事前才算得定；

而辨理的手續，也可以一無錯誤；工力才可簡省；而任何浩大的工程，亦都可以舉辦。人類制伏自然，利用自然之力才強。制伏自然、利用自然之力強了，供給人類發展的物質基礎，才無所欠缺。所以中國今日，對於西洋人的科學方法，是應該無條件接受，迎頭趕上去的。（《中國民族演進史》，第一八五—一八九頁）

第六十三章　國際現勢下吾國之地位與復興運動

西力的東侵，是從海陸兩路來的。從海路來的，是英、美、德、法等國；從陸路來的是俄國。十九世紀之末，日本新興，其勢力亦及於大陸。在我國，遂成為三方交迫的局勢。我國本是東亞的主人翁，可是因國勢陵夷，全立於被動的地位。要想自立自強，必先振起民族的精神。所以我國現在的復興運動，像新生活運動、識字運動、去毒運動、衛生運動，全要有學問有能力的學生去擔任。青年學生不可以身家衣食為志，多思有所藉手以自效於社會國家。今之時事艱難，有大志者，理宜風起雲湧，而顧寂然，是則士之恥也。

國際的現勢

從西力東侵以後，我國就從閉關獨立的局勢，進而為國際的一員。國際的情勢，是時有變遷的，現在卻是怎樣？西力的東侵，是從海陸兩路來的。從海路來的，是英、美、德、法等國；從陸路來的是俄國。十九世紀之末，日本新興，其勢力亦及於大陸。在我國，遂成為三方交迫的局勢。古人說：遠交近攻，那自然愈切近之國，其關係愈深了。歐戰以前，英、美、德、俄、日在東洋都是有勢力的。歐戰以後，德國海外的屬地，喪失淨盡，在東洋可說已無關係。法國和東洋的關係，比較也是淺的。現在盡力對付歐陸諸問題，也無暇過問東洋了。只有英國，本是掌握世界海權的，在中國的權利亦較多，所以不肯放手；美國濱臨太平洋；日本立國東方；俄國雖本國在歐洲，而在亞洲的屬地，亦極廣大，所以在東方，遂成爲這四國爭霸之局。

吾國的地位

我國本是東亞的主人翁，可是因國勢陵夷，全立於被動的地位，而有時，尤不免有左右做人難之苦。在現今的國際情勢之下，說是哪一國眞得了哪一國的扶助，是不會有這事情的。不論講均勢，說瓜分，都不過是爲自己打算。國際間的正義公道，雖不能說全然沒有，可是沒有實力的制裁，也就等於一句空話。何況瓜分固然危險，恃均勢以自存，也不是立國之道；何況瓜分還可以變爲獨占呢？

復興運動

但是要想自立自強，必先振起民族的精神。所以我國現在的復興運動，正是切要之圖。像新生活運動，政府正竭力推行，人民也踴躍從事。他若識字運動，是望全國人民，都受教育，增高道德和知識。去毒運動，是望人民勿再嗜好毒品，將百餘年有害身體和精神的煙毒，永遠禁。衛生運動，是望人民注意清潔預防疾疫。至於在學校中的學生，尤當曉得如何修養本身及服務社會的意義，因爲教育之目的，在造就有實學有實用之人才，養成勞動服務之精神，與實際工作之能力。在校能勉力及此，他日出校，服務工作，必更有非常之成就。所以建設國家與復興民族之大業，全要有學問有能力的學生去擔任了。

■青年學生不可以身家衣食為志

自吾有知識以來，五十年矣。小時所遇之讀書人，其識見容或迂陋可笑，然其志則頗大，多思有所藉手以自效於社會國家，若以身家之計為言，則人皆笑之矣。今也不然。讀書者幾皆以得一職求衣食為當然，一若人之所求，更無出於此之外者。人誠不能無衣食，然謂所求僅僅在此可乎？人之所求，僅在衣食，是率天下皆自私自利之徒也，聚自私自利之人，而欲為利國利民之事，不亦蒸沙而欲成飯乎？

社會科學其本在識。當識人事之萬象紛紜，而能明其理，知其所以然之故，然後知所以治之之方，而識之本，尤在於志，必有己飢己溺之懷，然後知世有飢溺之事，不然飢溺者踵接於前，彼視之若無所見也。張橫渠見餓殍輒咨嗟，對案不食者竟日。嗟乎，見此餓殍者，獨橫渠也哉？

人之志量，固有大小，然未嘗不可以學而擴充之。日與第一流人相接，薰其德而善良。入芝蘭之室，久而與之俱化，未有志徒在乎身家衣食者。第一流人或不易遇，尚友古之人，則其道也。今之時事艱難極矣，有大志者，理宜風起雲湧，而顧寂然，是則士之恥也。（〈呂誠之先生講經世〉）

（全文完）

大家講堂 029

白話中國史

作　　者——呂思勉
企劃主編——蘇美嬌
文字校對——林姿妤　郭雲周
封面設計——姚孝慈
出 版 者——五南圖書出版股份有限公司
發 行 人——楊榮川
總 經 理——楊士清
總 編 輯——楊秀麗

地　　址——台北市大安區 106 和平東路二段 339 號 4 樓
電　　話——02-27055066（代表號）
傳　　眞——02-27066100
劃撥帳號——01068953
戶　　名——五南圖書出版股份有限公司
網　　址——https://www.wunan.com.tw
電子郵件——wunan@wunan.com.tw

法律顧問——林勝安律師
出版日期——2024 年 11 月初版一刷
定　　價——550 元

國家圖書館出版品預行編目資料

白話中國史 / 呂思勉著 . -- 初版 . -- 臺北市：五南圖書出版股份有限公司 , 2024.11
面；　公分
ISBN 978-626-393-767-3(平裝)

1.CST: 中國史　2.CST: 通俗史話

610.9　　113013359